Unterrichtsentwicklungen
im Fach Mathematik

Klaudia Singer

Unterrichts-entwicklungen im Fach Mathematik

Leistungsbegleitung in der Klasse, Einstellungen und Kooperation von Lehrkräften

 Springer VS

Klaudia Singer
Graz, Österreich

Teile dieser Arbeit sind 2015 als Dissertation an der Karl-Franzens-Universität Graz erschienen.

ISBN 978-3-658-13939-1   ISBN 978-3-658-13940-7 (eBook)
DOI 10.1007/978-3-658-13940-7

Die Deutsche Nationalbibliothek verzeichnet diese Publikation in der Deutschen National-bibliografie; detaillierte bibliografische Daten sind im Internet über http://dnb.d-nb.de abrufbar.

Springer VS

Gedruckt auf säurefreiem und chlorfrei gebleichtem Papier

Springer VS ist Teil von Springer Nature
Die eingetragene Gesellschaft ist Springer Fachmedien Wiesbaden GmbH

Danksagung

Grundlage des vorliegenden Buches ist meine Dissertation aus dem Bereich Fachdidaktik am Institut für Mathematik und Wissenschaftliches Rechnen an der Karl-Franzens Universität Graz. Die Arbeit an dem Projekt erstreckte sich von 2012 bis 2015.

Nach drei intensiven Jahren, um einiges an Erfahrung, Können und Wissen reicher, nach Höhen und Tiefen, aber froh, das Projekt in Angriff genommen und zu einem Abschluss gebracht zu haben, möchte ich an dieser Stelle Dank sagen.

Das kollegiale und freundschaftliche Klima am Institut für Mathematik und die interessanten fachlichen Diskurse mit Kolleginnen und Kollegen sowie Fachdidaktikerinnen und Fachdidaktikern an der Uni Graz sind immer wieder eine Bereicherung. Mein besonderer Dank gilt dabei Herrn Ao.Univ.-Prof. Dr. Bernd Thaller. Die kritischen Diskussionen und Anmerkungen zur vorliegenden Arbeit, aber auch unzählige Gespräche zu verschiedenartigsten Bereichen der Mathematik und der Fachdidaktik haben mir sehr geholfen, das Thema aus verschiedenen Perspektiven zu sehen und weiterzuentwickeln.

Die Bereitschaft von über 240 Mathematik-Lehrkräften einer AHS-Oberstufe, einen sehr umfangreichen Fragebogen völlig uneigennützig auszufüllen und zu retournieren, kann gar nicht positiv genug hervorgehoben werden. Ohne diese Hilfe wäre der wichtigste Teil der Arbeit nicht zu Stande gekommen – herzlichen Dank!

Sehr dankbar bin ich auch für die Unterstützung und das Verständnis, welches ich seitens meiner Familie und hier vor allem von Seiten meines Mannes Robert erfahren durfte und darf. Ihr gebt mir Kraft und bereichert mein Leben: Robert, Philipp und Lukas.

Jänner 2016 Klaudia Singer

Inhaltsverzeichnis

Einleitung

Im Schuljahr 2013/14 gab es laut Angaben von Statistik Austria insgesamt in Österreich 346 allgemein bildende höhere Schulen (AHS). Von insgesamt 43 987 (w: 25 538) bestandenen Reife- und Diplomprüfungen legten 18 417 Personen (w: 10 830) diese an AHS-Standorten ab. Dabei nahm die Zahl der Maturantinnen und Maturanten in Österreich insgesamt (vergleiche 2003: 36 725) sowie auch an AHS im Speziellen (vergleiche 2003: 14 632) durchgängig zu. Die Reifeprüfungs-quote insgesamt betrug in Österreich 2010 40 Prozent.

Ab dem Schuljahr 2014/15 legen alle Maturantinnen und Maturanten an AHS erstmalig in Österreich flächendeckend im Fach Mathematik eine zentrale schriftliche Reifeprüfung ab. Die Ablegung dieser schriftlichen Prüfung ist für alle Maturantinnen und Maturanten an AHS verpflichtend. Ausgenommen einige wenige Pilotschulen wurden die Prüfungsaufgaben für die schriftliche Reifeprüfung bis dahin von den unterrichtenden Mathematiklehrkräften selbst erstellt und die Arbeiten auch von diesen beurteilt. Die Aufgabenstellungen wurden im Vorfeld der Reifeprüfung dem zuständigen Stadt- bzw. Landesschulrat nur zur Begutachtung vorgelegt. Die Aufgabenerstellung für die zentrale schriftliche Reifeprüfung Mathematik übernimmt nun allerdings das Bundesinstitut BIFIE (Bildungsforschung, Innovation & Entwicklung des österreichischen Schulwesens). Die schriftliche Reifeprüfung selbst wird ab dem Haupttermin 2015 zeitgleich mit einheitlichen bis dato allen Betroffenen unbekannten Aufgabenstellungen an allen AHS-Standorten durchgeführt. Schwerpunkte der einzelnen Schulen oder um welchen Typ von AHS (Realgymnasium, Gymnasium ...) es sich handelt, spielen dabei keine Rolle. Die Korrektur übernehmen nach wie vor die unterrichtenden Mathematik-Lehr-personen der jeweiligen Klassen. Eine Korrekturanleitung wird vom BIFIE beigestellt. Für die Schülerinnen und Schüler, für die Mathematik-Lehrkräfte und für alle anderen Beteiligten ist nicht nur diese unbekannte, zentral vorgegebene Komponente neu. Die Formate und die geforderten Kompetenzen unterscheiden sich teilweise massiv von den seit der letzten großen Reifeprüfungsreform 1993 gewohnten und praktizierten Formen. Die Ablegung einer mündlichen Reifeprüfung im Fach Mathematik ist nicht verpflichtend. Auch die Aufgaben-stellungen dafür werden nicht zentral, sondern schulautonom erstellt.

Auch für die berufsbildenden höheren Schulen gibt es ein Jahr zeitversetzt mit dem Haupttermin 2016 zentral vorgegebene Aufgabenstellungen. Diese stammen aus dem Bereich der angewandten Mathematik. Bei einem Teil werden BHS-übergreifende mathematische Kompetenzen abgefragt und für den zweiten Teil je nach Schultyp kontexbezogene Aufgaben der einzelnen BHS-Fachrichtungen entwickelt. Aufgrund der einheitlichen Vorgaben und vergleichbaren Rahmenbedingungen der Reifeprüfung an AHS konzentriert sich das vorliegende Projekt auf diese Schulform und den dort praktizierten Mathematikunterricht in der Implementierungsphase der neuen Form der schriftlichen Klausur.

Gründe für die Reform

Verschiedene internationale Vergleichsstudien wie TIMSS (Trends in International Mathematics and Science Study) oder PISA (Programme for International Student Assessment) und das vergleichsweise bescheidene Abschneiden Österreichs lösten heftige Bildungsdebatten aus. In weiterer Folge wurde der Ruf nach einheitlicher Sicherung von Grundkompetenzen laut. In Mathematik werden darunter solche Kernbereiche verstanden, die aufgrund fachlicher und gesellschaftlicher Relevanz als grundlegend und unverzichtbar gelten. Die neue Reifeprüfung soll dazu beitragen, diese im Unterrichtsgegenstand Mathematik zu vermitteln und abzubilden, wodurch indirekt auch die Studierfähigkeit erhöht werden soll. Die Idee, durch zentrale verbindliche Abgangsprüfungen ein einheitliches Leistungsniveau zu sichern, die Qualitätsunterschiede zwischen den Abschlüssen an einzelnen Schulen zu minimieren und so für Transparenz und Vergleichbarkeit zu sorgen, ist keine österreichische Erfindung. Viele Länder gehen einen ähnlichen Weg und versuchen derart kontrollierend in Unterrichts- und Schulentwicklung einzugreifen.

Relevanz und Ziele der Arbeit

Kompetenz- und Standardorientierung sind die zentralen Themen der Bildungspolitik der vergangenen Jahre. Zur Sicherung mathematischer Grundkompetenzen an Österreichs AHS-Oberstufe wurde ein Kompetenzkatalog entwickelt. Laut BIFIE ist dieser „Ausgangs- und Bezugspunkt eines auf Nachhaltigkeit ausgerichteten Unterrichts und einer zeitgemäßen, lernfördernden Leistungsbeurteilung im Fach Mathematik."[1] Es gibt intendierte Ziele für den Mathematikunterricht und als Ergebnis tatsächlich Erreichtes. Dazwischen liegt der Unterricht selbst, der noch viele Fragen offen lässt.

---

[1] https://www.bifie.at/node/80. (Juli 2014)

Für einen nachhaltigen Aufbau mathematischer Kompetenzen hat sich *Assessment im Unterricht* als eines der wichtigsten Schlüsselelemente herauskristallisiert, und allgemein gewinnen Unterrichtsprozesse an Bedeutung und rücken in den Fokus. Lehrkräfte übernehmen neue Ideen und Vorschläge nun aber nicht einfach. Durch die individuelle Einbettung neuer Vorgaben und Bestimmungen in gewohnte Abläufe und Strukturen, sowie durch die Bildung subjektiver Theorien, verändern sich die Handlungsmuster der Lehrpersonen und damit die Unterrichtsprozesse und die Unterrichtskultur insgesamt. Bisherige Ergebnisse von Untersuchungen in Deutschland zeigen keinen generellen Effekt des Zentralabiturs auf den Unterricht und das Lernen der Schülerinnen und Schüler (Maag Merki, 2012). Die fachbezogene Forschung erweist sich hier noch als äußerst lückenhaft, und das vorliegende Projekt soll dazu beitragen, diese Lücke zu verkleinern. Es nimmt sich genau der für eine qualitätsvolle Unterrichtsentwicklung im Fach Mathematik relevanten Themen *Einstellungen zu den Vorgaben* sowie *Assessment im Klassenzimmer* an. Die Herausforderungen für Schülerinnen und Schüler und auch für die Lehrpersonen sind vielfältig. Für eine professionelle Weiterentwicklung der Lehrkräfte vor dem Hintergrund gemeinsam zu bewältigender Aufgaben und zunehmender Belastung stellt die *Kooperation von Lehrkräften* eine wichtige Ressource dar. Um einen guten Überblick über die gelebte Praxis zu erhalten, soll auch dieser so wichtige Aspekt ebenso wenig wie die Beantwortung der Frage, in welchen Bereichen der Unterrichtsarbeit sich Lehrkräfte sicher fühlen bzw. wo sie sich Rat und Unterstützung erwarten, unbehandelt bleiben. Ziel ist es, durch eine Befragung von Mathematiklehrkräften der Oberstufe AHS Licht in die konkrete Unterrichtspraxis in der Implementierungsphase der neuen schriftlichen Reifeprüfung zu bringen.

Fragestellungen, Aufbau und methodisches Vorgehen

Die Mathematik-Lehrkräfte an der AHS-Oberstufe in Österreich sind im vorliegenden Fall Untersuchungsgegenstand. Das Forschungsfeld und die Forschungsfragen ergeben sich direkt aus den gestellten Zielen der neuen Form der Reifeprüfung, bisherigen Erkenntnissen aus der mathematisch-didaktischen Unterrichtsforschung und Zielen der Arbeit:

- Welche Einstellungen haben die Mathematiklehrkräfte der Oberstufe AHS zu den Zielen der Reform?
- Welche Beurteilungs- und Leistungsrückmeldepraxis dominiert im Alltag im Mathematikunterricht? Wie und in welcher Form findet die neue Art der Prüfungsaufgaben Eingang in den Unterricht?

- Wie entwickelt sich die Kooperation der Mathematik-Lehrkräfte im Umfeld „Zentralmatura"?
- Lassen sich bestimmte Gruppen identifizieren, die sich hinsichtlich oben genannter Fragen unterscheiden?

Es kann davon ausgegangen werden, dass die Mathematik-Lehrkräfte ihre Verhaltensmuster in der Einführungsphase der Reform auch in den Folgejahren beibehalten, beziehungsweise stark darauf aufbauen. Aus diesem Grund wird für eine Beantwortung der Fragen einer Querschnittsuntersuchung mittels Fragebogen der Vorzug gegeben. Als Untersuchungszeitraum wird das Schuljahr 2013/14 und somit das Jahr vor der flächendeckenden Einführung der neuen Form gewählt. In diesem Jahr gibt es bis auf ganz wenige Schulen in den Abschlussjahrgängen noch die alte Form der Reifeprüfung. Auf diese Art und Weise sind den befragten Lehrkräften beide Formen gegenwärtig.

Das vorliegende Buch ist in drei Hauptbereiche gegliedert. Der theoretische Teil gliedert sich in die Abschnitte *Grundlagen, Hintergründe, Assessment* und *Kooperation*. Der Abschnitt *Grundlagen* setzt sich mit den Aufgaben der Institution Schule, ergebnisorientierter Steuerung und den Möglichkeiten einer qualitätsvollen Unterrichtsentwicklung im Fach Mathematik auseinander. Da eine Reform nicht losgelöst von historisch gewachsenen und lokalen Bedingungen analysiert werden soll, dient der Abschnitt *Hintergründe* dazu, diese aufzuzeigen und die alte Form der schriftlichen Reifeprüfung Mathematik der neuen in groben Zügen gegenüberzustellen. Die Bereiche *Assessment* und *Kooperation* sind besondere Schwerpunkte dieser Arbeit. Aus diesem Grund stellen forschungsrelevante Aspekte dieser Gebiete die beiden letzten Abschnitte des theoretischen Teils dar. Der empirische Teil der Arbeit eröffnet mit einer Konkretisierung der Forschungsfragen und Hypothesen auf Basis der theoretischen Erkenntnisse und einer Beschreibung der Datengrundlage. Eine Nebenuntersuchung zur Kompetenz von Lehrpersonen dient dazu, gegebenenfalls Unterschiede zwischen Gruppen herauszufiltern und aufzuzeigen, in welchen didaktischen Belangen sich die Mathematiklehrkräfte sicher fühlen bzw. wo sie sich Rat und Unterstützung wünschten. Anschließend erfolgen Analysen und Antworten hinsichtlich der gewählten Forschungsbereiche. Überblicksgrafiken bilden den Abschluss des empirischen Teils.

Die Leitidee des letzten Teils *Résumé und Ausblick* schließlich besteht darin, aus dem Projekt gewonnene Erkenntnisse zusammenzufassen und Ansatzpunkte für Folgerungen und zukünftige Umsetzungen aufzuzeigen.

1 Grundlagen

Im folgenden Kapitel werden theoretische Grundlagen und grundlegende Forschungsergebnisse aufgezeigt, die zu den Forschungsfragen und Hypothesen der vorliegenden Arbeit führten.

Der erste Abschnitt ist dabei der Institution Schule mit ihren Aufgaben, Zielen sowie Strukturen gewidmet und der zweite Abschnitt beschreibt theoretische Aspekte der Handlungen von Lehrpersonen an Schulen. Im dritten Abschnitt wird das Eingreifen des Staates in die Bildungspolitik im Bezug auf die neue Reifeprüfung aus Mathematik durchleuchtet und der vierte Teil dieses Kapitels setzt sich damit auseinander, warum dem Thema Assessment im Klassenzimmer Raum gegeben wird.

Da im Zuge der Einführung der neuen Reifeprüfung aus Mathematik dem Begriff Kompetenz eine entscheidende Bedeutung zukommt, ist auch diesem Bereich ein Abschnitt gewidmet. Im vorletzten Teil des ersten Kapitels wird der Frage nach Qualitätskriterien für guten Mathematik-Unterricht und Kritikpunkten an Unterricht im thematischen Kontext nachgegangen. Den Abschluss des Kapitels bildet eine Zusammenfassung der wichtigsten Erkenntnisse.

1.1 Institution Schule

1.1.1 Theorien zur Institution Schule

Reformmodelle sind an die verschiedenen Ebenen und Funktionen von „Schule" gekoppelt, die jede für sich Gesetzmäßigkeiten und Strukturen beherbergen, aber miteinander in Beziehung stehen. Das allgemeine Interesse an „Schule" als gesellschaftliche Einrichtung ist groß. Sie wird jedoch sehr unterschiedlich wahrgenommen, bewertet und soll je nach Blickpunkt viele, mehr oder weniger erfüllbare, Funktionen haben.

Schultheorien befassen sich in systematischer, modellierender Weise mit den Wirkungsweisen und Funktionen von Schule.

Es existieren sowohl Theorien, die etwa im evolutions- und system-theoretischen Bereich anzusiedeln sind, als auch Theorien, die sich explizit mit der Schule als Institution auseinandersetzen (Blömeke 2009, 17). Auf Basis einer

Systematisierung von Sigrid Blömeke und Bardo Herzig (Blömeke & Herzig 2009) werden einige, für diese Arbeit relevant erscheinende, Theorien zur Schule als Institution herausgegriffen. Demzufolge stehen zwei Perspektiven im Vordergrund. Die Perspektive auf die Schule und Gesellschaft und jene auf die internen Strukturen. Für diese Arbeit sind Theorien beider Perspektiven von Interesse, wobei im zweiten Fall Theorien zu den Wirkungen und der Binnenbeziehung der handelnden Personen auf der Meso- bzw. Subjekt-Ebene (vgl. Abschnitt 1.2) im Vordergrund stehen.

1.1.2 Schule und Gesellschaft

Sowohl Parsons als auch Fend sprechen von einer gesellschaftlichen Funktion der Schule. Als zwei bedeutsame gesellschaftliche Aufgaben werden Selektion und Sozialisation der nachwachsenden Generation beschrieben (Parsons 1977), (Fend 2006), (Brinkmann 1980).

Nach Parsons stellt Erziehung oft das ganze Gesellschaftssystem in einen Lernzusammenhang. Der Erziehung selbst und Schule im engeren Sinn wird durch diese Sichtweise die Grundlage und das Vertrauen in sich selbst entzogen. Dieser, gerade in Zeiten einer Bildungsreform relevante Punkt drückt Bedenken gegenüber einer daraus resultierenden zu strengen Beschränkung der Erziehung und des Lernens aus (Parsons 1990, 5). Die nötigen Qualifikationen zur Lebensbewältigung durch die junge Generation, um als Gemeinwesen und als Individuum den Anforderungen sich rasch wandelnder Lebensbedingungen gewachsen zu sein, stehen zur Disposition. Dabei rückt auch die Mathematik (mathematical literacy) in den Vordergrund (Fend 2008, 58). Das Konzept der mathematischen Grundbildung ist bei PISA (OECD 2007, 350) definiert als:

> Die Fähigkeit einer Person, die Rolle zu erkennen und zu verstehen, die Mathematik in der Welt spielt, fundierte mathematische Urteile abzugeben und sich auf eine Weise mit der Mathematik zu befassen, die den Anforderungen des Lebens dieser Person als konstruktivem, engagiertem und reflektierendem Bürger entspricht.

Für die Auswahl von Inhalten in der Sekundarstufe II sieht Roland Fischer in seinen bildungstheoretischen Überlegungen das Konzept der „höheren Allgemeinbildung" vor. Als zentrales Element wird hier die Lebensvorbereitung als die „Befähigung zur Kommunikation mit Expertinnen und Experten sowie der Allgemeinheit" gesehen (Fischer 2001, 151ff). Jetzt drängt sich die Frage auf, ob es Messmethoden gibt, die es ermöglichen, zu erkennen, ob die angestrebten Aufgaben erfüllt wurden oder werden.

Wer sich in einem objektivierbaren und rechtssicheren System der Belohnung von Leistung bewegen will, der scheint Prüfungen nicht entkommen zu können (Fend 2008, 95).

Durch die Einführung einer neuen Reifeprüfung im Fach Mathematik sollen, dem Anschein nach, die beiden gesellschaftlichen Funktionen Selektion und Sozialisation der Schule erfüllt oder zumindest besser erfüllt werden. Nicht mehr durch detaillierte Richtlinien und Regelungen, sondern durch Definition von Zielen, deren Einhaltung auch tatsächlich überprüft wird, sorgt der Staat für Qualität (Klieme et al. 2007, 12). Als Ziele für die SRP werden genannt (https://www.bifie.at/srdp):

- Objektivität,
- Vergleichbarkeit und somit Fairness der Beurteilungsverfahren,
- die nachhaltige Absicherung von Kompetenzen,
- zuverlässige Aussagen über tatsächlich erworbenes Wissen und Können,
- erhöhte Studierfähigkeit.

Dabei kommt vor allem im deutschsprachigen Raum der von Franz. v. E. Weinert geprägte Kompetenzbegriff zum Tragen, der im Zusammenhang mit Bildungsstandards unter Kompetenz „die bei Individuen verfügbaren oder durch sie erlernbaren kognitiven Fähigkeiten und Fertigkeiten, um bestimmte Probleme zu lösen, sowie die damit verbundenen motivationalen, volitionalen und sozialen Bereitschaften und Fähigkeiten um Problemlösungen in variablen Situationen erfolgreich und verantwortungsvoll nutzen zu können" (Weinert 2001, 27f) versteht.

Woran die erhöhte Studierfähigkeit gemessen werden soll, wird ebenso wenig ausgeführt, wie die nachhaltige Absicherung von Kompetenzen. Hier wird auf den Unterricht verwiesen, der so zu gestalten ist, dass ein nachhaltiger Kompetenzaufbau bei Grundkompetenzen erfolgt (https://www.bifie.at/srdp). Die Verantwortung hierfür wird also den Lehrkräften übertragen.

Im Zuge der Einführung von Bildungsstandards und einer nachhaltigen Absicherung von Kompetenzen wird Lernen als kumulativer Prozess verstärkt ins Bewusstsein der Lernenden und der Lehrenden gerufen. Wie auch in Deutschland oder der Schweiz stehen wir, was das Beschreiben und erst recht das Überprüfen von Kompetenzen betrifft, noch am Anfang. Oft kritisch angemerkt wird dabei, dass es im deutschsprachigen Raum nur in geringen Ansätzen Hinweise darauf gibt, wie Schülerinnen und Schüler diese Kompetenzen erwerben können und dass dieser Prozess bisher zu wenig Berücksichtigung findet (Bruder et al. 2008).

1.1.3 Binnenstrukturen der Schule

Es haben sich Forschungsrichtungen etabliert, die auf Basis von Leistungen der Schülerinnen und Schüler die Effektivität der Institution Schule empirisch zu modellieren versuchen. Diese Schuleffektivitätsforschung kann auch als implizite Schultheorie thematisiert werden (Blömeke & Herzig 2009, 19).

Bei dem Modell nach Ditton etwa (siehe Abbildung 1) werden mehrere Handlungsebenen aufgezeigt und miteinander verknüpft. Ditton unterscheidet zwischen Voraussetzungen, unter denen Schule arbeitet – hier wird der in einer der Forschungsschwerpunkte dieser Arbeit relevante Punkt der Einstellungen und Haltungen als Voraussetzung genannt – den eigentlichen Lernprozessen und den Wirkungen. Die persönliche Einstellung der Mathematik-Lehrkräfte zur neuen Reifeprüfung kann als Wirkfaktor angesehen werden, sodass dieser Punkt in der folgenden Untersuchung nicht ausgeklammert werden darf. Die Wahrnehmung der Lehrkräfte im Fach Mathematik steht primär in Zusammenhang mit Merkmalen der Qualität des Unterrichts, wohingegen spezifische Einstellungen und Merkmale der Schülerinnen und Schüler im Klassenvergleich einen deutlich geringeren Zusammenhang aufweisen (Ditton 2002).

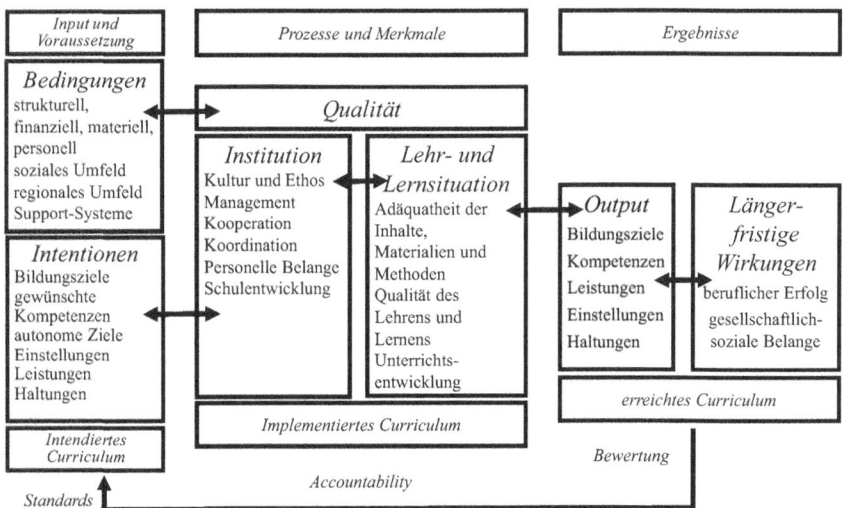

Abbildung 1: Modell schulischer Wirkfaktoren (nach Ditton 2000, 79)

Zwischen dem intendierten und dem erreichten Curriculum liegt das, was Paul Black und andere als „black box" bezeichnen.

In terms of systems engineering, present policies in the U.S. and in many other countries seem to treat the classroom as a black box. Certain inputs from the outside – pupils, teachers, other resources, management rules and requirements, parental anxieties, standards, tests with high stakes, and so on – are fed into the box. Some outputs are supposed to follow: pupils who are more knowledgeable and competent, better test results, teachers who are reasonably satisfied, and so on. But what is happening inside the box? How can anyone be sure that a particular set of new inputs will produce better outputs if we do not at least study what happens inside? And why is it that most of the reform initiatives mentioned (…) are not aimed at giving direct help and support to the work of teachers in classroom? (Black & Wiliam 1998, 1–2).

Weder die Lehrenden noch die Lernenden sprechen im Unterricht über das Lernen selbst und Lernprozesse. Die Lehrkräfte wissen sehr wenig darüber, was in den Köpfen der Jugendlichen im Klassenzimmer wirklich vor sich geht und halten Ergebnisse ihrer eigenen Arbeit für uneinschätzbar, mysteriös und unberechenbar. Es erscheint wichtig, greifbare Produkte zu erzeugen.

Dabei richten auch die Lehrkräfte die Aufmerksamkeit auf einige wenige. Zeigen sich diese engagiert und angemessene Aktivitäten, sind sie davon überzeugt, dass eine gewisse Art des Lernens stattfindet (Nuthall 2005, 919–920). Nuthall argumentiert, dass die Lehrkräfte den Focus auf die direkte Beobachtung der Entwicklung und den Prozess der Entwicklung von Kompetenzen der Lernenden legen müssen, um qualitätsvollen Unterricht zu gewährleisten. Dabei muss die Entwicklung genau, präzise und reproduzierbar beobachtet werden.

Die Lehrkraft kann als Aktivator oder als Vermittler bzw. als Vermittlerin auftreten. Im Vergleich von 800 Studien zeigte sich, dass aktive Instruktionen wesentlich effektiver sind als die reine Vermittlerrolle. Überhaupt stellte sich heraus, dass die Lehrkräfte im Bezug auf das Lernen den mächtigsten Einflussfaktor darstellen (Hattie 2009). Bezugnehmend auf die Meta-Studie von Hattie (Hattie 2009, 243) sind in der folgenden Grafik (Abbildung 2) in den ersten acht Säulen von links die wirkungsvollsten Lehrfaktoren aufsteigend nach Effektivität dargestellt.

Als Vergleich macht sich die effektivste Methode, Lernfortschritte über Simulationen und Spiele, bei denen die Lehrkraft als Moderator auftritt, zu erzielen, recht bescheiden aus (siehe Abbildung 2 – rechte Säule mit gestreiftem Muster). Als Richtwert für den Effektivitätsgrad kann in diesem Zusammenhang, laut Studie, 0,4 angenommen werden. Grob gesehen können Effekte, die darüber liegen, als besonders wertvoll für einen Entwicklungsfortschritt bei Lernenden angesehen werden.

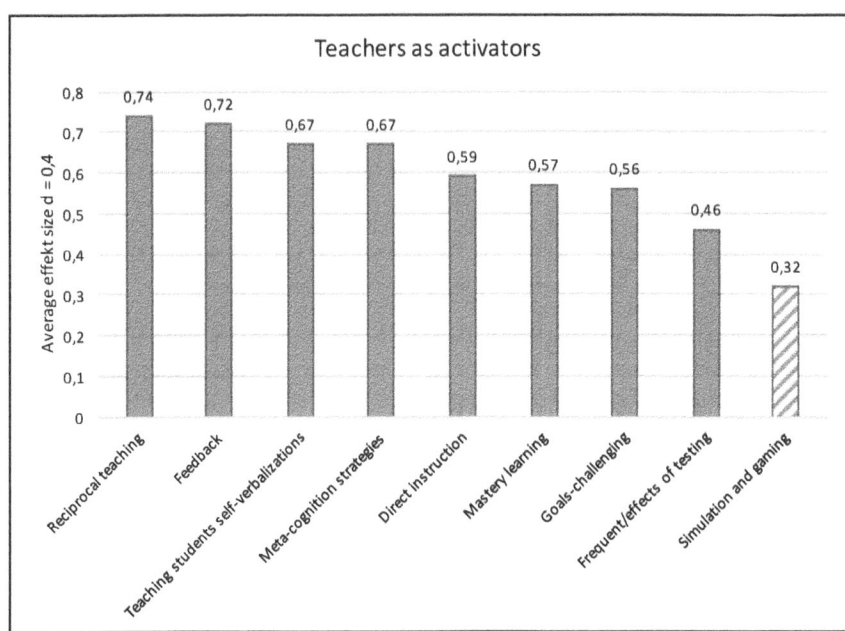

Abbildung 2:   Effektivität von Unterricht nach Hattie (vgl. Hattie 2009, 243)

Auch ein von vielen Seiten als positiv und innovativ angesehener, von der Lehrkraft ungelenkter Unterricht, in dem die Schülerinnen und Schüler in unserem Fall ihre „Mathematik selbst finden" ist für das Lernen nicht förderlich, selbst nicht für jene Schülerinnen und Schüler, die diese Form bevorzugen. Studierende profitieren hingegen von der Entwicklung, einer aktiven Nutzung und dem flexiblen Einsatz verschiedener Lernstrategien; und der Einsatz verschiedener Strategien ist ein wesentliches Merkmal der Kompetenz in vielen Bereichen (Hattie 2009, 243).

Im Rahmen der Schulentwicklungstheorien wiederum hat sich als eine große Strömung die *Implementationsforschung* herausentwickelt (Wacker et al. 2012b), (Maier 2010), (Wissinger 2007). Hier werden Fragen thematisiert, die für die Qualität, die Entwicklung und die Zukunft des Bildungssystems relevant sind, und die in den klassischen Theorien lange Zeit eher ausgeblendet wurden.

Was die Steuerungsstrategie einzelner Instrumente anbelangt, haben Forschungen bisher nur eine geringe Deckung zwischen den bildungspolitischen Wirkhoffnungen und den Wirkungserfahrungen festgestellt (Altrichter 2010), (Maag Merki 2010), (Maier 2010).

Steuerungsimpulse und Aufgabenübertragungen auch oder gerade politische Zielsetzungen und Impulse führen nicht unbedingt zu den intendierten Wirkungen, sondern können auch kontraproduktive, inkompatible oder nicht intendierte Wirkungen zur Folge haben.

Fend (Fend 2006) betont in seinen Ausführungen, dass handelnde Lehrpersonen die gesellschaftlichen Aufgabenbestimmungen nicht eins zu eins umsetzen. Es erfolgt kein schlichtes Auftragshandeln, sondern die Beteiligten interpretieren die Vorgaben auf unterschiedliche, individuelle Weise. Hier kommt das Konzept der Rekontextualisierung ins Spiel, das dazu dient, die Vorgaben systematisch zu bearbeiten und als Handeln auf verschiedenen Verantwortungsebenen zu beschreiben (Fend 2006, 174–175).

Aus bildungspolitischer Sicht ist ein zentraler Befund der Arbeit von Wößmann (Wößmann 2005), der die Daten der PISA-Studie 2000 empirisch untersuchte, allerdings, dass die internationalen Unterschiede der Leistungen der Schüler in systematischer Weise mit zahlreichen institutionellen Rahmenbedingungen des Schulsystems variieren. Wößmann nutzte die Daten der PISA Studie 2000 mit 32 teilnehmenden Ländern und untersuchte die Bereiche Lesen, Mathematik und Naturwissenschaften näher.

In Mathematik lagen die Ergebnisse von 96 855 15-jährigen Schülerinnen und Schülern vor. Die ökonomische Theorie legt nahe, dass Institutionen wie zentrale Prüfungssysteme, Autonomie der Schulen und Wettbewerb durch private Anbieter den Erfolg des Bildungsprozesses signifikant beeinflussen können, weil sie „die Anreize der beteiligten Personen bestimmen" (Bishop & Wößmann 2004), (Wößmann 2005, 153).

Es gibt verschiedene Forschungsrichtungen hinsichtlich der politischen Einflussnahme (vgl. Abschnitt 1.3) auf die mathematische Bildung. Zwei Hauptschwerpunkte stellen Untersuchungen, die sich mit der Implementierung von Standards und Begleitmaßnahmen auseinandersetzen, und solche, die der Frage nachgehen, inwiefern die politisch gesetzten Maßnahmen Einfluss auf die Praxis der Lehrpersonen haben (Ferrini-Mundy & Floden 2007, 1250). Die vorliegende Arbeit ist der zweiten Gruppe zuzuordnen.

Der in der US-amerikanischen historischen Bildungsforschung tätige David Tyack stellte schon vor mehr als 15 Jahren fest: „Because schools change reforms as much as reforms change schools." (Cuban 1998, 453).

Er betonte die immense oft missachtete Bedeutung der Praktiker und wies auf die je nach Konstellation wechselseitig auftretenden Deutungsprobleme bildungspolitischer Reformen durch Akteure, Bildungswissenschafter sowie Bildungspolitikerinnen und Bildungspolitiker hin.

1.2 Handlungsprozesse – Reflexion

1.2.1 Ebenenmodelle

Um eine gewisse Ordnung der Theorie im Bezug auf die Schule herzustellen, ist es ein unter Wissenschaftlern übliches Verfahren, ein Ebenen-Modell zu benutzen (Meyer & Junghans 1997, 215). Fend (Fend 2008) unterscheidet zwischen der *Makroebene* mit Regulierungsinstrumenten wie Gesetzen, Regelungen, der Verwaltung, Instrumenten der Qualitätssicherung usw. und dem empirischen Erscheinungsbild: Kultur- und Bildungspolitik, Personalmanagement, Lehrplanarbeit und so fort; der *Mesoebene*, in der als Regulierungszentrum Autonomiestimmung und Leitungsgesetze, sowie als „Ausführung" Schulpolitik im engeren Sinn, Schulentwicklungsarbeit, Schulkultur etc. beheimatet sind. Als letzte Ebene führt er noch die *Mikroebene* an. Zur Mikroebene gehören die Lehrpersonen mit der „Partitur" Methodik und Didaktik, Regelungen zur Unterrichtsgestaltung, Erziehungs- und Beratungsaufgaben und dem empirischen Erscheinungsbild faktische Unterrichtsprozesse, Unterrichtskultur und Handeln der Lehrkräfte. Einen anderen Teil der Mikroebene stellen die Schülerinnen und Schüler dar, wobei Regelinstrumente wie Leistungsstandards, Prüfungs- und Abschlussregelungen etc. mit Erscheinungsbildern wie Schulleistungen, Persönlichkeitsentwicklung und faktischem Nutzungsverhalten im Zusammenhang stehen (Fend 2008, 17).

Bezüglich der Handlungen unterscheidet Meyer etwa „die in der Schulwirklichkeit ablaufenden realen Handlungsprozesse von den – ebenfalls realen – Reflexionen über diese Prozesse" (Meyer & Junghans 1997, 215).

Er nennt vier Handlungsebenen, auf denen pädagogische Reflexion abläuft. Die Ordnung seines Schemas und das gesamte schulpädagogische Denken können seiner Meinung nach vollständig nach dem Kriterium der Nähe oder Ferne der Reflexionen zum Denken, Fühlen und Handeln der Praktiker und Praktikerinnen vor Ort erfolgen. Als Schulwirklichkeit oder *Nullebene* wird alles, was „irgendwie" mit Schule zu tun hat, gesehen. Das sind etwa die Menschen mit ihren Gefühlen, Gedanken und Handlungen, mit ihren Zukunftshoffnungen, mit Traditionen, ihren Ängsten, all jene die dort leben, lernen und arbeiten.

- Erste Ebene: Hier sind die subjektiven Theorien der Akteure und das pädagogische Ethos der Schule beheimatet und werden handlungswirksam.
- Zweite Ebene: Schulpädagogische Handlungsorientierungen – Die 1. und 2. Ebene zusammenfassend als „Subjektebene" tituliert und die folgende 3. und 4. Ebene die sogenannte „Systemebene".

- Dritte Ebene: schulische Leitbilder und Leitbilder-Kritiken – Hier gehören alle empirisch gehaltvollen Neuentwürfe von Schule dazu, wobei ein vielfältiger Bogen zwischen im Prinzip realisierbaren Leitbildern und den notwendigen, aber nicht umsetzbaren Schulutopien gespannt wird.
- Vierte Ebene: Hier geht es darum, Schule als Gesamtdarstellung auf wissenschaftlicher Basis zu begreifen.

In der *Metaebene*, die auch als *Ebene metatheoretischer Reflexion* bezeichnet wird, beschäftigt man sich mit der Frage, wie eine Theorie der Schule konstruiert und kritisiert werden kann, ohne dass ein direkter Eingriff auf die Akteure beabsichtigt oder möglich ist (Meyer & Junghans 1997, 215–220). Ein Ebenenmodell, das für empirische Arbeiten anschlussfähig ist und dennoch nur die wichtigen Ebenen berücksichtigt, ist ein Modell von Berkemeyer, das auf die Gegenstände der Steuerungsabsichten hinzielt und sechs Ebenen aufweist: *Bildungspolitik, Bildungsadministration, Schulnetzwerke, Schule, Klasse und Ergebnisse der Schülerinnen und Schüler* (Berkemeyer & Müller 2010). Wacker und andere (Wacker et al. 2012a) ordnen den einzelnen Ebenen, die im Gegensatz zu den Top-down-Ansätzen nicht miteinander verknüpft sind, wesentliche Instrumente zu. Obwohl sich die Autoren dabei auf die primär fokussierenden Instrumente beschränken, wird dem Instrument – zentrale Prüfung – sowohl in der Ebene Bildungspolitik, vor allem jedoch in den Ebenen Schule, Klasse und Ergebnisse der Schülerinnen und Schüler eine entscheidende Bedeutung beigemessen, da die Instrumente ergebnisorientierter Steuerung primär die operative Ebene der Leistungserstellung fokussieren (Wacker et al. 2012b, 24–26).

1.2.2 Handlungsprozesse

Der Unterrichtsprozess wird durch kleine und kleinste (verbale und nonverbale, mimische, gestische und körpersprachliche, bildnerische und musische) Verfahren und Gesten (Inszenierungstechniken) in Gang gesetzt und am Laufen gehalten (Meyer 2002, 112).

Die Lehrpersonen an den Schulen sind denkende Wesen. Sind sie vor eine Aufgabe gestellt, in diesem Fall, mit gewissen Vorgaben konfrontiert zu werden, so sind damit Handlungen verbunden. Eine mögliche Theorie dazu besagt, dass sie das im Sinne einer Kosten-Nutzen-Rechnung tun. Die Grundlage bildet die Annahme, dass Nutzenmaximierung als grundlegende Logik einer Selektion des Handelns angesehen wird (Rational Choice-Theorie) (Esser 2002). Diese Form der Rationalität wird von Max Weber als Zweckrationalität bezeichnet und ist eine instrumentelle Vernunftauffassung. Mehrere Autoren (Immanuel Kant, Talcott Parsons, Emile Durkheim, Max Weber) halten diese Form, Vernunft zu verstehen, für problematisch oder zumindest nicht ausreichend. Der konsequenteste Anhänger des normativen Handlungsmodells ist Talcott Parsons. Dieses kennt nicht nur eine objektive Welt, sondern auch eine soziale. Die Akteure orientieren sich an gemeinsamen Werten. Auch das dramaturgische Handlungsmodell kennt zwei Welten und zwar die objektive und die subjektive. Unter einer subjektiven Welt versteht man „die Gesamtheit der Erlebnisse, zu denen jeweils nur ein Individuum einen privilegierten Zugang hat" (Greve 2009, 103). Habermas führt als viertes Handlungsmodell den Begriff des kommunikativen Handelns ein, das er folgendermaßen definiert (zitiert nach Greve 2009, 99–101):

> Der Begriff des kommunikativen Handelns schließlich bezieht sich auf die Interaktion von mindestens zwei sprach- und handlungsfähigen Subjekten, die (sei es mit verbalen oder extraverbalen Mitteln) eine interpersonale Beziehung eingehen. Die Aktoren suchen eine Verständigung über die Handlungssituation, um ihre Handlungspläne und damit ihre Handlungen einvernehmlich zu koordinieren.

Diese Kooperation kann auf komplexe Weise ebenso wie mit einfachen Gesten passieren. Menschen, in unserem Fall in der Schule, „kooperieren miteinander auf eine Weise, die wir von keiner anderen Spezies kennen, wobei diese Kooperation Prozesse geteilter Intentionalität beinhaltet." (Tomasello 2011, 83).

Kooperation ist evolutionsbedingt und eine einmalige Eigenschaft von Menschen. Dabei ist eine Schicht von Intentionalität – „ich will, dass du weißt, dass ich etwas von dir will; ….ich habe eine Bitte an dich; …ich will dich über etwas informieren; ….ich will eine bestimme Einstellung teilen; …." für den Prozess absolut entscheidend und wird als (Gricesche) kommunikative Absicht bezeichnet. Dadurch werden kommunizierende Menschen überhaupt erst dazu motiviert zu kooperieren, da beide voneinander annehmen können, dass dies zu ihrem eigenen und wechselseitigen Nutzen sein wird (Tomasello 2011, 100). Der Frage, ob überhaupt und inwiefern ein derartiger Impuls von außen, wie die zentrale Reifeprüfung, das Kooperationsverhalten der Mathematik-Lehrkräfte beeinflusst, ist eine der drei zentralen Fragestellungen dieser Arbeit. Die wenigen bisherigen Arbeiten weisen aber deutlich darauf hin, dass ein gemeinsames Arbeitsziel von herausragender Bedeutung ist, wenn es darum geht, aus Fachgruppen professionelle Lerngemeinschaften zu schaffen (Fussangel 2008, 269). Untersuchungsergebnisse im Zusammenhang mit der Implementierung von Bildungsstandards in der Sekundarstufe I zeigen zumindest, dass die fachinterne Kommunikation etwa in Form von „Erfahrungsaustausch über Standards" forciert wird. Von verbindlicheren Absprachen und Koordinationen, wie etwa im Bezug auf Leistungsbeurteilung, wird jedoch eher selten berichtet (Aiglsdorfer & Aigner 2005).

Um einen besseren Einblick in das Handeln der österreichischen Lehrkräfte im Fach Mathematik zu erhalten, sollen in Kapitel 2 die Hintergründe durchleuchtet werden. Denn nach Fend ist das Handeln des operativen Akteurs „Lehrperson" nur dann zu verstehen, wenn es im Gesamtzusammenhang des nationenspezifischen Bildungswesens gesehen wird. Dies ist auch für die Rekontextualisierung durch die Lehrpersonen von großer Bedeutung (Fend 2006), (Fend 2008, 107). Für Lehrkräfte besteht die Notwendigkeit, täglich pädagogisch handeln zu müssen. Sie konstruieren auf Basis ihres Common sense und des unaufhörlichen Stroms aktueller Erfahrungen ihre eigenen subjektiven Verhaltenstheorien (Mandl & Huber 1983, 100). Die Prozesse der Umsetzung von etwa Bildungsstandards sind allerdings langfristiger Struktur. Die Mathematik-Lehrkräfte versuchen dabei, die neuen Ideen und Begriffe in das Netz der eigenen Begriffe und Einstellungen zu integrieren. Dabei wird eine größtmögliche Kohärenz zwischen Bisherigem und Neuem angestrebt (Schulz 2010). Für den freiwilligen langfristigen und zusätzlichen Arbeitsaufwand muss das Vorhandensein einer persönlichen Motivation angenommen werden. Auch extrinsisch motivierte Verhaltensweisen können dabei durchaus als selbstbestimmend gelten, wenn diese durch Prozesse der Internalisierung und Integration in selbstbestimmte Handlungen übergeführt werden. Dabei ist die integrierte Regulation, die am Ende eines Internalisierungsgeschehens steht, jene Form mit dem höchsten Grad an Selbstbestimmung. Das Individuum identifiziert sich mit den integrierten Zielen, Normen und Handlungsstrategien, die es in das kohärente Selbstkonzept integriert hat (Deci & Ryan 1993, 227–228).

Wie und was Lehrkräfte lehren, wird von ihren beliefs (in der Literatur findet man in diesem Zusammenhang eine Reihe von Begriffen wie: Einstellungen, Werte, Dispositionen, ... auf eine Differenzierung dieser Begriffe wird bei dieser Arbeit bewusst verzichtet) über Lehren, Lernen und Mathematik maßgeblich beeinflusst. Diese beliefs können als eine Art Meta-Konzept gesehen werden, die die Professionalität und Entwicklung der Mathematik-Lehrkräfte kontrolliert (Gellert et al. 2013). Insgesamt gesehen sind die Einstellungen der Lehrkräfte zu den Zielen und Handlungsstrategien der neuen Reifeprüfung also sowohl für ihre Motivation als auch für das Lehren im engeren Sinn maßgeblich. Kontrollierende Ereignisse und Maßnahmen, die als Druck erlebt werden, untergraben die intrinsischen Motivationen der Mathematik-Lehrkräfte, die mit dem Wunsch nach Kompetenz und Selbstbestimmung verknüpft ist (Deci & Ryan 1993, 231). In den USA sind standardisierte Tests in vielen Ausprägungen seit vielen Jahren im Schulbereich verankert. Dort durchgeführte großangelegte Studien lassen den Schluss zu, dass sich österreichische Mathematik-Lehrkräfte durch die neue Ergebnisorientierung unter Druck gesetzt fühlen (Pedulla et al. 2003). Bei der Entwicklung eines Models der Umsetzung von Bildungsstandards durch Mathematik-Lehrkräfte als Internalisierungsprozess wurde festgestellt, dass

Lehrkräfte Innovationshandlungen über ihre Sinnstiftung und mit ihrem fachdidaktischen Wissen begründen, und nicht über die Messung von Unterrichts-
effekten. Eine systematische Rückkopplung der Überprüfung von Lernzuwächsen
in der weiteren Gestaltung des Unterrichts ist nicht feststellbar (Schulz 2010, 209).
Dem entgegengesetzt wurde das lernprozessorientierte und begleitende
(formative) Assessment als einer der entscheidendsten Punkte im Bezug auf
Lehren und Lernen identifiziert. Im Vergleich zum bilanzierenden (summativen)
Assessment zielt dieses nicht darauf ab ausschließlich bewertend Lernziele und
Lernstand der Lernenden zu vergleichen. Formatives Assessment dient dazu,
wechselseitig (reziprocal) Lehren und Lernen abzugleichen und dadurch die
Lernprozesse voranzutreiben und in die richtige Richtung zu lenken. Staatlich
vorgegebene Standards zielen jedoch nicht auf die Weiterentwicklung des
mathematischen Verständnisses im Unterricht ab. So wird mathematisches
Verständnis von Lehrenden und Lernenden als fremdbestimmt und extern wahrgenommen. Um formatives Assessment erfolgreich betreiben zu können, wären
jedoch von Seiten der Lehrkräfte Wissen und Fähigkeiten vonnöten, über welche
diese oft nicht in ausreichendem Maße verfügen (Klieme 2010), (Wiliam 2007),
(Heritage 2007), (Schulz 2010). Handlungen der Lehrkräfte im Unterricht und ihre
Steuerung der Unterrichtsprozesse sind also, wie in Abbildung 3 dargestellt, von
mehreren Einflussfaktoren abhängig. Unter Rekontextualisierung sei hier der von
Fend geprägte Begriff (Fend 2006) zu verstehen.

Abbildung 3:   Einflussfaktoren auf die Unterrichtsarbeit (eigene Darstellung)

1.2.3 Kooperation und professionelle Lerngemeinschaften

Lehrpersonen müssen die Inhalte tief, konzeptionell und den Kontext zwischen den mathematischen Ideen verstehen. Darüber hinaus ist es jedoch auch nötig, über die Umsetzung der mathematischen Ideen im Unterricht und die bei den Schülerinnen und Schülern üblicherweise auftretenden Schwierigkeiten Bescheid zu wissen und Hilfsmittel parat zu haben, wie man damit umgeht.

Als Beispiel kann etwa eine Studie von Schram, Wilcox, Lanier und Lappan (1988), (Wilcox et al. 1991) angesehen werden. Lehrpersonen der Mittelstufe in den USA gewannen im Zuge einer Weiterbildung ein tieferes Verständnis für gewisse mathematische Inhalte, indem sie Probleme lösten, fachliche Diskussionen führten, verschiedene fachliche Meinungen erörterten, Gruppenarbeiten durchführten und verschiedene Darstellungen benutzten. Bei der Beobachtung ihrer folgenden Unterrichtseinheiten zeigte sich, dass sie die erworbenen Kenntnisse nicht automatisch befähigten, dieses Wissen und Können auch in der Praxis an die Schülerinnen und Schüler weiterzugeben. Dieses Beispiel zeigt, dass verschiedene Arten von Wissen die Entscheidungen von Lehrpersonen beeinflusst (Ball et al. 2001, 449–451).

Schon Freema Elbaz unterstrich die Bedeutung des „Wissens" von Lehrkräften, indem er meinte:

> The single factor which seems to have the greatest power to carry forward our understanding of the teacher's role is the phenomenon teacher's knowledge (Elbaz 1983, 45).

Eine umfassende internationale Studie (durchgeführt von der Organisation for Economic Cooperation and Development – OECD) bezüglich Innovation und Wechsel im Unterricht im Fach Mathematik, das 23 Projekte in 13 Mitgliedstaaten durchleuchtete kam zum selben Schluss wie Paul J. Black und J. Myron Atkin (Black & Atkin 1996). Lehrpersonen übernehmen Ideen nicht einfach von außen, solange sie als generelle Prinzipien präsentiert werden. Da mögen die Ideen noch so gut und wissenschaftlich hinterlegt sein. Was sie brauchen, ist eine Vielzahl an praktikablen Umsetzungsmöglichkeiten, Erfahrungen und lebenspraktischen Beispielen, mit denen sie sich identifizieren können. Sie brauchen konkrete Beispiele dafür, was man wie besser machen könnte, aus denen sie eine für sich passende Auswahl treffen können. Dabei mangelt es an passenden Personen, denen sie diese Rolle einer Trainingsperson auch abnehmen beziehungsweise von denen sie die Ideen auch annehmen können.

Lehrpersonen und damit indirekt auch Schülerinnen und Schüler einfach auf einen Weg zu schicken, der beschwerlich ist und umgangen werden kann, dessen Ziel nicht klar ist oder zumindest nicht klar kommuniziert wird und nicht als

erstrebenswert angesehen wird, kann für das Fach Mathematik und die
mathematische Bildung weit reichende nicht intendierte Folgen haben, die die
intendierten in den Schatten stellen (siehe Abbildung 4).

Abbildung 4:   Ungewisser Weg (eigene Darstellung)

Mathematik-Lehrkräfte der Oberstufe stehen meist einsam vor der Klasse. Ihre
Arbeit wird nur spärlich in für sie annehmbarer Weise beobachtet, ausgewertet
und reflektiert. Außerdem herrscht eine große Unschärfe über effektive Strategien
und Lernprozesse für Mathematik, da diese weitgehend im Verborgenen vor sich
gehen. Die Voraussetzungen und Möglichkeiten der Schülerinnen und Schüler,
wie auch der Lehrpersonen sind vielfältig und es gibt kein fertiges, überprüfbares
und allgemein akzeptiertes Produkt. Heraus aus einer negativen Selbst- und
Fremdeinschätzung kommt die Berufsgruppe laut Ansicht des Erziehungs-
wissenschaftlers Manfred Bönsch nur auf Basis eines positiven beruflichen
Selbstkonzeptes. Unter einem solchen versteht er Folgendes:

> Mit beruflichem Selbstkonzept ist eine strukturierte und handlungsrelevante Vorstel-
> lung über die Prämissen, Optionen und Handlungspräferenzen beruflicher Tätigkeit
> gemeint, also ein abgeklärtes Verhältnis zum eigenen Beruf, das durch pädagogische
> Professionalität gekennzeichnet ist (Bönsch 2008, 54).

Da viele offene Fragen jedoch tagtäglich durch die konkrete Arbeit der Lehrkräfte bereits beantwortet werden, die Lösungen nur noch nicht oder zu wenig kommuniziert werden, steckt in den Lehrkräften selbst ein großes Potenzial. Ohne Unterstützung und Hilfe von außen wird sich dieses wohl kaum entfalten, und diese Prozesse erfordern Zeit und setzen Bereitschaft voraus.

Abgesehen davon, dass Schul- und Unterrichtsforschung gezeigt hat, dass Reformen aus verschiedenen Gründen oft nicht in beabsichtigter Weise greifen, ist eine professionelle Weiterentwicklung der Mathematiklehrkräfte notwendig.

Professionelle Lerngemeinschaften können dazu beitragen, dass die Lehrkräfte aus ihrer Isolation gerissen werden, Hilfe und Unterstützung erfahren und ihre Motivation gesteigert wird. Als Folgewirkung verbessern sich tatsächlich der Mathematik-Unterricht und die Ergebnisse der Schülerinnen und Schüler (Kruse et al. 1994, 70), (Rosenholtz 1991).

To improve their mathematics instructions, teachers must be able to analyze situations, frame and solve problems, and make sense of mathematical concepts and procedures. (…) Reflection and analysis are often individual activities, but they can be greatly enhanced by teaming with an experienced and respected colleague, a new teacher, or a community of teachers. Collaborating with colleagues regularly to observe, analyze, and discuss teaching and student's thinking or to do "lesson study" is a powerful, yet neglected, form of professional development (Principles and standards for school 2005) (Lester 2007, 19).

1.3 Unterrichtsreform durch ergebnisorientierte Steuerung

1.3.1 Steuerung und Governance

Policy kann laut WordNet® als „a plan of action adopted by an individual or social group … a line of argument rationalizing the course of action of a government" (Cognitive Science Labratory, 2005) definiert werden.

Staaten greifen auch in die Bildungspolitik ein. Dies kann auf verschiedene Art und Weise geschehen, indem sie etwa auf die Zertifizierungen, Beurteilungen, die Aus- und Fortbildungen der Lehrpersonen oder die Curricula Einfluss nehmen. Sieht man sich die verschiedenen Perspektiven auf Schule an (vgl. Abschnitt 1.1), so kann man erkennen, dass Schule sowohl eine gestaltete Institution mit definierbaren Funktionen und Aufgaben darstellt, aber als gesellschaftliche Einrichtung auch eine gestaltbare, das heißt veränderbare, Komponente aufweist. Im internationalen Vergleich sind vier Grundvarianten auszumachen, wie eine staatliche Regulierung des Unterrichts erfolgen kann (Klieme et al. 2007), (Biehl et al. 1996).

- *Das Assessment Modell:* Durch Abgangskontrollen wird den Schulen relativ genau vorgegeben und zur selben Zeit gespiegelt, was sie zu bestimmten Messzeitpunkten im Unterricht erreicht haben sollen und tatsächlich erreicht haben. Auf diese Art und Weise erfolgt eine indirekte Regulierung des Unterrichts.
- *Examen-artium Modell:* Wiederum erfolgt eine indirekte Regulierung des Unterrichts, nur in diesem Fall über Zugangskontrollen.
- *Philanthropisches Modell:* Hier liegt eine direkte verbindliche Regulierung des Unterrichts über den Lehrstoff und den praktizierten Methoden vor, wobei die Vorgaben eher allgemeinerer Natur sind. Innovationen werden durch Modellversuche initiiert.
- *Klassisch-bürokratisches Modell:* Die methodisch-didaktische Ausgestaltung des Unterrichts obliegt den Lehrpersonen. Stofflich, inhaltlich sind die Vorgaben allerdings zum Teil äußerst genau und detailliert. Zusätzlich wird Selektion über schulartspezifische Normierung gesteuert.

Die Idee einer Schulreform über eine Strukturreform im Schulwesen wird heute distanzierter wahrgenommen und die Idee, dass wissenschaftliche Befunde durch die Politik in umfassende Reformen münden würden, hat sich überlebt.

Eine Inputsteuerung in Form einer inhaltlich-qualitativen Reform gilt als gescheitert. In den neuen Reformen geht es um die Erfüllung der Schulaufsichtspflicht des Staates und die Eigenverantwortung der Institution Schule im Steuerungssystem und um die Reorganisation jeder schulischen Handlungseinheit. Die in der Wirtschaft leitenden Modelle bezüglich Organisation, Management und Führung kommen hier nach wie vor zum Tragen (Wacker et al. 2012b, 14–15), (Wissinger 2010), (Wissinger 2011).

In der Bildungspolitik wurde eine Wende eingeleitet. Abgehend von einer „Input"-gesteuerten Bildungspolitik, d. h. aus einer durch finanzielle Ressourcen, Ausbildungsbestimmungen für Lehrpersonen, Lehrpläne, Rahmen- und Prüfungsrichtlinien usw. gesteuerten Bildungspolitik, liegt nun das Hauptaugenmerk auf dem „Output". Der Output von Bildungssystemen umfasst neben der Vergabe von Zertifikaten im Wesentlichen den Aufbau von Kompetenzen, Qualifikationen und Persönlichkeitsmerkmalen (Klieme et al. 2007, 12).

Die *Governance*-Perspektive hebt sich vom Begriff Steuerung insofern ab, als sie Akteure und ihre wechselwirkenden Beziehungen in den Blickpunkt rücken. Die einzelnen Akteure sind zwar prinzipiell unabhängig. Da aber etwa jede Mathematik-Lehrkraft Umwelt jeder anderen Mathematik-Lehrkraft ist, kann kein Akteur den anderen steuern, ohne selbst davon betoffen und beeinflusst zu sein (Holmeier 2013, 28). Der Nutzen dieser Perspektive liegt vor allem darin, dass sie versucht, auch den nicht-intendierten Effekten und Wirkungen Platz einzuräumen. Hier muss auf alle Fälle auch geklärt werden, welche Prozesse in den Schulen bei den Lehrkräften und im Unterricht stattgefunden haben (Holmeier 2013, 35). Wie wichtig in dem Zusammenhang fachbezogene Erkenntnisse und Forschungen sein können, zeigt uns jedoch die Arbeit des National Council of Teachers of Mathematics (NCTM) in Amerika. Dieses entwickelte auf pionierartige Weise für K-12 (entspricht der österreichischen Matura-Stufe) mathematische Standards für die Inhalte, das Lehren und das Assessment (vgl. NCTM 1989, 1991, 1995, 2000, …). Die Ergebnisse daraus leiteten viele amerikanische Staaten und Bezirke an und waren und sind auch für die Bildungspolitik bezogen auf andere Gegenstände und im weiter gefassten Sinne von Bedeutung (Ferrini-Mundy & Floden 2007, 1248).

Die Entwicklungen der letzten Jahre zeigen deutlich, dass das Thema der Validierung von Lernergebnissen stark an Bedeutung gewonnen hat. Die entsprechenden Ideen dazu finden nicht nur bildungspolitisch, im wissenschaftlichen Kontext und in der beruflichen Bildungspraxis Beachtung, sondern scheinen insgesamt im Vordergrund zu stehen. Die Europäische Kommission hat die Mitgliedstaaten der EU dazu aufgefordert, die Lernergebnisse, die die Menschen in unterschiedlichen Lernsituationen und Orten im Laufe ihres Lebens erworben haben, feststellbar zu machen und anzuerkennen.

Das hat einen gesellschaftlichen Prozess des Umdenkens in Richtung Gleichwertigkeit formalen, non-formalen und informellen Lernens initiiert. Das Hauptaugenmerk in Deutschland wie auch in Österreich liegt dabei eher noch auf dem formalen Bildungssystem (Münchhausen & Bohlinger 2011, 5).

An dieser Stelle soll nicht unerwähnt bleiben, dass Politikerinnen und Politiker und Journalistinnen und Journalisten so gewonnene Daten oft für ihre Zwecke „missbrauchen", sie falsch interpretieren und unreflektiert Teile nach Belieben, ohne über die Hintergründe und die Methode Bescheid zu wissen, verwenden. In der Tat scheint es, dass große internationale, aber auch nationale Überprüfungen für Politiker, für die Politik und politische Diskussionen durchgeführt werden. Wie schwierig die Vergleichbarkeit von solchen Vergleichen ist und wie hoch der Interpretationsspielraum, sei an folgendem Beispiel demonstriert. 1996 stellte das NAEP (National Assessment of Education Progress) fest, dass nur 18 % der US-Kinder der 8. Schulstufe in Mathematik „proficient" und nur 2 % „advanced" seien. Laut dem TIMMS-Report aus demselben Zeitraum liegen die durchschnittlichen mathematischen Kenntnisse der Kinder der 8. Schulstufe in den USA signifikant über dem internationalen Durchschnitt. Solche Ergebnisse scheinen vor allem Politikern und Journalisten oft unglaubwürdig und werden durchaus missbräuchlich genutzt (Lange 2007, 1112). Ähnlich wie bei anderen Schulreformen kann durch die Einführung einer neuen Reifeprüfung im Fach Mathematik eine Unterrichtsentwicklung nur dann angeregt werden, wenn die Lehrkräfte in den fachspezifischen schulischen und unterrichtlichen Kontexten adressiert werden.

Dafür ist es notwendig, die Lehrkräfte für die Reform zu gewinnen und als Fachleute für den Unterricht anzusprechen. Lehrpersonen interpretieren die Vorgaben selbstverantwortlich und adaptiv und die Erwartungen werden daher kaum in ihrer gesamten Breite erfüllbar sein. Persönliche Handlungsroutinen, subjektive Theorien und sozial gewachsene Überzeugungen darüber, was guter Mathematik-Unterricht bedeutet, können die Reformideen behindern oder diesen gegenüberstehen. Eine positive Unterrichtsentwicklung im Fach Mathematik durch die neue Reifeprüfung kann also nur dann gelingen, wenn sie von Seiten der Lehrpersonen die nötige Akzeptanz erfährt (Fend 2006), (Reusser & Halbheer 2008), (Oelkers & Reusser 2008), (Reusser & Tremp 2008, 305–317).

Die Frage ist, was man mit Reformen erreichen will. Reformen im schulischen und kontextuellen Rahmen sollten gezielt auf Verbesserungen des Unterrichts ausgerichtet sein (Ditton 2000). Besteht dieser Anspruch, muss man über persönliche Eindrücke, Erfahrungen und Meinungen der betroffenen Lehrpersonen zur neuen Testkultur mehr erfahren und Bescheid wissen. Nur durch die Einbeziehung der Forschungsergebnisse in dieser Richtung können Testprogramme zu den gewünschten Effekten führen (Pedulla et al. 2003, 9).

Befunde zur Motivation der Lehrpersonen und deren Auswirkungen auf den Transfer einer Innovation bestätigen die ausschlaggebende Bedeutung des Interesses der Lehrkräfte am Innovationsgegenstand.

Die Phase nach Bekanntmachung und Wiedergabe von Zielen und Inhalten ist hierbei für eine erfolgreiche Implementation einer Innovationsidee besonders wichtig (Trempler et al. 2013, 344). Dabei stellt sich auch die Frage, in welche Richtung die Steuerung erfolgen soll und welche Voraussetzungen dafür nötig sind. Herbert Altrichter (Altrichter 2010) dämpft überzogene Erwartungen im Hinblick auf die „neuen Steuerungsmodelle" und fordert eine „realistische Reformulierung" der angestrebten Funktionen. Im Bezug auf widersprüchliche Signale, die von testbasierten Leistungsrückmeldungen ausgehen, weist er unter anderem zusammenfassend auf folgende hin:

Output-Messungen sollen prozessbezogen interpretiert werden und entsprechende Reaktionen nach sich ziehen; eine Politik, die aus einem Zweifel an der professionellen Selbstentwicklungsfähigkeit der Lehrpersonen und Schulen entstanden ist, appelliert an die Professionalität des schulischen Personals, aus Datenrückmeldung Konsequenzen der Qualitätsentwicklung zu ziehen. Gerade im letzten Punkt scheint das Grunddilemma dieser Politik zu liegen. Wenn die Nutzung von Lernstandserhebungen einen (kompetenzorientierten) „Paradigmenwechsel" im Lehrerhandeln, wenn sie eine „neue Professionalität" erfordert, dann setzt das Steuerungsinstrument Datenfeedback gerade das voraus, in dessen Richtung es „steuern" soll (Altrichter 2010, 252).

1.3.2 Standards

International hat sich eine normbezogene Interpretation des Begriffs Standards durchgesetzt, meist Ergebnis-Normen. „A standard is both a goal (what should be done) and a measure of progress toward that goal (how well it was to be done)" (Ravitch 1995, 7). Eine Ausnahme bildet Großbritannien, wo Standards im Bezug auf ein zu erreichendes Leistungsniveau gesehen wird.

In Österreich sind Bildungsstandards für die Sekundarstufe I als „konkret formulierte Lernergebnisse in den einzelnen oder den in fachlichem Zusammenhang stehenden Pflichtgegenständen" (BGBl. II Nr. 1/2009, § 2) definiert. Aus den Formulierungen lassen sich drei Hauptschwerpunkte ableiten.

- Erstens dienen Bildungsstandards der Orientierung. Sowohl in der Vorbereitung, als auch in der Durchführung und Reflexion von Unterricht und den Leistungen der Schülerinnen und Schüler ist der Blick in stärkerem Maße auf eine nachhaltige Ergebnisorientierung zu richten.
- Zweitens stellen Bildungsstandards ein Diagnoseinstrument dar, das die individuelle Förderung der Schülerinnen und Schüler verbessern bzw. ermöglichen soll.
- Im Zuge der Schulentwicklung schließlich können die Ergebnisse diverser standardisierter Tests und deren Evaluierung zur Qualitätsentwicklung herangezogen werden.

In der Sekundarstufe II soll die standardisierte kompetenzorientierte schriftliche Reifeprüfung auf (reflektiertes) Grundwissen und dessen flexible Nutzung (vor allem in Kommunikationssituationen) fokussieren (Aue et al. 2013).

Standards zielen also im vorliegenden Fall auf Kompetenzen. Die ausgewiesenen Grundkompetenzen sind den Inhaltsbereichen *Algebra u. Geometrie, Funktionale Abhängigkeiten, Analysis sowie Wahrscheinlichkeit und Statistik* zugeordnet. Sie erstrecken sich über den Lehrstoff der gesamten Oberstufe, decken den bestehenden Lehrplan aber bei weitem nicht vollständig ab. Gewisse Kapitel des Lehrplans, wie etwa Folgen und Reihen, Kegelschnitte, Exremwertaufgaben usw. sind nicht Inhalt der schriftlichen Reifeprüfung. Inhaltliche Standards werden im internationalen Diskurs als *Content Standards* bezeichnet und definieren Leistungserwartungen im Bezug auf gewisse Themengebiete. Damit in Zusammenhang, aber wesentlich allgemeiner gehalten, mit dem Anspruch universeller einsetzbar zu sein, sind die sogenannten *Performance Standards.* Sie definieren allgemeine Kompetenzen als Ziele schulischer Lehr- und Lernprozesse.

Die Bildungsstandards können quasi als ausgehandelte Qualitätskriterien zwischen Politik, Vereinigungen, Wissenschaft und den Schulen betrachtet werden. Eine logische Konsequenz bei Nichterfüllung der festgelegten Ziele wäre ein „Rückkopplungsmechanismus" in Form einer Nachsteuerung, der in dieser Form jedoch weder konkret formuliert noch angedeutet wird. Die Lehrpersonen an österreichischen Schulen sollen bei der Implementierung von Bildungsstandards als „Zentrales Gelenksstück" fungieren (Beer 2006, 263).

Nach Klieme et.al. formulieren nationale Bildungsstandards verbindliche Anforderungen an das Lehren und Lernen in der Schule und konkretisieren den Bildungsauftrag, den Schulen zu erfüllen haben. Die Bildungsziele in Form von Kompetenzanforderungen haben dabei so genau zu konkretisieren, dass sie in Aufgabenstellungen umgesetzt und prinzipiell mit Hilfe von Testverfahren erfasst werden können (Klieme et al. 2007). Die Maturantinnen und Maturanten in Österreich sollen als „höher gebildete Laien" (Aue et al. 2013) fungieren. Dafür ist ein Grundwissen erforderlich, das in Form von Grundkompetenzen formuliert wird. Ziele und Inhalte, auf die in der Prüfungssituation fokussiert werden soll, sind für das Fach somit derart grundlegend, dass (Wissens-)Defizite in diesen Bereichen einen verständigen Umgang mit den geforderten mathematischen Inhalten behindern würden. Durch diesen Zugang wird es notwendig, sich ein reflektiertes Basiswissen anzueignen, sodass während der Prüfung mit Inhalten und Methoden des Unterrichtsfaches Mathematik verständig gearbeitet wird (Aue et al. 2013, 3).

Da es in Österreich für die Schülerinnen und Schüler der AHS im Fach Mathematik keine innere Differenzierung gibt und alle Absolventinnen und Absolventen die schriftliche Reifeprüfung in gleicher Form absolvieren müssen, können die geforderten Standards als *Regelstandards* angesehen werden. Diese spezifizieren ein Durchschnittsniveau und lassen eine Normalverteilung der Kompetenzen erwarten (Klieme et al. 2007, 29). Auch die sogenannten Typ-2 Aufgaben (vgl. Abschnitt 2.4) der neuen Reifeprüfung stellen eine Vernetzung der *Grundkompetenzen* in definierten Kontexten und Anwendungsbereichen dar. Unabhängig von Schwerpunktsetzungen der einzelnen Schulen und verschiedenen Formen der AHS werden auch diese Typ-2 Aufgaben einheitlich gestellt, sodass auch hier eine Anpassung an das Durchschnittsniveau zu erwarten ist. Die Beantwortung der Frage, ob die österreichischen Mathematik-Lehrkräfte ihren Unterricht der Oberstufe auf die Aufgabenformate der neuen Reifeprüfung fokussieren, ist eines der Kernthemen der vorliegenden Untersuchung.

Die Spannung zwischen geteilten Normen und Erwartungen – Standards – und der tatsächlichen Gestaltung des Unterrichts, sowie die Kritik an einer „bürokratischen" Systemsteuerung bestehen seit der Entwicklung einer staatlichen Schule (Oelkers & Reusser 2008, 21). Unterricht entwickelt sich auch autonom und gibt sozusagen seine eigenen Normen vor. Die Akzeptanz bei den Akteuren ist an die Brauchbarkeit von Standards gebunden, da sie nicht allein staatliche

Vorschriften darstellen, sondern die sich entwickelnde Profession selbst Standards entwickelt hat (Oelkers & Reusser 2008, 19).

In den USA steht die Messung von Leistung – *Performance Standards* – in Form von Tests seit Jahrzehnten im Vordergrund und ist nach wie vor von großer Bedeutung. Hier war und ist es die Mathematik – konkret – die Autoren des National Council of Teachers of Mathematics (NCTM), die Standards in einer stärker prozessorientierten Sichtweise für Inhalte, das Lehren und das Assessment entwickelten (NTCM 1989, 1991, 1995, 2000). Neben den inhaltlichen Zielen, was junge Leute in Mathematik wissen und in der Lage sein sollen zu tun, wird in den Veröffentlichungen aufgezeigt, wie die Heranwachsenden angeleitet werden sollen – *Opportunity to learn-standards*. Die hierzu entwickelten Standards hatten auch auf andere Fächer Einfluss (Ravitch 1995).

Konkrete Basisziele, die ausschließliche Verwendung von „objektiven" Items und vor allem Tests rücken in den Hintergrund. Die Bedeutung kontextueller Aufgabenformate, vernetzter Aufgaben und die Vision eines guten Unterrichts im Fach Mathematik, die das Entdecken und Erforschen fördern, Neugier, Lust und Möglichkeiten erwecken, Mathematik zu verstehen und sinnvoll einzusetzen, rückt in den Blickpunkt.

Die Einführung der Standards wird nur dann zu Verbesserung der Unterrichtspraxis führen, wenn die Entwicklungs- und Forschungsanstrengungen zur Überzeugung und zur Unterstützung der Praxis wesentlich verstärkt werden. Empirisch validierte Kompetenzmodelle allein führen nicht zu den erhofften Verbesserungen (Labudde et al. 2009, 367). Mathematik-Lehrkräfte stehen vor der Aufgabe, formales Wissen mit oft nicht einheitlich konsensual verwendeten Begriffen (Klieme et al. 2007), (Schulz 2010), zu denen Bildungsstandards zählen, in praktisches Wissen mit entsprechenden Handlungen zu übertragen. Erschwerend hinzu kommt, dass ausgearbeitete Informationen, so ausgefeilt sie auch formuliert werden, keine ausreichende Handlungsorientierung geben können. Innovation ist mit veränderten Wahrnehmungen und Deutungen durch die Lehrkräfte selbst verknüpft (Spillane et al. 2002), (Gellert et al. 2013).

Prüfungen, welche Mathematik-Lehrkräfte selbst erstellen, also in unserem Fall selbsterstellte Matura-Aufgaben, führen allerdings in der Regel dazu, dass die Lehrpersonen die Aufgabenstellungen dem Unterricht anpassen und nicht den Unterricht nach den Prüfungsanforderungen ausrichten. In einheitlich vorgegebenen und zu erreichenden Standards kann die Chance gesehen werden, methodisch didaktische Überlegungen in den Blickpunkt zu rücken, sich mit allen vorgegebenen inhaltlichen Themen auseinanderzusetzen und festzustellen, ob der Unterricht effektiv war.

Durch die angestrebte bessere Vergleichbarkeit soll der Abschluss für die weiterführenden Institutionen transparenter werden und die Matura am Gymnasium A nicht mehr wert sein als diese am Gymnasium B (Holmeier 2013).

1.3.3 Tests

Bildungsstandards beschreiben zu erwartende Lernergebnisse und sind verbal ausformuliert. Zu ihrer Konkretisierung bedürfen aber verbal ausformulierte Standards konkreter Aufgabenstellungen und Testverfahren. Untersuchungen in Amerika (Cohen & Ball 1990, Ferrini-Mundy & Johnson 1994, Schrom 1997) zeigten, dass Mathematik-Lehrkräfte damit kämpften, die Standards zu interpretieren und im Unterricht zu implementieren. Es wurde festgestellt, dass neue politisch gesetzte Vorgaben im Fach Mathematik unter dem Filter der bereits etablierten Praxis gesehen werden und dass die neue Politik nicht dazu beitrug, den Blickwinkel zu erweitern.

Das Problem von Lehrpersonen, Vorgaben, Anregungen, Zielsetzungen und allgemein Impulse, die von vergleichenden, standardisierten Leistungsmessungen ausgehen, produktiv und aktiv in Unterrichtsprozess umzuwandeln, wird auch als *Rückflussproblem* (Oelkers & Reusser 2008) bezeichnet. Dieser Effekt wird begünstigt, wenn nicht genügend vorbereitendes Material zu Verfügung steht, das die Intentionen der Reform widerspiegelt und das von den Lehrpersonen angenommen werden kann und „ihre Sprache spricht" (Ferrini-Mundy & Floden 2007, 1252–1253). Auf österreichische Verhältnisse umgelegt heißt das, die mit der Einführung der neuen Reifeprüfung in Mathematik verknüpften Ziele und Standards werden bezüglich bereits vorhandener Strukturen und Handlungsmuster adaptiert. Das bedeutet aber auch, dass durch die Einführung der neuen Reifeprüfung weder die Meinung der Lehrpersonen über mathematisches Denken verändert wird, noch sich ihr Gesichtsfeld für den Mathematikunterricht insgesamt erweitert.

Wie Forschungen belegen, verbinden Lehrpersonen mit standardsbasierten Reformen unterschiedliche Dinge. Für die eine Gruppe ist es nur eine Reform von vielen, kaum der Beachtung wert. Andere Lehrkräfte werden dazu angeregt, über ihre bisherige Praxis zu reflektieren, und wieder andere, die es gewohnt sind, ihren Unterricht nach eigenen Vorstellungen zu verändern und zu verbessern, sehen die Vorgaben als einengend und belastend an (Wilson & Youngs 2006).

Größte Veränderungen in der Lehrpraxis sind dann zu erwarten, wenn die offiziellen Folgen der staatlichen Testprogramme groß sind. Haben Testresultate in Schulen weitreichende Konsequenzen, so spricht man von „high stakes". Für Schülerinnen und Schüler sind Tests dann „high stakes", wenn das Ergebnis darüber entscheidet, ob der Kandidat oder die Kandidatin in den nächsthöheren Kurs aufsteigen darf, ob das Curriculum abgeschlossen wird, ob er oder sie das Abschlusszertifikat erhält, ob mit den Ergebnissen ein College-Kredit oder Studienberechtigungen an Universitäten (etwa in den Ländern Deutschland, Frankreich und Japan) erworben werden; das heißt also, wenn die Ergebnisse Möglichkeiten erschließen oder Sanktionen hervorrufen (Wilson 2007, 1099).

Im Falle der neuen schriftlichen Reifeprüfung im Fach Mathematik in Österreich kann man von Seiten der Schülerinnen und Schüler also von „high stakes" sprechen. Alle österreichischen Maturantinnen und Maturanten müssen diese Prüfung positiv ablegen, um das Gymnasium abzuschließen und das Reifeprüfungszeugnis zu erhalten. Dieses stellt wiederum in den meisten Fällen die Grundvoraussetzung für die Aufnahme an den Universitäten, Hochschulen und weiterführenden Institutionen dar. Auf die betroffenen österreichischen Mathematik-Lehrkräfte haben die Ergebnisse der schriftlichen Reifeprüfung keine unmittelbaren Auswirkungen. Inwiefern die Ergebnisse der Reifeprüfung im Laufe der Jahre zu einem Ranking der Schulen bzw. zu einem internen Druck auf die Mathematik-Lehrkräfte führen werden, ist an dieser Stelle und zum gegenwärtigen Zeitpunkt nicht abzusehen.

Bereits vor der Durchführung einer Leistungsstudie sollte die angestrebte „Nutzung" der Ergebnisse antizipiert werden. Dabei ist einer Leistungsmessung in Form einer Längsuntersuchung, die in die Interaktion zwischen Mathematik-Lehrkräften und Schülerinnen und Schüler einfließen, gegenüber einer Ein-Punkt-Messung der Vorzug zu geben. Dazu ist aber auch eine stärkere diagnostische Kompetenz der Lehrkräfte nötig. Untersuchungen weisen deutlich darauf hin, dass bisherige Rückmeldungen von Vergleichstests kaum für die Unterrichts-entwicklung genutzt werden (Bonsen & Gathen 2004). Im Mai 2012 wurde in Österreich erstmals Bildungsstandard-Testungen (Mathematik, 8. Schulstufe) durchgeführt und im Dezember 2012 teilweise veröffentlicht.

Auf die Frage, was mit Lehrpersonen geschehen solle, deren Klassen schlechte Ergebnisse erzielen, betonte der Fachdidaktiker Werner Peschek in einem Zeitungsinterview die Bedeutung der kollegialen Bearbeitung, indem er meinte:

> Ich hoffe, dass allfällige Probleme nicht zu sehr individualisiert – und damit abge-schoben –, sondern einer kollegialen Bearbeitung und Lösung in der jeweiligen Fach-gruppe zugeführt werden (…)[2].

Unterricht ist ebenso vielfältig wie schwer messbar. Der Versuch, zur Messung mathematischer Grundkompetenzen im internationalen oder auch nationalen Vergleich ein einziges Instrument heranzuziehen, und der Versuch aus den Ergebnissen Rückschlüsse auf die lokale Unterrichtsqualität zu ziehen, besiegt sich selbst. Es gibt Kinder, die mit den Zusammenhängen und den Testbedingungen besser vertraut sind als andere, und die kulturellen Unterschiede zwischen den einzelnen Ländern spielen eine wesentlich größere Rolle (Jablonka

---

[2] http://derstandard.at/1353208765238/Schlechte-Lehrer-wie-leistungsschwache-Schueler-foerdern. (25.11.2014)

2003). Paul Black und Dylan Wiliam betonen im Zusammenhang mit dem Leistungsfortschritt der Schülerinnen und Schüler die große Bedeutung der Mathematik-Lehrkräfte. Eine *summative* Evaluation über Leistungstests, hier Abschlussprüfung, unterscheidet sich erheblich von *formativen* Rückmeldungen über laufende Informationsfeststellungen.

The task of assessing pupils summatively for external purposes is clearly different from the task of assessing ongoing work to monitor and improve progress (Black & Wiliam 1998, 4).

Richard Phelps (Phelps 2000) untersuchte Daten aus 31 Ländern und Provinzen und fand schon damals eine starke Zunahme von Testverfahren in den Jahren von 1974–1999 vor, und die Zunahme ging auch in Folge weiter. Auch die Zahl von High-stakes nahm zu. Ein zentrales Element stellt die laufende Überprüfung von Leistungsstandards dar. Obwohl die meisten Testverfahren, die neu eingesetzt wurden, zur Diagnose und Begleitung dienten, waren die am zweithäufigsten neu eingesetzten Formate in den Bereichen der Abschlussexamen der Sekundarstufe II, gefolgt von Aufnahmetests an Universitäten und Kursabschlusstests, zu finden. Überall fanden sich mathematische Inhalte (Wilson 2007, 1099–1100), (Fend & Holtappels 2005), (Altrichter 2010).

Bei der Entwicklung schriftlicher Abitur- bzw. Maturaaufgaben sind zwei Modelle vorherrschend.

- Beim *Top-down*-Modell werden die Aufgaben in Kommissionen entwickelt. In Österreich obliegt die Entwicklung, Implementierung, Auswertung und begleitende Evaluation der neuen Reife- und Diplomprüfung gemäß BIFIE-Gesetz 2008 dem Bundesinstitut für Bildungsforschung, Innovation & Entwicklung des österreichischen Schulwesens (BIFIE). Die Erstellung der Aufgaben erfolgt von „international anerkannten Expertinnen und Experten unter Einbeziehung von Praktikerinnen und Praktikern" (www.bifie.at/node/70 2012).

Diese Top-down-Strategien, in denen Innovationen nicht von den Schulen selbst, sondern zeitlich getrennt von personell außenstehenden Instanzen oder Experten entwickelt werden, greifen, wie Forschungsergebnisse gezeigt haben, oft nicht in beabsichtigter Weise. Die Innovationen werden über die verschiedenen Handlungsebenen gebrochen (Wacker et al. 2012a), (Zlatkin-Troitschanskaia 2006), (Fend 2006). Das klassische Top-down-Modell, dessen Kommissions-Mitglieder nicht aktiv im Schuldienst sind, wird in den deutschen Ländern nicht verwendet, dominiert jedoch im internationalen Vergleich.

- Ein Ländervergleich in Deutschland zeigt, dass alle 15 Bundesländer mit zentraler Abschlussprüfung ein sogenanntes *Botton-up*-Modell verwenden. Hier erfolgt die Aufgabenentwicklung durch Lehrkräfte, die sich im aktiven Schuldienst befinden. Eine Kommission trifft dann nur eine Auswahl bzw. nimmt Modifikationen vor. Durch die Einreichung von Vorschlägen durch einzelne Lehrkräfte enthält die zentrale Aufgabenentwicklung in Deutschland also auch gewisse dezentrale Elemente. Entscheidungsträger ist stets die oberste Schulaufsichtsbehörde (Maag Merki 2012, 30–32).

In gewissem Sinne beinhaltete die bis zur Einführung der neuen Reifeprüfung im Haupttermin 2015 praktizierte Variante der dezentralen Reifeprüfung in Österreich aber auch bereits zentrale Elemente. Die von den Mathematik-Lehrkräften entwickelten Aufgabenstellungen mussten bei den zuständigen Landes- bzw. Stadtschulräten eingereicht werden. Die Aufgabenstellungen wurden dann von den zuständigen Schulaufsichtsorganen zumindest geprüft und mussten gegebenenfalls bei Beanstandung überarbeitet und neu übermittelt werden.

Betrachtet man die Entwicklung zentraler Tests, dann sind die USA sicher federführend. Die Anfänge von übergreifenden Überprüfungen mittels Tests gehen dort bis auf das Jahr 1845 zurück und wurden an Bostoner Schulen eingesetzt. Mit der Nutzung und dem Einsatz von Intelligenztests entstand während des Ersten Weltkrieges eine ganze Industrie. Psychometrie als Studienfeld entwickelte sich in den 20er-Jahren, als statistische Methoden zur Auswertung standardisierter Tests genutzt wurden. Gewisse Gemeinsamkeiten waren von Beginn an zu erkennen. Erstens wurde die Annahme getroffen, dass ein einzelnes Maß oder ein Index entwickelt werden kann um Individuelles zu vergleichen. Zweitens wurden die Tests unter einheitlichen Bedingungen durchgeführt. Drittens beinhalteten die Tests eine Anzahl an Items, die eine eindeutige Antwort zuließen. Seit den ersten Anfängen bis heute entwickelte sich die Testindustrie zu einem Millionengeschäft in den USA und wächst exponentiell weiter (Wilson 2007, 1100). Bereits in den 1970er und 1980er Jahren gab es in vielen Schulen der USA zentrale Abschlusstests in den Highschools.

In Zusammenhang mit High-stakes-Testungen treten in den USA viele Schwierigkeiten und Ungereimtheiten auf. Gründe dafür, dass diese zu keiner generellen Empörung führen, sehen Madaus und andere darin, dass Menschen Tests in Verbindung mit Schule als eine Notwendigkeit ansehen und es gewohnt sind, diese bestehen zu müssen. Gewisse Gruppen schneiden bei Tests schlecht ab. Der Grund wird unweigerlich in einer mangelnden Vorbereitung gesehen und nicht in kulturellen, sozialen, ökonomischen oder nicht-akademischen Faktoren. Außerdem scheinen Tests vordergründig etwas Messbares zu produzieren (Madaus et al. 2009, 206–207).

Dort, wo es also eine jahrzehntelange Testtradition gibt, wurde eine zweijährige großangelegte quantitative Studie über die Ansichten der Lehrpersonen zum Thema „staatliche Testprogramme" durchgeführt. Die untersuchten Bereiche waren (1) Schulklima, (2) Druck auf die Lehrpersonen, (3) Ausrichtung der Unterrichtspraxis auf den Test, (4) wahrgenommener Wert der staatlichen Testprogramme, (5) Auswirkungen auf den Inhalt und die Art der Instruktionen, (6) Testvorbereitung und Verwaltung, (7) wahrgenommene unbeabsichtigte Folgen und (8) Rechenschaftspflicht und Verwendung der Testergebnisse (Pedulla et al. 2003, 10–15). Dabei ergaben sich für die für Österreich vergleichbare Kombination (High School: moderate stakes for districts, schools and-or teachers/high stakes for students (M/H)) unter vielen anderen folgende Ergebnisse (Anmerkung: Aufgrund der unterschiedlichen Schulorganisation und der geringen Relevanz für die weiteren Überlegungen wird auf die Bereiche (7) und (8) nicht eingegangen):

(1) *Schulklima:* Rund 90 % der Lehrkräfte sind der Meinung, dass an ihrer Schule ein Klima herrscht, welches für das Lernen förderlich ist und dass die Lehrpersonen hohe Erwartungen in die Leistungen ihrer Schülerinnen und Schüler setzen. Den Aussagen „Many students are extremely anxious about taking the state-mandated test" sowie „Students are under intense pressure to perform well on the state-mandated test" stimmen jeweils rund 70 % der Befragten zu. Interessanterweise ist dieser Anteil im Primarstufenbereich signifikant höher (jeweils ca. 80 % Zustimmung), obwohl die möglichen Folgewirkungen bei einem schlechten Abschneiden für Schülerinnen und Schüler der Primarstufe insgesamt wesentlich geringer sind. Über 60 % der befragten Lehrpersonen glauben, dass in ihren Klassen viele der Jugendlichen das Gefühl haben, schlecht abzuschneiden, obwohl sie hart arbeiten (Pedulla et al. 2003, 22–27).

(2) *Druck auf die Lehrpersonen:* Rund 80 % fühlen einen großen Druck, die Anforderungen zu erreichen. Rund 70 % meinen, zu wenig Zeit für Unterricht außerhalb der überprüften Ziele zu haben, und ca. ebenso hoch ist der Prozentsatz derer, die meinen, dass Lehrkräfte ihrer Schule aufgrund der geforderten Formate entgegen ihren eigenen Ideen von gutem Unterricht lehren. Diese Werte sind erwartungsgemäß gegenüber einer ebenfalls untersuchten M/L Kombination (moderate stakes for districts, schools, and/or teachers and low stakes for students) signifikant erhöht, jedoch zu der H/M Variante beinahe gleich auf. Interessant ist, dass der Druck von Seiten der Eltern mit ca. 50 % Zustimmung praktisch unabhängig vom Schultyp und den Auswirkungen der Ergebnisse ist (Pedulla et al. 2003, 30–35).

(3) *Ausrichtung der Unterrichtspraxis auf den Test:* Die Klassenzimmeraktivitä-
ten sind inhaltlich und vom Format her aus Sicht der Lehrpersonen signifikant geringer an die Tests angepasst als dies im H/H- und H/L- Fall gegeben
ist. Unabhängig vom Test-Level stimmen allerdings ca. 60 % der Lehrpersonen der Aussage „the state test is compatible with my daily instruction"
zu (Pedulla et al. 2003, 36–38).

(4) *Wahrgenommener Wert:* Ca. Dreiviertel der Lehrpersonen sind der Ansicht,
dass die Vorteile der Testprogramme das eingesetzte Geld und die investierte
Zeit nicht wert sind. Während die Zustimmung auf die Aussage, dass die
Testprogramme hohe Leistungsstandards messen, praktisch unabhängig von
den Stakes-Levels ist, ist die Zustimmung bei den Highschool-Lehrpersonen
in diesem Bereich deutlich am geringsten. Das heißt Lehrkräfte, die an Highschools lehren, sind noch weniger der Meinung, dass Testprogramme mit hohen Leistungsstandards verbunden sind, als ihre Kolleginnen und Kollegen
an anderen Schultypen. Vier von zehn Lehrkräften geben an, dass Lehrpersonen in ihrer Schule gute Testergebnisse erreichen können, ohne das Lernen
zu verbessern (Pedulla et al. 2003, 40–41).

(5) *Auswirkungen auf den Inhalt und die Art der Instruktionen:* Basierend auf
den Befragungen scheint es so, dass die Testprogramme unabhängig von der
Frage, ob das positiv oder negativ ist, sowohl einen Einfluss darauf haben,
was Lehrpersonen unterrichten, als auch darauf, wie sie das tun. Die Mehrheit
der Lehrpersonen der H/M-Variante gibt an, dass die Tests einen Einfluss auf
die, für jedes der folgenden Elemente des Unterrichts, aufgewendete Zeit haben: Instruktionen für die gesamte Gruppe, Fähigkeit zum kritischen Denken,
Einzelarbeit, Basiskompetenzen, kooperatives Lernen, ähnliche Problemstellungen, die in den Tests auftreten. Dabei ist der Einfluss bei den Punkten
Fähigkeit zum kritischen Denken, Basiskompetenzen und zu den Testitems
ähnliche Problemstellungen mit jeweils ca. 75 % Zustimmung am größten (Pedulla et al. 2003, 53–55).

(6) *Testvorbereitung:* Wenig überraschend ist der Einsatz von Strategien zur
Testvorbereitung von den Stakes abhängig. Am größten sind die Unterschiede der Zustimmung zwischen der mit österreichischen Verhältnissen am
ehesten vergleichbaren M/H-Variante zur M/L im Schultyp Highschool auf
die Fragen „I provide test-specific preparation materials developed commer-
cially or by the state" oder „I teach the standards or frameworks known to be
on the test" (Pedulla et al. 2003, 56–58).

Zusammenfassend kann also aus dieser Studie geschlossen werden, dass die
Einführung standardisierter abschließender Tests einen starken Einfluss auf die
Arbeit der Lehrpersonen im Klassenzimmer ausübt. Dieser Einfluss ist aus der
Sicht der Lehrpersonen mehrheitlich sowohl bei gelehrten und zu bewertenden

Inhalten als auch methodisch didaktisch gegeben. Zugleich verspüren die Lehrkräfte einen großen Druck und stehen den Testprogrammen selbst und deren Wert skeptisch gegenüber. Viele sehen durch die geforderte Orientierung ihre eigene Meinung von gutem Unterricht und damit ihre eigene Professionalität in Frage gestellt. Aus österreichischer Sicht zeigen heftige öffentliche, mediale, schulübergreifende und schulinterne Diskussionen, dass das Thema nicht kalt lässt und sich etwas „tut". Umso wichtiger erscheint es, zu untersuchen, was sich konkret im Unterricht „tut", um adäquat reagieren und Unterstützungsmaßnahmen entwickeln zu können und diese Chance für die Weiterentwicklung des Mathematik-Unterrichts nicht ungenützt verstreichen zu lassen.

Bisherige Daten scheinen in Österreich auch unter AHS-Lehrkräften auf eine verbreitete Skepsis gegenüber Bildungsstandards und dem „Begriff von Grundkompetenzen" hinzuweisen (Freudenthaler & Specht 2005), (Freudenthaler & Specht 2006). Untersuchungen in Österreich (Beer 2007) in der Sekundarstufe I zeigen, dass aus Sicht der Lehrkräfte Bildungsstandards kein geeignetes Mittel darstellen, die Qualitätsentwicklung an Österreichs Schulen voranzutreiben, und keinen besseren Unterricht garantieren. Wobei AHS-Lehrkräfte den Bildungs-standards weniger distanziert gegenüberstehen als Lehrkräfte aus Volks- und Hauptschulen (neuen Mittelschulen); die Gruppe der Lehrkräfte aus den Pilot-schulen jedoch einen noch kritischeren Standpunkt einnimmt als die Kollegen-schaft aus den anderen Schulen. Die Bereitschaft zur aktiven Mitarbeit an der Implementierung in den Unterrichtsalltag ist sehr gering. Die Lehrkräfte der Pilotschulen unterscheiden sich hier nicht von denen der anderen Schulen. Dienstältere Lehrpersonen zeigen im Vergleich zu dienstjüngeren mehr Bereitschaft, bei der Implementierung von Bildungsstandards in den schulischen Alltag mitzuwirken (Beer 2007, 192–220).

Andere Untersuchungen weisen allerdings auch auf Entwicklungen in Zusammenhang mit der Einführung von Kompetenz- und Ergebnisorientierung hin, die aus bildungs- und fachdidaktischer Perspektive als positiv zu sehen sind. An einigen Beispielen konnte eine Dynamisierung der Prozesse und der Unterrichtsentwicklung sowie eine stärkere fachdidaktische Orientierung in diesen Bereichen ausgemacht werden. Mathematik-Lehrkräfte unterziehen Aufgaben und Unterrichtsziele auch im vermehrten Ausmaß fachdidaktischen Überlegungen (Schulz 2010, 377–378).

1.3.4 Teaching-to-the-test

Verschiedene Wissenschaftler weisen immer wieder auf unerwünschte Begleitfolgen wie „teaching-to-the-test" von standardbezogenen Zertifizierungs-prozessen in der Oberstufe hin (Madaus et al. 2009), (Bonsen & Gathen 2004).

Schülerinnen und Schüler werden regelrecht auf die Abschlusstests „hingedrillt" und ihre Motivation und ihre Begeisterung für das Fach selbst sinken. Mehrere voneinander unabhängige Untersuchungen zeigten, dass zentrale Abschlusstests, die wie die Zentralmatura in Österreich zur Zertifizierung herangezogen werden, zu keinerlei messbarer Verbesserung der Lernergebnisse von jungen Menschen führten (Baptist & Winter 2001), (Amrein & Berliner 2003).

Die Vorbereitung auf Abschlusstests in anderen Ländern besteht oft darin, „alte" Testitems immer und immer wieder zu üben. In einem Artikel der Zeitschrift *Newsweek* vom 19. Juni 2000 unter der Überschrift „When Teachers Are Cheaters" wird etwa darauf hingewiesen, dass Mathematik-Lehrkräfte nach möglichst den Prüfungsitems ähnlichen Aufgaben suchen und diese immer wieder trainieren. Dies sei kein Betrug im strafrechtlichen Sinn, aber dennoch Betrug, da diese Art des Lernens fachlich keinen tatsächlichen Lernfortschritt darstellt. Unterricht selbst ist nicht standardisierbar und im Zusammenhang mit der Vorbereitung auf die Prüfungsanforderungen einer Zentralmatura gibt es eine Reihe von Kritikpunkten (vgl. Holmeier 2013, 59–63).

- Heterogene Lernsituationen und Lernvoraussetzungen sowie verschiedene Persönlichkeitsmerkmale der Lehrkräfte erlauben keinen fairen Vergleich.
- Die Schülerinnen und Schüler haben auf die Unterrichtsgestaltung und die Inhalte wenig Einfluss – unter Umständen stimmen Gelerntes und Geprüftes nicht überein.
- Vorgaben widersprechen bisherigen Unterrichtsinhalten und Methoden.
- Es wird ausschließlich gelehrt, was zentral geprüft wird – aktuelle und lokal interessante Themen und Probleme kommen zu kurz.
- Gute Ergebnisse stehen im Vordergrund – Unterricht wird „langweilig" und wirkt demotivierend.
- Aufgrund mangelnder Zeit- und Geldressourcen, aber auch grundsätzlich ist die Qualität derartiger Diagnoseinstrumente in Frage zu stellen und eine gute Weiterentwicklung nicht zu erwarten. Es treten sowohl bei Schülerinnen und Schülern als auch bei den Lehrkräften Gewöhnungseffekte auf. Die Lehrpersonen passen ihren Unterricht im Laufe der Zeit genau an die Aufgaben an und Messergebnisse sind so nicht mehr schlüssig.
- Kreative Arbeitsformen und Lernstrategien werden vernachlässigt – Schülerinnen und Schüler entwickeln Arbeitsstrategien, die punktuell auf Prüfungen und die darin verwendeten Aufgabenformate hinzielen.

Der Versuch, Mathematik auf das Eintrainieren von Aufgabenlösungen und das Reproduzieren dieser Lösungen bei sehr ähnlich gestellten Aufgaben zu reduzieren, ist nicht förderlich (Murayama et al. 2012) und stellte auch vor der Einführung der neuen Reifeprüfung bereits einen Kritikpunkt an der gängigen

Praxis dar. Auch Paul Black und andere (Black et al. 2003) verweisen darauf, dass Lehrkräfte Tests sehr unterschiedlich nutzen und dass es effektive Wege gibt, sie lernfördernd zu verwenden (andere stellen Fragen, Verwendung von Fehlermarkierungen als Feedback, Fehleranalysen, Selbst- und Fremdeinschätzungen). Indem die meisten Lehrkräfte die Ergebnisse der Tests aber dafür nutzen, sich selbst und die Schülerinnen und Schüler darüber zu informieren, was getan werden muss, ist der Wert dieses Ansatzes aufgrund der Frequenz und der Art der Tests begrenzt.

Black und andere zeigen in dem Zusammenhang auch kritisch die Problematik externer Überprüfungen auf. Sind diese involviert, kann dieser Prozess einer Verständnisförderung sehr schnell zum „Teaching-to-the-test" mutieren. Allgemein gesagt, ist der Druck der durch aktuelle externe Prüfungen, Anforderungen und Bewertungen ausgeübt wird, für eine lernförderliches Assessment nicht günstig (Black et al. 2003, 56).

Eine gezielte Vorbereitung auf die Überprüfung der ausgewiesenen Kompetenzen und laufende Lernstandsmessungen sind hingegen förderlich. Auf die, bereits in der Pilotierung zur schriftlichen Reifeprüfung einsetzenden Kritik über zu „leichte" und zu „gut trainierte" Aufgaben bei der schriftlichen Reifeprüfung im Schulversuch am 9. Mai 2012 weist Peschek auf das Leitmotiv, „Sicherung von mathematischen Grundkompetenzen für alle", hin und auf einen Mathematikunterricht, der den Schülerinnen und Schülern Möglichkeiten eröffnet, entsprechende Grundkompetenzen zu entwickeln (Peschek 2012). Die bei der Prüfung zur Beispiellösung notwendigen Kompetenzen sollen solche sein, die im Unterricht angesprochen und entwickelt wurden. Die Aufgaben sollen aber so beschaffen sein, dass sie über die Aufgaben hinausgehendes Wissen, Können bzw. mathematisches Verständnis erfordern und aus bereits im Vorfeld bearbeiteten Übungen Transferleistungen vonnöten sind (Peschek 2012).

Die neue Verbindlichkeit in der Kompetenzerreichung ist mit einem Druck auf die Lehrkräfte verbunden und viele angestrebten Ziele von Mathematikunterricht sind psychometrisch nicht erfassbar. Kompetenzorientiertes Unterrichten auf Basis von Standards kann nicht bedeuten, sich anhand von zu Lernaufgaben mutierten Testitems im Sinne eines Eintrainierens von Kompetenzstufe zu Kompetenzstufe zu schwingen.

Dass eine Vorbereitung auf Tests an sich durchaus positiv besetzt sein kann, beschreiben amerikanische Autoren derart (Marzano et al. 2000, 20):

Teaching to the test and teaching the test are two different things. If a teacher is teaching to the test and doing good teaching that enhances learning, what's wrong with that?

Positive *Teaching-to-the-test*-Effekte sind dann zu erwarten, wenn die Prüfungen dazu beitragen, unerwünschte Methoden und Themen zu vermeiden und sich im Unterricht auf komplexe Lernergebnisse der Schülerinnen und Schüler zu fokussieren (Holmeier 2013, 56).

Eine Beurteilung der Leistungen von Schülerinnen und Schülern in Mathematik am Gymnasium ohne Schularbeiten wäre undenkbar. Die neue Reifeprüfung kann dazu beitragen, eine neue Testkultur zu entwickeln, die zum Beispiel zusätzlich über informelle Kompetenzmessungen oder Kontrollen prozessorientiert eine Reflexion über bereits geleistete Arbeit und noch zu bewältigende „Hürden" für Lehrkräfte und die Lernenden ermöglicht. Die Tests selbst stellen allerdings Lernobjekte dar und Schülerinnen und Schüler lernen, sich darauf einzustellen. Ohne klare Zweckbestimmung und ohne effektive Rückmeldesysteme besteht aus diesem Grund die Gefahr einer Ritualisierung ohne positiven Einfluss auf den Unterricht (Oelkers & Reusser 2008, 58).

1.4 Rückmeldekultur-Assessment

Olson fasst es einfach zusammen – schlussendlich sind es die Schülerinnen und Schüler selbst, nicht die Lehrkräfte, die entscheiden, was sie lernen werden (Olson 2003). Lernen ist ein individueller Prozess, der, will man eine bestmögliche Förderung erzielen, auch individuelle Begleitung und Rückmeldung erfordert. Fehlt eine konstruktive Rückmeldekultur, ist eine entsprechende Reflexion und Orientierung der Schülerinnen und Schüler wesentlich schwerer zu bewerkstelligen. Wie Forschungen bestätigen, bedarf es vor allem der Präsenz von Feedback, direkten Hilfestellungen und Anweisungen, Problemlösestrategien und Herausforderungen auf hohem Niveau, um Mathematik effektiv zu lernen (Hattie 2009, 147). Verstehen und die Anwendung des Gelernten in eigenen Problemlösungen, beides muss in die Bewertung und Beurteilung mit einfließen. Unterricht, Curriculum und Tests stehen im engen Zusammenhang.

Assessment soll derart gestaltet werden, dass Schülerinnen und Schüler sowohl herausfinden, was sie gelernt haben, als auch die Möglichkeit haben, zu zeigen, was sie wissen (Ravitch 1995). Formatives Assessment liefert Lernenden und Lehrenden über den gesamten Lernzyklus bzw. optimaler Weise über den ganzen Unterrichtsprozess hinweg Rückmeldungen, die unmittelbar zur Verbesserung von Lehren und Lernen verwendet werden können. Die bilanzierende summative Leistungsbeurteilung in Form von Prüfungen bietet praktisch kein unmittelbar verwertbares Feedback.

Die Begabungen und der Wunsch, sich mit Mathematik auseinanderzusetzen, sind bei Lernenden breit gestreut. Eine bestandene Reifeprüfung ist bei einem Großteil der Studienrichtungen an Universitäten und Hochschulen Voraussetzung dafür, für das Studium zugelassen zu werden. Die Reifeprüfung in Mathematik wiederum ist Pflicht, was bedeutet, dass die Mathematiklehrkräfte vor die Aufgabe gestellt sind, unterschiedlich begabte und motivierte Jugendliche zu einem positiven Abschluss mit Matura zu führen.

Auch oder gerade auch für diese Gruppe wurde die Kraft von Feedback von Baker, Gersten und Lee als der entscheidende Faktor identifiziert. In mehreren von ihnen durchgeführten Studien kristallisierten sich die folgenden Punkte in der angegebenen Reihenfolge als die besten Interventionen heraus (Baker et al. 2002).

- Providing teachers and students with data on student performance
- Using peers as tutors or instructional guides
- Providing clear, specific feedback to parents on their children's mathematics success
- Using principles of explicit instruction in teaching math concepts and procedures.

Es ist wichtig, die Bedenken und Widerstände der Lehrkräfte ernst zu nehmen und sich mit Hindernissen auseinanderzusetzen (Pedulla et al. 2003). Gerade in diesem Zusammenhang sind Studien über das Zusammenwirken und die Auswirkungen von externen Tests, in unserem Fall der zentralen Reifeprüfung, auf das Assessment im Klassenzimmer von Bedeutung. Das Assessment von Leistungen der Schülerinnen und Schüler wird etwa von Craig A. Mertler sogar als der kritischste Aspekt in der Arbeit von Lehrpersonen gesehen (Mertler 2003, 3).

Im Bezug auf die Beurteilung im Klassenzimmer wird auf ein Paradoxon hingewiesen, das sich unter Umständen auch auf österreichische Verhältnisse umlegen lässt. Genaue Bewertung der Leistung scheint auf lokaler, Landes-, nationaler, aber auch internationaler Ebene (etwa Vergleichstests) immer stärker an Bedeutung zu gewinnen. Verschiedene Reformen zwingen Lehrpersonen dazu, Rechenschaft über die Lernerfolge ihrer Schülerinnen und Schüler abzulegen, wobei sie sich nicht ausreichend darauf vorbereitet fühlen, dieser Herausforderung gerechtzuwerden (Mertler 2003, 2–4). Assessment wirkt auf beinahe alles, was Lehrpersonen tun, wie zum Beispiel:

- Führungsentscheidungen, die die ganze Gruppe betreffen
- Entwicklung individueller Lehrprogramme
- Bestimmung des Umfangs von erreichten oder zu erreichenden Lehr-Zielen
- Bereitstellung von Informationen für die Schulorganisation
- Bereitstellung von Daten für außerschulische Organisationen.

Mertler benutzt im Zusammenhang mit Standards und Assessment immer wieder den Begriff „assessment literacy", wobei er die Definition von Paterno (Paterno,

2001) zitiert als „the possession of knowledge about the basic principles of sound assessment practice, including terminology, the development and use of assessment methodologies and techniques, familiarity with standards of quality in assessment … and familiarity with alternative to traditional measurement of learning" (Mertler 2003, 9–10). Eine weitere Definition wird von dem North Central Regional Educational Laboratory angeboten: „…the readiness of an educator to design, implement, and discuss assessment strategies" (Mertler 2003, 10).

Forschungen in den USA zeigen, dass eine Verbesserung der Qualität von Assessment im Klassenzimmer im Fach Mathematik eine starke Verbesserung der Ergebnisse bei standardisierten Testprogrammen zu Folge hat (Mertler 2003), (Gardner 2012). Die Erkenntnis darüber, dass Beurteilung und Leistungsrückmeldungen essentielle Elemente der Arbeit im Klassenzimmer ist und eine Verbesserung in dieser Richtung zu einer positiven Entwicklung im Bereich Standards führt, wurde bereits vor mehr als 15 Jahren belegt (Black & Wiliam 1998, 11–14).

Lehrerinnen und Lehrer betreiben täglich Assessment – das ist nichts Neues. Black und Wiliam (1998) interessierten der Prozess und die Beantwortung dreier Fragen. Is there evidence that improving formative assessment raises standards? Is there evidence that there is room for improvement? Is there evidence about how to improve formative assessment? Im Zuge ihrer neunjährigen Forschungen studierten sie 580 wissenschaftliche Artikel, verglichen die Ergebnisse von 250 Studien und waren in ständigem Kontakt mit Bildungsexperten aus Australien, der Schweiz, Hongkong, Lesetho und den USA. Das Ergebnis war, dass alle drei Fragen mit einem klaren „Ja" zu beantworten sind (Black & Wiliam 1998, 2–3). Auch im Verlauf der folgenden Jahre bestätigte sich in vielen Forschungsprojekten die positive Wirkung einer begleitenden Feedbackkultur auf das Lehren und Lernen, aber auch die Vielzahl der Herausforderungen, die einer praktikablen Umsetzung entgegen stehen. Black und Wiliam identifizierten vier Schlüsselelemente (Black & Wiliam 2012, 15).

- Prozessorientiertes Assessment geht neue Wege, um Feedback zwischen den Schülerinnen und Schülern und der Lehrkraft zu verbessern. Dazu sind neue Formen der Pädagogik und wesentliche Änderungen der Unterrichtspraxis vonnöten.
- Für effektives Lernen müssen die Schülerinnen und Schüler aktiv mit einbezogen werden.
- Damit Assessment gestalterisch funktioniert, ist es notwendig, die Ergebnisse dazu zu verwenden, Lehren und Lernen anzupassen. Wie Lehrkräfte das schaffen, stellt einen wesentlichen Aspekt jeder derartigen Initiative dar.

- Sowohl die Art und Weise, in der die Bewertung die Motivation und das
Selbstwertgefühl der Lernenden beeinflusst als auch die Vorteile, welche die
Schülerinnen und Schüler durch die Verbesserung ihres Selbsteinschätzungs-
vermögens erfahren, bedürfen einer besonderen Aufmerksamkeit.

Aufgabenformate, die nur eine Einzellösung erwarten oder Multiple Choice-
Aufgaben sind keine geeigneten Indikatoren dafür, ob die Lernenden Prozesse
verstehen. Bauaufgaben, vernetzte Aufgaben und Formate, bei denen die Lösung
präsentiert werden muss (performance tasks) mögen besser dafür geeignet sein,
herauszufinden, ob die Schülerinnen und Schüler Mathematik in komplexeren
Zusammenhängen und in neuen Situationen nutzen können. Beobachtungen und
Gespräche im Klassenzimmer können Einsicht in die Denkweise der Studierenden
bieten, und die Lehrpersonen sind mit der Zeit auch mit Hilfe von Journalen und
Portfolios in der Lage, mathematisches Denken und Argumentationen der
Studierenden zu überwachen und zu steuern (Principles and standards for school,
2005, 23–24).

Im Mathematikunterricht sind gerade die Wahl der Aufgabenstellungen, der
Umgang mit Beispielen und damit verbunden die Frage, wie man mathematische
Fähigkeiten der Schülerinnen und Schüler anregen, erkennen und letztlich
bewerten kann, elementarer als in anderen Fächern. Aufgaben haben
unterschiedliche Funktionen im Unterricht. Sie sind häufig Träger
mathematischen Wissens und parallel Ausgangspunkt des Handelns von
Lehrkräften (Bromme et al. 1990), (Büchter 2009).

Aufgaben, im Sinne einer „Aufforderung zur gezielten Bearbeitung eines
eingegrenzten mathematischen Themas" (Neubrand 2002, 16), können also als
Basiselemente oder Grundbausteine der Möglichkeit des Lernens im
Mathematikunterricht tituliert werden. Durch eine Analyse der im Unterricht
verwendeten Aufgabenformate lassen sich Rückschlüsse auf die, für Schülerinnen
und Schüler gegebenen, Lerngelegenheiten und damit indirekt auf ihre
Möglichkeiten, Kompetenzen zu erwerben, ziehen.

1.5 Kompetenzen

Der im Zusammenhang mit Bildungsstandards und der neuen Reifeprüfung
verwendete Kompetenzbegriff nach Weinert (Weinert 2001) wurde bereits in
zitiert. Dieser findet im deutschen Raum bevorzugt im Kompetenzdiskurs im
Kontext der Leistungsmessung Verwendung. Im Alltag hat der Begriff im
Wesentlichen zwei Bedeutungen, nämlich „ (…) Autorität (im Sinne von die
Verantwortung, die Genehmigung oder das Recht besitzen, zu entscheiden,
herzustellen, zu dienen, zu handeln, zu leisten oder zu fordern) und Fähigkeit (im

Sinne von über Kenntnisse, Fertigkeiten und Erfahrung verfügen, um eine Leistung zu erbringen) (…) Die konkretere Bedeutung des Begriffs hängt jedoch entscheidend vom Kontext ab." (Mulder 2007, 8).

Historisch gesehen entwickelte sich der Einsatz von Kompetenzprofilen in Bezug auf eine Auswahl geeigneter Führungskräfte vor allem in den 80er und 90er Jahren des vorigen Jahrhunderts (Boyatzis 1982). Mit dem Konzept der Schlüsselqualifikationen traten im Sinne eines stärker individuumbezogenen ganzheitlichen Ansatzes neben fachbezogenen auch überfachliche Fertigkeiten und Fähigkeiten in den Vordergrund. Als einer der ersten stellte Thomas Gilbert Ende der 1980er einen Bezug zwischen dem Begriff der Kompetenz und dem Wert der Leistung her.

Der Vorteil der Kompetenzen gegenüber von Lernzielen liegt in der möglichen Überprüfbarkeit von Kompetenzen. Dabei kann Kompetenz niemals direkt, sondern stets nur indirekt über deren Performance, das heißt die tatsächliche Ausführung einer Aufgabenstellung, diagnostiziert und beurteilt werden. Sie ist daher eng mit der Existenz geeigneter Aufgabenstellungen gekoppelt, die bei Vorhandensein der entsprechenden Kompetenz gelöst werden können. Gerade auch in der Schulmathematik der vergangenen Jahre werden vermehrt Aufgaben mit den Schlüsselwörtern „begründe, nenne, interpretiere, erkläre (…)" eingesetzt, da sich über die Lösungen derartiger Aufgabenformate Rückschlüsse auf den Grad der Kompetenz erstellen lassen. Neben dieser Aufgabenorientierung im Bezug auf Kompetenz ist auch die im Zuge der Einführung der neuen Reifeprüfung geforderte Nachhaltigkeit eine von Schott und Azizighanbari geforderte Eigenschaft (Schott & Azizighanbari 2008).

Im Bereich der Pädagogik besteht eine gewisse Begriffsunschärfe mit dem Versuch, zwischen Fachkompetenzen, inhaltlichen Grundkompetenzen, methodischen, instrumentellen, personalen, sozialen und kommunikativen Kompetenzen zu differenzieren (Lexikon Pädagogik 2007, 413). Im Kompetenzbegriff fallen Wissen und Können zusammen, da Kompetenzen als „erlernbare, kognitiv verankerte (weil wissensbasierte) Fähigkeiten und Fertigkeiten, die eine erfolgreiche Bewältigung bestimmter Anforderungssituationen ermöglichen" (Lersch 2007) gesehen werden können.

Allgemeine Bildungsziele des Faches Mathematik galten lange Zeit eher als „Beiwerk" und fanden im Fach Mathematik, das sich im Gegensatz etwa zu den Sprachen in der Praxis vom Curriculum her beinahe ausschließlich über die Inhalte definierte, kaum Beachtung. Erst in den 1990er Jahren treten die überwiegend fachlichen Lernziele als Anforderungen des Lernens zurück und werden von Kompetenzen und Schlüsselqualifikationen abgelöst.

Als eines der ersten Beispiele dafür, dass neben mathematischen Fachleistungen auch mathematische Kompetenzen gemessen werden, gilt die TIMS-Studie (Lissmann 2010, 4). Obwohl der Wunsch nach einer Verbesserung der Qualität im Mathematikunterricht seit Jahrzehnten aktuell ist, stellt jetzt gerade diese Ergebnis- und Kompetenzorientierung eine neue Chance dar, Leitideen konstruktiv im Unterricht umzusetzen. Dafür sind sowohl geeignete Maßnahmen in der Standardssetzung als auch eine geeignete Unterstützung der Mathematik-Lehrkräfte im Umgang mit Standards vonnöten (Leuders 2011). Voraussetzung dafür sind etwa auch Erkenntnisse über die Unterrichtsentwicklung im Zuge der Einführung der neuen Reifeprüfung im Fach Mathematik. Standards im Fach Mathematik umfassen quasi beides, die inhaltsorientierte „Wissensseite" und die kompetenzorientierte „Könnenseite" und verbinden diese in Formulierungen wie:

▪ Grundbegriffe der Algebra AG 1.1: Wissen über die Zahlenmengen $\mathbb{N}, \mathbb{Z}, \mathbb{Q}, \mathbb{R}, \mathbb{C}$ verständig einsetzen können

oder ebenso aus der Algebra

▪ AG 1.2 Wissen über algebraische Begriffe angemessen einsetzen können: Variable, Terme, Formeln, (Un-)Gleichungen, Gleichungssysteme, Äquivalenz, Umformungen, Lösbarkeit

Für Mathematik in der Sekundarstufe II gibt es in drei Dimensionen[3] folgende Ausprägungen:

▪ Handlungsdimension: H1: Darstellen, Modellbilden H2: Rechnen, Operieren H3: Interpretieren H4: Argumentieren, Begründen
▪ Inhaltsdimension: I1: Algebra und Geometrie I2: Funktionale Abhängigkeiten I3: Differential- und Integralrechnung I4: Wahrscheinlichkeit und Statistik
▪ Komplexitätsdimension: K1: Einsetzen von Grundkenntnissen und Grundfertigkeiten K2: Herstellen von Verbindungen K3: Einsetzen von Reflexionswissen; Reflektieren

Nach Weinert (Weinert 2001) wird Kompetenz durch das Zusammentreffen kognitiver, motivationaler und sozialer Kompetenzaspekte gebildet. Obige Formulierungen sind jedoch kaum handlungsleitend, eine klare Abgrenzung der Kompetenzaspekte bzw. handlungsorientierte Verschmelzung derselben ist nicht wirklich gegeben und der Interpretationsspielraum groß. Die Mathematikkompetenz bei PISA 2012 wird als die Fähigkeit einer Person beschrieben, Mathematik in einer Vielzahl von Kontexten zu *formulieren, anzuwenden* und zu

---

[3] https://www.bmbf.gv.at/schulen/unterricht/ba/reifepruefung_ahs_lfmath.pdf?4k21fr. (Okt. 2014)

interpretieren. Für PISA sind daher vor allem Aufgaben relevant, die reale Problemstellungen mit der Mathematik verknüpfen und die den Aspekt der Anwendung und Nutzung des mathematischen Wissens beinhalten. Wolfgang Klafki (Klafki 2008) bringt vor, dass Erziehung den Jugendlichen bei der Bewältigung und Gestaltung ihres Lebens helfen soll. Die Gegenwart des zu Erziehenden spielt dabei eine entscheidende Rolle, was bei der Auswahl geeigneter Inhalte zu berücksichtigen ist. Geht es darum, einen Kompetenzzuwachs zu erreichen, genügt es nicht mehr Lehrinhalte zu vermitteln oder sich solche anzueignen. Neben der Problematik einer geeigneten Kompetenzmessung fordert diese pragmatische Wende in der Bildungspolitik auch den Einsatz probater Methoden, mit deren Hilfe es gelingt, die beiden entscheidenden Elemente Wissen und Können im Mathematikunterricht zusammenzuführen. Hier kommt wieder der Lehrkompetenz der Mathematik-Lehrperson eine entscheidende Rolle zu. Geänderte Leistungsanforderungen an die Schülerinnen und Schüler und deren gute Bewältigung sind an die adäquate Unterstützung durch die unterrichtenden Lehrpersonen gebunden.

Auf den Umstand, dass Kompetenzorientierung die Anforderungen an die Lehrkräfte und den Unterricht verändert, weist auch Karl Fuchs, der im Zuge der Erstellung kompetenzorientierter mathematischer Maturaaufgaben (BHS) für das österreichische Bildungsinstitut bifie als wissenschaftlicher Berater fungiert, eindringlich hin (Fuchs 2013). Dieser Tatsache muss sowohl in der Ausbildung der Fachlehrkräfte als auch in der Entwicklung geeigneter theoretischer Unterrichtskonzepte, aber vor allem in der konkreten Planung und Durchführung von Unterrichtseinheiten Rechnung getragen werden (Fuchs 2013, 228–229).

Um den Anforderungen gerecht zu werden und berufliche Aufgaben über Jahre und Jahrzehnte bewältigen zu können, ist es für Lehrkräfte nicht ausreichend, bei Berufseintritt über eine gewisse professionelle Kompetenz zu verfügen. Es ist ständig notwendig, vorhandene Kompetenzen auszubauen und zu erweitern. Dazu müssen jedoch auch Lerngelegenheiten geschaffen, als gewinnbringend angesehen und wahrgenommen werden. Jede Lehrerin und jeder Lehrer bringt ein breites Spektrum an eigenen Vorstellungen und Überzeugungen („subjektive Theorien") mit in den Unterricht (Dubberke et al. 2008), (Handal 2003). Eben diese subjektiven Theorien und Überzeugungen zu Lernprozessen stellen neben fachlichen und fachdidaktischen Kompetenzen eine weitere Säule der Lehrkompetenz im weiteren Sinn dar (Vollrath & Roth 2012). Die Bezeichnung *Kompetenzmodellierung* hebt den Prozesscharakter der Konstruktion und Anwendung von Kompetenzmodellen hervor und ist von übergreifendem Charakter (Leuders 2014, 9). Die Modelle selbst sollen möglichst fundiert, entsprechend den Anforderungsbereichen, die Struktur und die Möglichkeit bieten, Wissensstände und Fähigkeiten einzuordnen und bewusst zu machen.

1.6 Qualität im Mathematik-Unterricht der Oberstufe

Unter Hentigs Leitlinie „die Menschen stärken, die Sachen klären" soll die *Neue Schule* die Erfahrungsbereiche der Schülerinnen und Schüler durch individualisierten Unterricht, Förderung der Kreativität und Emotionen, Förderung des ganzen Menschen, selbst erstellten Regeln für das Zusammenleben und individualisierten Unterricht größer werden lassen (Hentig 2008, 231 ff).

Die Ziele sind hoch gesteckt, die Umsetzungsmöglichkeiten im Unterricht beschränkt. Der Schrei nach einer Reform, einer Weiterentwicklung des Mathematik-Unterrichts der Oberstufe geht seit Jahren international, aber vor allem auch in Deutschland und Österreich durch die Reihen. Dabei wird immer wieder der Wunsch nach einer möglichst ganzheitlichen, nicht nur die letzten zwei bis drei Schuljahre isoliert betrachtenden Sichtweise, laut.

Der Versuch der Beantwortung der Frage, wozu denn Mathematikunterricht in der Oberstufe führen soll und was denn mathematische Bildung für alle verpflichtend an einer allgemein bildenden höheren Schule bedeutet, liefert sowohl aus der Perspektive der Gesellschaft als auch aus der Perspektive von Experten verschiedenartige, teils kontroversielle Antworten. Diese Frage steht in dieser Arbeit keineswegs im Fokus, drängt sich aber unmittelbar gerade im Zusammenhang mit Reformen immer wieder auf. Sie ist im Hinblick auf die für den Lernprozess nötige Motivation gerade auch aus der Perspektive der Lernenden, aber auch Lehrenden von grundlegendem Interesse. Der Mathematik-Fachdidaktiker Führer führt die Aufgaben von weiterführendem Mathematikunterricht folgend aus:

> Weiterführender Mathematikunterricht vermittelt sprachlich-gedankliche Ordnungswerkzeuge, Metaphern und Theorieformen, deren Konnotationsreichtum über die ganze Zivilisationsgeschichte gereift ist. Mathematikunterricht enkultiviert, indem er die vorgefundene Metaphorik im kollektiven Bewusstsein zugleich verständlich macht und als kollektives Verständigungsmittel konserviert (Führer 1998, 406).

Im österreichischen Lehrplan für die Oberstufe sind die Bildungs- und Lehraufgaben etwas breiter ausgeführt. Verknüpft mit den Inhaltsbereichen Algebra, Analysis, Geometrie und Stochastik soll der Mathematikunterrich durch die *Erziehung zu analytisch-folgerichtigem Denken* und durch die Vermittlung von *mathematischen Kompetenzen*, die für viele Lebensbereiche grundlegende Bedeutung haben, dazu beitragen, dass Schülerinnen und Schüler ihrer *Verantwortung für lebensbegleitendes Lernen* besser nachkommen können. Die mathematischen Kompetenzen werden in Kompetenzen, die sich auf Kenntnisse, auf Begriffe und solche, die sich auf Fertigkeiten und Fähigkeiten (Darstellen – interpretierendes Arbeiten, formal-operatives Arbeiten, experimentellheuristisches Arbeiten und kritisch-argumentatives Arbeiten) beziehen, gegliedert. Die vielfältigen Aspekte der Mathematik und die Beiträge des Gegenstandes zu verschiedenen Bildungsbereichen werden grob in Überbegriffen skizziert. Auch die Formulierungen in den didaktischen Grundsätzen sind sehr allgemein gehalten. Sie sind in die Bereiche: Lernen in anwendungsorientierten Kontexten, Lernen in Phasen, Lernen im sozialen Umfeld, Lernen unter vielfältigen Aspekten, Lernen mit instruktionaler Unterstützung, Lernen mit medialer Unterstützung und Lernen mit technologischer Unterstützung unterteilt, die wiederum näher ausgeführt werden[4]. Der Versuch, im Zuge der Einführung der neuen Reifeprüfung, im Fach Mathematik Handlungs- und Inhaltdimensionen stärker zu verknüpfen und mit Hilfe von prototypischen Aufgaben zu illustrieren, kann durchaus als Chance wahrgenommen werden, den Mathematik-Fachlehrkräften ihre Arbeit zu erleichtern. Erforderliche Kompetenzen wurden notwendigerweise konkretisiert und ausformuliert. Dadurch dringen sie ins Blickfeld und in das Bewusstsein der Lehrenden und der Lernenden anstatt nebulös im Hintergrund zu verbleiben. Durch die zusätzliche Legitimierung von außen und eine bewusste Auseinandersetzung damit, was den Nutzen, die Schönheit und die Stellung von Mathematik in der Welt ausmacht, kann unter Umständen eine befriedigende Antwort auf die von Seiten der Schülerinnen und Schüler oftmals gestellte Frage: „Wozu brauchen wir das?" gefunden werden. Auf Basis einer 1997 verfassten Expertise zur „Steigerung der Effizienz des mathematisch-naturwissenschaftlichen Unterrichts" sowie der Konzeption für Sinus Transfer wurden in Deutschland Qualitätsentwicklungsprozesse in Anbindung an Module initiiert (Prenzl et al. 2007, 1–2). In Anlehnung daran können einige Qualitätskriterien für guten Mathematikunterricht folgendermaßen formuliert werden:[5]

Weiterentwicklung der Aufgabenkultur: Abwechslungsreiche Anwendungsaufgaben in variierenden Kontexten geben dem Durcharbeiten und Üben Reiz und Bedeutung und tragen zur Konsolidierung des Wissens bei. Aufgabenstellungen müssen derart überprüft, modifiziert, teilweise auch neu entwickelt und erprobt werden, dass sie unterschiedliche Lösungswege ermöglichen, früher Gelerntes systematisch wiederholen, mit neuem Stoff verknüpft werden können und zur Übertragung auf neue Problemstellungen anregen.

Naturwissenschaftliches Arbeiten: Parallel zur vertieften Allgemeinbildung und allgemeinen Studierfähigkeit ist die Auseinandersetzung mit wissenschaftlichen Arbeitsweisen eines der Grundcharakteristika der gymnasialen Oberstufe. Darauf achtend Routinen zu vermeiden, lernt man naturwissen-

---

[4] https://www.bmbf.gv.at/schulen/unterricht/lp/lp_ahs_oberstufe.html. (November 2014)

[5] http://sinus-transfer.uni-bayreuth.de. (Juni 2013)

schaftliches Arbeiten am effektivsten im (geleiteten oder selbstständigen) Problemlösen (Lind et al. 1998, 3–4). Ein Bildungsziel von naturwissenschaftlichem Unterricht stellt die Kenntnis, Anwendung und Reflexion wissenschaftlicher Arbeitsweisen dar. Dabei haben sich für den Unterricht folgende Aspekte herauskristallisiert (Duit et al. 2004):

- Beobachten und Messen
- Vergleichen und Ordnen
- Erkunden und Experimentieren
- Diskutieren und Interpretieren
- Vermuten und Prüfen
- Modellieren und Mathematisieren
- Recherchieren und Kommunizieren.

Aus Fehlern lernen: Fehler vermeiden ist keine brauchbare Lernstrategie; Fehler können Informationen über Vorstellungen und Denkweisen des Schülers geben; das Vernichten eines Fehlers begünstigt dessen Wiederholung; die Analyse eines Fehlers trägt dazu bei, diesen nicht mehr zu wiederholen. Die eigenen Fehler von Lernenden als ihre persönliche Möglichkeit des Lernens zu sehen, ist ein Antrieb für den individuellen Lernfortschritt. Diese Sichtweise ist nicht neu und wurde etwa schon von Piaget vertreten. Der Umgang mit Fehlern, mit eigenen und mit Fehlern von anderen, im Hinblick auf einen Lernfortschritt, muss jedoch erlernt werden. Dies gilt nicht nur für die Lernenden, sondern auch für die Lehrkräfte. Über das Begehen von Fehlern kann negatives Wissen aufgebaut werden, das eine Art Schutzwissen mit dem Zweck aufbaut, dass das Gleiche unter ähnlichen Umständen vermieden wird. Man kann dabei zwischen deklarativen und prozeduralen negativen Wissen (Wie etwas nicht ist oder nicht funktioniert), negativ strategischem Wissen und konzeptionellen negativen Wissen unterscheiden. Die nötige Haltung, um negatives Wissen aufbauen zu können, kann als Fehlerkultur bezeichnet werden, die zu einer Verarbeitung des Falschen zum Richtigen hin führt (Prediger & Wittmann 2009), (Oser et al. 1999), (Käser 2011). Die Einführung der neuen Reifeprüfung soll dazu beitragen, dass bei Schülerinnen und Schülern ein nachhaltiger Kompetenzaufbau erfolgt.

Vor diesem Hintergrund sehen wir uns das „Fehlermachen" für Lernsituationen etwas näher an. Dieses lässt sich differenzieren:

- Fehler bei der Festigung von Wissen: Hierbei ist eine unmittelbare Fehlerrückmeldung an die Schülerinnen und Schüler in sachlicher, wertschätzender Form von Vorteil. Die Rückmeldung gibt den Lernenden darüber Auskunft, wo ein Fehler entstanden ist und wie man diesen überwindet.

- Fehler beim Aufbau von Wissen: Lernen ist ein individueller Prozess und setzt Aufmerksamkeit und Bereitschaft voraus. Lernen bedeutet, Informationen aufzunehmen, zu verarbeiten, zu beurteilen, mit Bekanntem zu verknüpfen und mit den Inhalten und Informationen zu „jonglieren". In dieser Situation sind Bewertungen, die einer offenen, experimentierfreudigen Haltung entgegenwirken, für den Lernprozess hinderlich. Fehlermachen und anspruchsvolles Lernen sind keine Gegner, sondern Partner, die einander ergänzen und einschließen (Stäudel 2007).

Lehrpersonen können die Schülerinnen und Schüler dabei unterstützen, herauszufinden, ob mögliche Lösungswege, Interpretationen, Argumentationen und Erklärungen tragfähig sind. Die Lernsituation hat dafür Rechnung zu tragen, dass Fehldeutungen, Unklarheiten und Fehlschlüsse geklärt sowie Lösungswege optimiert werden können. Fachdidaktisches Wissen der Lehrpersonen ist dabei ein entscheidender Faktor für Leistungszuwächse der Schülerinnen und Schüler. Fachwissen der Lehrkräfte allein genügt dafür nicht (Beutelspacher et al. 2011, 9).

Im Bezug auf den Mathematik-Unterricht der Oberstufe sollen an dieser Stelle häufig genannte Kritikpunkte am bisherigen Unterricht zusammengefasst werden (vergl. Baptist & Winter 2001, Klieme et al. 2006, Peschek & Schneider 2006, Heymann 2000, Fischer 2012, Lester 2007, Bishop 2003, Hochweber 2010 …).

- Partikularinteressen stehen im Vordergrund und dem wichtigen Beitrag von Mathematikunterricht zur Allgemeinbildung wird zu wenig Raum gegeben.
- Geringe Vernetzung der Lerninhalte in die allgemeine Kultur und das Alltagsleben.
- Anwendungsorientierte Mathematik und Modellbildung wird nur vordergründig betrieben, ohne die jungen Leute mit den entsprechenden Ideen hinter den Modellen und deren Grenzen vertraut zu machen.
- Vorherrschen von Routineaufgaben und Reproduktion – „zu gute" Vorbereitung auf die Reifeprüfung.
- Vernachlässigung von Problemaufgaben und Problemlösungsstrategien (etwa grundlegende heuristische Verfahren).
- Geringe innere Vernetzung und Vernachlässigung von Beziehungen (Rückblicke, Seitenblicke, Vorausblicke) sowie Ignorieren der Offenheit des Systems Mathematik (ungelöste Probleme, unlösbare Probleme).
- Geringe Reflexion des mathematischen Denkens und Handelns, fast keine philosophische Vertiefung.
- Übergroßes Hauptgewicht im Bereich der Handlungsdimension „Operieren", dementsprechende Vernachlässigung der Handlungsbereiche „Interpretieren" sowie „Argumentieren und Begründen".

- Orientierung am Leistungsbild der Klasse – objektivierbare Leistungsbeurteilungskriterien fehlen.
- Assessment im Klassenzimmer dient fast ausschließlich dazu, um „Noten" zu bilden, die gerade in Österreich kaum im Zusammenhang mit Leistungen stehen, die durch standardisierte Messungen ermittelt werden.
- Assessment im Klassenzimmer wird nur im geringen Maße dazu genutzt, die Schülerinnen und Schülern in ihrem Lernen zu unterstützen und ihnen ihr mögliches Potenzial aufzuzeigen.

Immer wieder wird auch angemerkt, dass dem Formalen in der Mathematik eine zu hohe Bedeutung zukommt und Mathematik vor allem in der Oberstufe zu regelhaftem Hantieren „verkommt" und fast ausschließlich syntaktische Komponenten enthält. Guter Mathematikunterricht ist sowohl für Schülerinnen und Schüler als auch für die Fachlehrkräfte eine Herausforderung und braucht Zeit, die oft genauso wenig wie fachdidaktisches Know-how und fachdidaktische Hilfestellungen ohne Bevormundung zur Verfügung steht. Die Bedeutung von Mathematik kann nicht darin liegen, ein relativ leicht zu messendes Auswahlkriterium zu sein oder für die Mehrheit der Schülerinnen und Schüler als grundsätzlich unverständlich und lebensfern zu gelten. Dieses Fach kann für sich faszinieren und bietet zugleich unzählige Anwendungen. Die Beschäftigung mit grundlegenden Ideen aus den Inhaltsbereichen Algebra und Geometrie, funktionale Abhängigkeiten, Analysis sowie Wahrscheinlichkeit und Statistik ermöglicht neue Sichtweisen. Die „Sprache" und das „Werkzeug" Mathematik bietet Möglichkeiten, die Welt zu entdecken, zu beschreiben, darzustellen, zu interpretieren, Argumente zu finden und Visionen zu entwickeln, die kein anderes Fach bietet. Genau aus diesem Grund ist Mathematik in der Schule als Allgemeinbildung speziell für diese Schülerinnen und Schüler, die keine weitere facheinschlägige Aus- oder Weiterbildung erfahren, von besonderer Bedeutung. Diese können und müssen ihr gesamtes weiteres Leben auf die erworbenen mathematischen Kompetenzen zurückgreifen und sind auf diese angewiesen.

In der Frage nach der Qualität von Mathematikunterricht im Bezug auf Allgemeinbildung sind nicht Ziele und Inhalte allein maßgeblich, sondern in hohem Maße wie im Zuge der unterrichtlichen Interaktion mit Mathematik umgegangen wird (Heymann 2000, 2). Also auch in diesem Zusammenhang zeigt sich der Wert und die Bedeutung des konkreten Handelns der Lehrkräfte im Unterricht. Unterrichtsgestaltung in Kombination mit dem Einsatz geeigneter Aufgaben sowie das Ausmaß der kognitiven Aktivierung und der Unterstützung der Lernenden stellen entscheidende Elemente für die Motivation und den Lernerfolg der Schülerinnen und Schüler dar.

1.7 Zusammenfassung Grundlagen

Unabhängig davon, ob eine Ebenenstruktur auf Basis beteiligter Personen und Regulierungsinstrumente, auf Basis von Reflexionskriterien über Prozesse oder auf Basis der Gegenstände von Steuerungsabsichten gebildet wird, weisen alle Schultheorien Lehrpersonen vor Ort in der Schule eine Schlüsselrolle zu.

Die neue zentrale Reifeprüfung aus Mathematik greift bereits aufgrund einer Ergebnisorientierung auf den operativen Bereich einer Leistungserstellung ein. Die Beantwortung der Frage außer Acht lassend, ob in positiver oder negativer Form, zeigen Forschungen, dass Testprogramme sowohl einen Einfluss darauf haben, was Lehrpersonen unterrichten als auch darauf, wie sie das tun. Zentrale Prüfungssysteme können den Erfolg des Bildungsprozesses signifikant beeinflussen, weil sie die Anreize der beteiligten Personen bestimmen.

Von Seiten der Mathematik-Lehrkräfte sind Vorgaben, Bestimmungen und Vorschläge von außen einer Rekontextualisierung unterworfen. Dadurch, sowie durch die Bildung subjektiver Theorien, verändern sich die Handlungsmuster der Lehrpersonen und damit die Unterrichtsprozesse und Unterrichtskultur insgesamt. Der Phase nach der Einführung der Innovation, also jene Phase, in der das vorliegende Projekt angesiedelt ist, kommt für die erfolgreiche Implementation einer Innovationsidee entscheidende Bedeutung zu. Bisherige Forschungen zeigen wenig Zusammenhang zwischen intendierten Wirkhoffnungen und tatsächlichen Auswirkungen auf den Unterricht.

Obwohl die Bedeutung innerfachlicher Aspekte unbestritten bleiben soll, soll Fachdidaktik nicht länger aus der Binnenstruktur der Fachmathematik allein gesehen werden. Lehrpersonen und Unterricht sind im vorliegenden Falle Untersuchungsgegenstände und rücken im Zuge einer Effektivitätsforschung in den Blickpunkt des Interesses. Dabei ist auf nationale österreichische Besonderheiten, Hintergründe und die Entstehungsgeschichte der Reform Bedacht zu nehmen.

Im Sinne einer positiven Leistungsentwicklung der Schülerinnen und Schüler im Fach Mathematik haben Untersuchungen aufgezeigt, dass den Gebieten *Professionelle Lerngemeinschaften* und *Assessment im Klassenzimmer* essentielle Bedeutung zukommt. Kooperationsverhalten und kommunikatives Handeln stellen bereits evolutionsbedingt eine besondere Eigenschaft des Menschen dar. Auch im Hinblick auf eine Professionalisierung der Mathematik-Lehrkräfte zeigt sich der große Stellenwert dieser Form der Kooperation. Der Erfolg von standardisierten Testprogrammen ist vor allem aber auch an eine Verbesserung von Assessment im Klassenzimmer gekoppelt. Die Einführung einer standardisierten Reifeprüfung aus Mathematik als Instrument zur Lernstandsmessung hat nicht automatisch eine Verbesserung der Qualität von Assessment im Unterricht zu Folge. Hierbei wurde bisher der Bedeutung des prozessbegleitenden

Assessment wenig Augenmerk geschenkt. Aufgabenstellungen sind allgemein aber auch in Zusammenhang mit Assessment in Mathematik von entscheidendem Charakter und können sowohl als Träger mathematischen Wissens und zugleich als Ausgangspunkt des Lehrerhandelns gesehen werden. Werden der zentralen Reifeprüfung ähnliche Prüfungsitems von den Lehrkräften vermehrt zur Kompetenzentwicklung eingesetzt und stellen diese die vorherrschenden Aufgaben im Unterricht und bei Arbeitsaufträgen dar, so wirkt dieses Vorgehen einer positiven Unterrichtsentwicklung im Fach Mathematik entgegen.

2 Hintergründe

Um die Reform in Österreich und ihre Auswirkungen für die konkreten Unterrichtsprozesse im Fach Mathematik besser verstehen zu können, scheint es notwendig, die Hintergründe dieser Reform darzulegen und die Rahmenbedingungen für den Unterricht aufzuzeigen.

Eine ausführliche Darlegung der historischen Entwicklung der Anforderungen des Mathematikunterrichts in der Oberstufe und bei der Mathematikmatura im Speziellen sprengte eindeutig den Rahmen. Trotzdem soll dieses Kapitel dazu dienen, einen kleinen Überblick über die Unterrichts- und Schulentwicklungsprozesse der vergangenen Jahre zu bieten und die neue und alte Form der Reifeprüfung gegenüberzustellen.

Schulentwicklung des letzten Jahrzehntes ist untrennbar mit den Themen Autonomie, Standards und Evaluierung verbunden. Aus diesem Grund gehen wir in den folgenden drei Unterkapiteln folgenden Fragen nach: Was versteht man unter Schulautonomie und wie entwickelte sich diese in Österreich? Warum kann PISA als Initialzündung für die folgenden Debatten und Reformbestrebungen im Bezug auf standardisierte Tests gesehen werden? Wie ist es um die Autonomie des Unterrichtsfaches Mathematik und die Autonomie der Lehrkräfte an der AHS bestellt?

Das letzte Unterkapitel dieses Abschnittes schließlich stellt die alte Variante der Reifeprüfung im Fach Mathematik der neuen gegenüber.

2.1 Schulautonomie

Mitte der 1990er Jahre entwickelte sich in Österreich eine Autonomie der Schulen. Der Begriff Schulautonomie als solches ist zumindest in schulrechtlicher Diskussion durchaus umstritten und die Maßnahmen zur Erhöhung der einzelschulischen Gestaltungsspielräume können als „...eine Steuerungspolitik, durch die Entscheidungsrechte und Koordinationsverhältnisse zwischen den verschiedenen Akteuren und Handlungsebenen im Schulsystem verändert werden", gesehen werden (Altrichter 2010, 112).

Ende der 80er, Anfang der 1990er Jahre entstanden vor allem auf Initiative von Lehrpersonen und Eltern, beispielsweise im Bereich neuer Lernformen, neue

Entwicklungen. In politisch-administrativ wenig beachteten Bereichen des Schulsystems erarbeiteten sich diese Verfügungsrechte zum Treffen von Entscheidungen. Diese Entwicklungsarbeit, die von manchen Schulaufsichts-beamten und Fortbildungsverantwortlichen unterstützt wurden, konnte dazu beitragen, das Selbstbewusstsein eines innovativen Ausschnitts der Lehrerschaft zu stärken und „professionalistische Tendenzen" zu fördern, die sich in zahlreichen Entwicklungsprojekten niederschlugen (Altrichter et al. 2005, 6).

Die Lehrpersonen entwickelten durchaus Freude daran, Unterrichts- und Schulgeschehen aktiv mit zu beeinflussen, wobei innerhalb der Fachschaften immer wieder kritische Stimmen bezüglich der Sinnhaftigkeit und des Nutzens, etwa neuer Lernformen, laut wurden (Specht 2006).

Auch im Fach Mathematik erprobten Lehrkräfte neue Lern- oder Sozialformen wie etwa Gruppenunterricht oder die Ende der 80er, Anfang der 90erJahre sehr aktuellen Klippert-Methoden. Entsprechende Fortbildungs-veranstaltungen für Lehrerinnen und Lehrer fanden statt, die Umsetzung im Unterricht geschah in Folge von Eigeninitiativen. Die didaktische Ausbildung der angehenden Lehrerinnen und Lehrer an den Universitäten war sehr allgemein gehalten und fachdidaktische Zugänge waren wenn überhaupt, nur marginal vorhanden. Auf bildungspolitischer Ebene tat sich damals sowohl in Deutschland als auch in Österreich eher wenig (Fend 2006, 225).

Die einsetzende *erste Phase der Schulmodernisierung* zu Beginn der 1990er Jahre war durch Schlagworte wie „Schulautonomie", und „Erhöhung schulischer Gestaltungsspielräume" gekennzeichnet. Das beherrschende Thema dieser Phase war die Eröffnung von ‚neuen Freiheiten' an der ‚Basis' des Mehrebenen-Systems Schule. Eine Erhöhung von Gestaltungsspielräumen der Einzelschule sollte diese in die Lage versetzen, raschere und rationalere Entwicklungsentscheidungen angesichts lokaler Ansprüche und Ressourcen zu treffen. Der Beschluss der autonomen Lehrpläne erfolgte in einem Schulpartnerschaftsgremium unter Mitwirkung der Eltern- und Schülervertretung, erforderte aber keine vorherige Genehmigung durch die Schulaufsicht.

Erst in einer *zweiten Phase* wurde in der zweiten Hälfte der 1990er Jahre die Frage der Systemsteuerung von autonomer agierenden Einzelschulen expliziter angesprochen. In Konzepten und Projekten wurden die Formulierung ver-bindlicher Schulprogramme, die Implementierung von Selbst– und Fremd-evaluation, neue Formen der Schulaufsicht und der Schulleitung, die Koordinierung der Unterrichtsarbeit durch Aufgabenbeispiele und Vergleichs-arbeiten diskutiert und erprobt. Das Steuerungsinstrument ‚Schulprogramm und Evaluation' wurde in Österreich eine Zeit lang intensiv beworben (htttp://www.qis.at. (August 2012)).

War relativ lange Zeit noch davon die Rede, Schulprogramme und Evaluierungen verpflichtend einzuführen, ging man später von diesem Vorhaben ab und es blieb bei Empfehlungen. Zusammenfassend interpretieren Altrichter (Altrichter et al. 2005) und andere die Entwicklungen dieser Phase so: Während die erste Phase Räume für Akteure an der Basis, v.a. aber für aktive Lehrpersonen und Schulleiterinnen und Schulleiter, eröffnet hatte, wurden in der zweiten Phase ‚spezifische Formen' (z.b. Schulprogramm, Selbstevaluation, Qualitätsmanagement) propagiert, durch die die Nutzung dieser ‚autonomen Räume' koordiniert werden sollte. Weiters wurden – durch Konzepte wie Schulprogramm und Rechenschaftslegung – Anforderungen übergeordneter Systemebenen spezifiziert und Zugriffsinstrumente geschaffen. Manche Schulen waren sehr aktiv und auch viele Gymnasien sprangen auf den Zug auf. Sie entwickelten Profile, entwarfen Schulprogramme und trafen Evaluierungs-maßnahmen. Sie unternahmen den meist erfolglosen Versuch Qualitätskriterien von Profit-Organisationen auf Non-Profit-Organisationen, in diesem Fall die Schule, zu übertragen. In Konferenzen und Arbeitsgruppen wurde diskutiert, stundenlang über Fragen wie: „Wer sind unsere Kunden?" und Qualitätskriterien debattiert. Das Know-how der Lehrerinnen und Lehrer in den oben genannten Bereichen erhöhte sich und die Auseinandersetzung und Identifikation mit der eigenen Schule waren möglich. Obwohl der Bereich „Lehren und Lernen" nach einem Vorschlag von Günther Haider (www.qis.at. (Juli 2012)) einer der fünf Qualitätsbereiche für Schulen war, rückte er nicht explizit in den Vordergrund.

Die Debatte erfuhr in einer nach Altrichter *dritten Phase* eine neue Akzentuierung in Richtung schulübergreifender Steuerungselemente und einer Externalisierung von Steuerung.

Im Untersuchungszeitraum stand Schulentwicklung unter dem Zeichen von SQA. „SQA – Schulqualität Allgemeinbildung" ist eine Initiative des BMBF. „Sie will durch pädagogische Qualitätsentwicklung und Qualitätssicherung zu best-möglichen Lernbedingungen für Schüler/innen an allgemein bildenden Schulen beitragen" (www.sqa.at. (November 2014)). Als Rahmenzielvorgabe für den Zeitraum 2012/13 bis 2015/16 definiert das BMBF die Weiterentwicklung des Lernens und Lehrens in Richtung Individualisierung und Kompetenzorientierung. Als die zwei tragenden Strukturelemente auf bzw. zwischen allen Ebenen des Schulsystems werden Entwicklungspläne und periodische Bilanz- und Ziel-vereinbarungsgespräche genannt.

2.2 PISA

Deutschland stand nach den TIMSS- und PISA-Ergebnissen 2000 unter Schock. Die Ergebnisse der deutschen Schülerinnen und Schüler werden als „skandalös" angesehen. Der Ruf, auf Basis von Studien Mängel im deutschen Schulsystem wirksam zu bearbeiten, wird lauter, ebenso das Lob für die Kultusministerkonferenz dafür, sich mit der gymnasialen Oberstufe auseinanderzusetzen. Später werden die Ergebnisse aber auch als Anregung und Sprung Deutschlands in der internationalen vergleichenden Schulforschung gesehen (Roeder 2003, 180–181). Die Aufmerksamkeit der Medien in Deutschland war groß. Die Autoren der PISA-Studien erhielten in den Folgejahren den klingenden Namen „PISA-Papst". Jürgen Baumart, der die erste Studie koordinierte, wurde als erstes mit diesem Namen bezeichnet. Denselben „Titel" erhielt drei Jahre später Manfred Prenzel und 2010 Eckhard Klieme[6]. In Österreich nahm man PISA 2000 (OECD 2001) relativ gelassen hin.

Die Ergebnisse der PISA-2000-Studie wurden in Österreich vor allem mit Blick auf unseren nördlichen Nachbarstaat Deutschland medial rezipiert. Die tiefe Erschütterung der deutschen Öffentlichkeit über unterdurchschnittliche Leistungen in allen drei Testdimensionen (Lesen, Mathematik, naturwissenschaftliche Grundlagen) wurde in Österreich wahrgenommen – bisweilen vermutlich auch als Entlastung bezüglich der eigenen Ergebnisse (Schneeberger & Kastenhuber 2002, 5).

Zu Beginn des Jahres 2000 veröffentlichte die österreichische Bundesregierung ein Arbeitsprogramm, in dem noch sehr vage von einem „Erhalt und Ausbau des hohen Qualitätsstandards der Schulen durch Einführung von Schulprogrammen und Qualitätsevaluation", von „nationalen Bildungsstandards" und einer „weiteren Stärkung der Autonomie" die Rede ist (Specht 2006, 13–15).
Waren bis dahin die Inhalte und Ziele der einzelnen Gymnasien durch ihre Formen (Realgymnasium, klassisches Gymnasium, BORG etc.) relativ klar, setzten die Einzelschulen vermehrt Schwerpunkte. Dadurch wurde es möglich, vorhandene Ressourcen besser zu nutzen und auf individuelle Bedürfnisse einzugehen. Die durch die Schwerpunktsetzungen entstandene Vielfalt des Angebots erschwerte und erschwert jedoch Eltern, Schülerinnen und Schülern, aber auch Lehrpersonen den Vergleich. Außerdem erhöht sich, bei geringer werdenden Schülerinnen- und Schülerzahlen und der Wahlmöglichkeit aus mehreren Schulen, der Wettbewerb. Ein unter Umständen angestrebter Schulwechsel ist oft mit erheblichem Mehraufwand verbunden.
Während Deutschland seine Ergebnisse bei PISA 2003 deutlich verbessern konnte, war das in Österreich nicht der Fall. Die PISA-Ergebnisse 2003 lösten in Österreich großes mediales Interesse aus. Das Hauptaugenmerk wird dabei darauf gelegt, dass die Leistungen im internationalen (OECD)-Durchschnitt oder sogar darunter liegen und sich gegenüber 2000 verschlechtert haben.

---

[6] http://www.spiegel.de/schulspiegel/wissen/pisa-2000-bis-2009-bilanz-eines-schock-jahrzehnts-a-733310.html. (31.12.2014)

Peschek und Schneider bestätigen die erste Aussage im Bezug auf Mathematik im Großen und Ganzen, widersprechen aber der zweiten. Aufgrund der Verschiedenartigkeit der Tests und anderer leicht geänderter Bedingungen sei ein Vergleich zwischen 2000 und 2003 kaum möglich. Findet er trotzdem statt, treten weder bezüglich der Ränge noch hinsichtlich der Mittelwerte signifikante Unterschiede auf (Peschek & Schneider 2006, 73–76).

Altrichter und andere interpretieren die Entwicklungen dieser Phase „als Versuch, die Handlungskoordination sowohl auf gesamtsystemischer als auch auf einzelschulischer Ebene stärker an Ziel – bzw. Ergebnisvorgaben zu binden, die auf höherer Ebene formuliert werden (Altrichter et al. 2005)". Dieses „evaluationsbasierte Steuerungsmodell" (Altrichter et al. 2005) verändert die Rolle der Lehrerschaft an den Schulen bereits deutlich. Die Wege der Vermittlung stehen zwar nach wie vor frei, von Seiten der Politik wird aber vermehrt auf zu erreichende Standards verwiesen. Fachleute mit entsprechenden Kenntnissen in den Bereichen Standards und zugehörigen Testformaten gewinnen zusehends an Bedeutung und Einfluss. Im Frühjahr 2003 ruft die damalige Unterrichtsministerin Elisabeth Gehrer eine vierköpfige Expertengruppe, die sogenannte „Zukunftkomission" (ZK) ins Leben, die „zwei Baustellen" des Systems als vorrangig einstufte:

- Die Reduktion des Anteils extrem schwacher Schülerinnen und Schüler.
- Die Erhöhung der Systemgerechtigkeit und der Vergleichbarkeit von Leistungsbewertungen, Schulabschluss und Berechtigungen, die aufgrund fehlender Ergebniskontrollen entstehen.

Die wichtigste Abweichung der Vorschläge der Zunkunftskomission gegenüber der Klieme Studie in Deutschland bestand in dem Vorschlag, die individuellen Ergebnisse der vorgeschlagenen jährlichen Standards-Testungen in der Leistungsbeurteilung zu berücksichtigen. Positive Testergebnisse sollen eine negative Beurteilung im Zeugnis ausschließen (Specht 2006, 20–21). Weder die jährlichen Standards-Testungen noch eine Berücksichtigung von Testergebnissen der Standards-Testungen in den 8. Schulstufen bei der Leistungsbeurteilung wurden in Österreich in die Tat umgesetzt.

Nach einer 2001 beginnenden Pilotphase trat im Jänner 2009 mit einer Novelle zum Schulunterrichtsgesetzt (SchUG) eine Verordnung in Kraft, die unter anderem die Bildungsstandards in Mathematik für die 4. und 8. Schulstufe einführte (BGB 2014). Darin heißt es unter anderem – § 3:

(1) Bildungsstandards sollen Aufschlüsse über den Erfolg des Unterrichts und über Entwicklungspotenziale des österreichischen Schulwesens liefern. Darüber hinaus sollen sie

- eine nachhaltige Ergebnisorientierung in der Planung und Durchführung von Unterricht bewirken,
- durch konkrete Vergleichsmaßstäbe die bestmögliche Diagnostik als Grundlage für individuelle Förderung sicherstellen und
- wesentlich zur Qualitätsentwicklung in der Schule beitragen.

(2) Zum Zweck der nachhaltigen Ergebnisorientierung in der Planung und Durchführung von Unterricht haben die Lehrerinnen und Lehrer den systematischen Aufbau der zu vermittelnden Kompetenzen und die auf diese bezogenen Bildungsstandards bei der Planung und Gestaltung ihrer Unterrichtsarbeit zu berücksichtigen.

(3) ... Auf Basis des diagnostischen Vergleiches von zu erlangenden und individuell erworbenen Kompetenzen ist eine bestmögliche individuelle Förderung der Schülerinnen und Schüler sicherzustellen.

(4) ... Die Auswertungen der Standardsüberprüfungen und deren Rückmeldungen haben so zu erfolgen, dass sie für Zwecke der Qualitätsentwicklung an den Schulen herangezogen werden können. Maßnahmen der Qualitätsentwicklung sind zu dokumentieren und periodisch zu evaluieren.

Für Mathematik werden im zweiten Abschnitt der Verordnung als allgemeine mathematische Kompetenzen *Modellieren* und *Operieren* und als inhaltliche mathematischen Kompetenzen *Arbeiten mit Zahlen, Arbeiten mit Operationen, Arbeiten mit Größen* sowie *Arbeiten mit Ebene und Raum* an- und ausgeführt.

Durch periodische Standardüberprüfungen im Abstand von drei Jahren sollen die von den Schülerinnen und Schülern bis zur 8. Schulstufe erworbenen mathematischen Kompetenzen objektiv festgestellt werden, um diese mit den angestrebten Lernergebnissen zu vergleichen. Die erste flächendeckende Standardüberprüfung in Mathematik fand in Österreich am 23. Mai 2012 statt. In den AHS erreichen 75 % der Schülerinnen und Schüler die Bildungsstandards und 11 % übertreffen sie. In den allgemeinen Pflichtschulen erreichen 42 % die Standards und 1 % übertreffen sie. Insgesamt erreichen 16,7 % (rund 13 300) Schülerinnen und Schüler auch die niedrigen Anforderungen der untersten Kompetenzstufe 1 nicht. Ihnen mangelt es an den allgemein als notwendig erachteten Grundkompetenzen (Schreiner & Breit 2012, 60). Die für 2014 erstmals vorgesehene Standardüberprüfung in Deutsch wurde auf 2016 verschoben, sodass der Dreijahresrythmus für Mathematik bereits bei der ersten Wiederholung nicht eingehalten wird. Die Bestimmungen über die Leistungsfeststellungen und Leistungsbeurteilungen blieben von dieser Verordnung jedoch unberührt.

Die Wichtigkeit der Aktivitäten an den Einzelschulen wurde weiterhin betont, die Gestaltungsfreiräume blieben und wurden ausgebaut. Parallel dazu kam jedoch mit zunehmender Stärke eine Reformbewegung zum Tragen, die von politischer Seite die Leistungen der Schülerinnen und Schüler und ihre Überprüfung in den Fokus rückte. In Rhetorik und von den Programmen zur Entwicklung her wurde der Ruf nach einer zentralen Analyse, Messung und dem Vergleich der Leistungen der Schülerinnen und Schüler, gepaart mit einer dadurch hervorgerufenen Qualitätsentwicklung, an den Schulen laut. Die pädagogische Autonomie, die etwa die Erstellung schulautonomer Lehrpläne, spezieller Profile, pädagogischer Schwerpunkte und zusätzlicher Angebote beinhaltet, eröffnete auch für Mathematik neue Perspektiven. Zugleich erhöhte sich der Druck auf die Lehrkräfte. Sie sind aufgefordert, überprüfbare fachliche Ziele durch ihre Unterrichtsarbeit zu erreichen. In Folge der Entscheidung der österreichischen Bildungspolitik, für alle AHS eine zentrale schriftliche Reifeprüfung aus Mathematik (SRP-M) ab dem Haupttermin 2014 (Der Einführungstermin wurde später auf 2015 verschoben) einzuführen, wuchs die Verunsicherung sowohl in der österreichischen Lehrerschaft als auch bei betroffenen Schülerinnen und Schülern und ihren Eltern. In vielen Schulen wurde in den Schulgemeinschaften darüber diskutiert, bestehende Autonomiemodelle wieder „zurückzufahren", um etwa wieder „der Mathematik" bzw. anderen Fächern, die zentral „geprüft" werden, mehr Raum zu geben. Auch die Fortbildungen konzentrieren sich auf die neuen Herausforderungen und Kompetenzbegriffe, Kompetenzmodelle und ein kompetenzorientierter Unterricht rücken ins Blickfeld.

Bei PISA 2012 bildete Mathematik wieder einen Testschwerpunkt. Bei den 15/16-Jährigen lag Österreich über dem OECD-Schnitt und von 34 OECD-Ländern statistisch im Bereich 11.–14. geteilter Rang. Österreich ist eines der Länder mit dem höchsten Geschlechterunterschied (Schreiner & Schwantner 2013, 56–57). Als positive Folge der PISA–Studie kann wohl gesehen werden, dass die Schülerinnen und Schüler mit ihren Fähigkeiten in Zentrum rückten, oder wie Thomas Spitzer es ausdrückt: „Das Wichtigste an der Pisa-Studie ist – mit Abstand –, dass wir uns wieder Gedanken über das Lernen an unseren Schulen machen. Es bleibt zu hoffen, dass dies politische Früchte tragen wird (Spitzer 2009, 396)."

2.3 Autonomie und Mathematik sowie Autonomie der Mathematik-Lehrkräfte

Autonomie in Zusammenhang mit Schule und Unterricht ist gekoppelt an Gestaltungsspielräume, Entscheidungsrechte und Koordinationsverhältnisse (vgl. Abschnitt 2.1). Bis ins Jahr 2000 gab es Schulbildung betreffend gewisse Traditionen in Österreich, die auch auf das Fach Mathematik umlegbar sind und unumstößlich schienen (Specht 2006, 14).

- Leistungen der „Schule" als solche sind, wenn überhaupt, schwer messbar.
- Der Versuch eine Messung fachlicher Leistungen mittels zentraler Leistungstests birgt die Gefahr der Konzentration auf das Gemessene und der Vernachlässigung anderer Bereiche.
- Bemühungen um die Professionalisierung der Lehrerschaft stellen die wichtigste und effizienteste Qualitätssicherungsstrategie dar, die durch externe Leistungsevaluationen eher konterkariert als gefördert sind.

Wie bereits in erwähnt, ließen die PISA-Ergebnisse von 2000 die österreichische Öffentlichkeit und die Lehrerschaft relativ unbeeindruckt, und auch von politischer Seite gab es nicht wirklich Vorgaben bzw. eine einheitliche Richtung. Die Begriffe Standards, Grundlagen, Kompetenz, Komplexität, Dimensionen, Nachhaltigkeit, Mindeststandards ... geisterten zwar schon in den Köpfen von Fachdidaktikerinnen und Fachdidaktikern und der Lehrerschaft herum, eine einheitliche Linie war jedoch nicht zu erkennen. Für die Sekundarstufe II bildete man für Mathematik Arbeitsgruppen, in die Lehrpersonen involviert waren. Sie formulierten Kompetenzen und entwickelten erste Aufgaben. Da der rote Faden jedoch fehlte, versickerte vieles bzw. die Bestrebungen nahmen hauptsächlich aufgrund fehlender Richtlinien einen unterschiedlichen Verlauf. Es darf nicht vergessen werden, dass die Erstellung schulautonomer Lehrpläne und Stundentafeln, die Einführung neuer Gegenstände mit zugehörigen Curricula und die Auseinandersetzung mit den Schulentwicklungsprogrammen und damit verbundenen Maßnahmen auch den Lehrpersonen viel Kraft, Energie und nicht zuletzt Zeitressourcen abverlangten.

2003 setzte die damalige Bundesministerin Elisabeth Gehrer eine Stundenreduktion an den Schulen durch. In der AHS-Unterstufe wurde die Gesamtstundenanzahl (über alle vier Jahre) von insgesamt 126 auf 120 Wochenstunden und in der AHS-Oberstufe durch die sogenannte „Wochenstundenentlastungs- und Rechtsbereinigungsverordnung" (BGBl. Nr. II, 283/2003) von 138 auf 130 Wochenstunden gesenkt. Den einzelnen Schulen stand bzw. steht es frei, ob sie auf eine vom Ministerium vorgegebene (subsidiäre) Stundentafel verwenden oder Schwerpunkte in den einzelnen Fächern setzen, dabei sind auch autonome „Neugründungen" möglich. Dazu können autonome Stundentafeln mit einer gewissen Bandbreite und verpflichtender Mindeststundenanzahl entwickelt werden.

Da Mathematik bis dahin als „Hauptfach" galt und im Bezug zu anderen Fächern eine relativ hohe Wochenstundenzuteilung hatte, trafen die Kürzungen dieses Fach an fast allen Gymnasien deutlich. In den 80er, 90er Jahren hatte es zum Beispiel in der ersten Klasse AHS Realgymnasium noch fünf Wochenstunden gegeben, danach lag die Maximalwochenstundenzahl bei vier.

Da Bildung und Ausbildung auch Zeit bedürfen, war die Aufregung in der österreichischen Lehrerschaft groß.

Einerseits ist es wichtig, dass besonders solche Maturanten, die später nicht in mathematisch orientierten Bereichen tätig sind, über diese Zusammenhänge etwas wissen. (…) Andererseits muss aber das Fach auch seinen traditionellen Aufgaben nachkommen, also der Schulung des logisch-strukturierten Denkens und der konkreten Studienvorbereitung für die vielen Maturanten, die konkrete mathematische Inhalte unmittelbar im Studium benötigen. (…) Das Realgymnasium ist die einzige österreichische Schulform, die über eine geringfügig höhere Stundendotierung in diesem Bereich verfügt. Im Gegensatz dazu gibt es in fast allen OECD-Ländern Schultypen mit mathematischem Schwerpunkt, mathematischen Leistungskursen, oder dergleichen. Gerade in diesem Bereich in der jetzigen Situation eine Stundenkürzung im Fach Mathematik durchzuführen, setzt ein falsches Signal.[7] (…)

Im Zuge einer AHS-Oberstufenreform wurden neue Lehrpläne entwickelt. Diese sind ab dem Schuljahr 2006/07 gültig und legen fest, was in den einzelnen Fächern „wesentlich" ist. Um auch in der Oberstufe die bisher fehlende Autonomie zu ermöglichen und um einen von der Schule gestaltbaren Bereich „freizuspielen", gibt es hier fachbezogen keine Unterteilung in Kern- und Erweiterungsbereiche wie in der Unterstufe.[8] In der Oberstufe ist mit Kernbereich die Summe der Pflichtgegenstände zu verstehen. Für diese laut Bundesministerium die „Studienberechtigung erhaltende Allgemeinbildung" bleiben je nach Oberstufenform ca. 110 Stunden, für gänzlich neue Fächer oder Schwerpunkte ca. 20 Stunden. Dabei gibt es einen schülerautonomen Bereich (Wahlpflichtgegenstände) und einen schulautonomen Bereich für zusätzliche Schwerpunktsetzungen mit mindestens acht Wochenstunden oder die Ausweitung des Kernbereiches. Dabei können etwa folgende zusätzliche Schwerpunkte gesetzt werden:

- Fremdsprachen
- Naturwissenschaften, Mathematik
- Informations- und Kommunikationstechnologien
- Ökologie
- Wirtschaft
- Musisch-kreativer Schwerpunkt
- Humanistischer Schwerpunkt
- Sport

---

[7] Geretschläger, R. (Vorsitzender) Offener Brief der Lehrersektion der Österreichischen Mathematischen Gesellschaft (ÖMG) an Frau Bundesminister Elisabeth Gehrer vom 6.5.2003.

[8] bmbf.gv.at, path:/schulen/unterricht/lp/lp_ahs_oberstufe.html. (Juli 2014)

Möglich ist, durch Erweiterungen bzw. Kürzungen und Verschiebungen einzelner Gegenstände Raum für derartige Schwerpunkte verbunden mit schulautonomen Lehrplänen zu schaffen. Im Untersuchungszeitraum (Schuljahr 2013/14) wurden etwa an steirischen AHS 57 schulautonome Schwerpunkte in der Unterstufe angeboten.[9] In der Unterstufe müssen mindestens vier Wochenstunden dem Schwerpunkt eindeutig zugeordnet sein.

Mit der neuen Reifeprüfung und der neuen Prüfungsordnung AHS wurde nun festgelegt, dass einer AHS-Sonderform oder einem lehrplanmäßigen autonomen Schwerpunkt in der Oberstufe im Rahmen der neuen Reifeprüfung Rechnung getragen werden muss und zwar in einer der drei Säulen (vergl. Abschnitt 2.4) der neuen Matura. Der einen Lehrplan beinhaltende, mindestens acht Wochenstunden umfassende Schwerpunkt muss sich also entweder als vierte Klausurprüfung, als Wahl bei den mündlichen Prüfungen oder in Form einer „Vorwissenschaftlichen Arbeit" abbilden. In der Steiermark sind es nur neun AHS-Standorte, die einen derartigen Schwerpunkt (Stand 2013/2014) im Bereich Mathematik und Naturwissenschaften aufweisen.

Anreize und Möglichkeiten für leistungsstarke Schülerinnen und Schüler, im Fach Mathematik höhere und höchste Kompetenzstufen erreichen zu können, sind in Österreich beschränkt. Abgesehen vom Regelunterricht Mathematik gibt es an manchen Schulen vereinzelt in der Oberstufe Mathematik-Olympiade-Kurse und theoretisch das Wahlpflichtfach Mathematik. Die Gesamtstundenanzahl in der Oberstufe ist einheitlich 130. Ein Teil davon ist in Form von Wahlpflichtfächern in einem gewissen Ausmaß frei nach Interessen und Begabungen wählbar. Das Ausmaß ist vom besuchten Schulzweig abhängig und umfasst etwa für das Gymnasium sechs Wochenstunden. Bei der neuen mündlichen Reifeprüfung sind nur mindestens vierstündige Wahlpflichtfächer separat „maturabel". Es ist also davon auszugehen, dass das auch bis dato in sehr geringem Ausmaß gewählte Wahlpflichtfach Mathematik noch seltener vorkommen wird.

Im Folgenden (siehe Tabelle 1) ist die Stundentafel für Mathematik Oberstufe der drei Hauptformen (Gymnasium, Realgymnasium und Wirtschaftskundliches Realgymnasium) und die der zwei Oberstufenrealgymnasiums (ORG)-Formen (ORG mit Darstellender Geometrie oder ergänzendem Unterricht in Biologie und Umweltkunde, Physik sowie Chemie bzw. ORG mit Instrumentalmusik oder Bildnerischem Gestalten und Werkerziehung) angeführt. Die Bandbreite der, einer Lehrkraft in der gesamten Oberstufe zur Verfügung stehenden Mathematik Stunden kann zwischen den Extremfällen 10 (Unterschreitung der Mindestsumme) oder 16 (Ausbau des Kernbereiches) variieren.

---

[9] http://www.lsrstmk.gv.at/cms/dokumente/10074564_388077/7c3e4d36/Jahresbericht%20AHS%20 2013–14.pdf. (01.12.2014)

Tabelle 1: Schulautonome Stundentafel

Mathematik AHS-Oberstufe						
Schulform	Klassen und Wochenstunden				Summe	Autonomie
	5.	6.	7.	8.		
Gymnasium	3	3	3	3	12	mind. 11*
Realgymnasium	4	4	3	3	14	mind. 13*
Wirtschaftskundliches Realgymnasium	3	3	3	3	12	mind. 11*
ORG mit DG oder erg. Unterricht in BU, Ph sowie Ch	4	4	4	3	15	mind. 13*
ORG mit Instrumentalm. oder Bildn. Gest. und WE	4	3	3	3	13	mind. 12*

* Mindestens zwei Wochenstunden pro Klasse und eine Unterschreitung (in höchstens zwei Pflichtgegenständen) der Mindestwochenstundenzahl gemäß Z 1 der Stundentafel (Ermächtigung für schulautonome Lehrplanbestimmungen) um jeweils eine Wochenstunde ist zulässig, bei: 1. Vorliegen geeigneter Maßnahmen, die sicherstellen, dass alle angeführten Lehrstoffvorgaben für Mathematik erfüllt werden, und 2. Vorliegen eines anspruchsvollen Konzepts, das eine Profilbildung zur Förderung der Interessen, Begabungen und Lernmotivation der Schülerinnen und Schüler ermöglicht.

Da die neue Reifeprüfung aus Mathematik formal und inhaltlich für alle Formen gleich ist, haben sowohl die Lehrkräfte als auch die Schülerinnen und Schüler einen unterschiedlichen Umfang von Unterrichtszeit für die Vorbereitung zur Verfügung.

Eine weitere Herausforderung stellt die „Oberstufe Neu" dar. Ab dem Schuljahr 2013/2014 begann eine schrittweise Umstellung auf ein modulares System, das mit 1. September 2017 flächendeckend abgeschlossen werden soll. Kernpunkte des neuen Modells, das ab der 10. Schulstufe gilt, sind eine semesterweise Beurteilung mit Beibehaltung aller positiv erbrachten Leistungen, die Möglichkeit über Semesterprüfungen negative Leistungen auszubessern und ein erweitertes Frühwarnsystem mit der Chance einer individuellen und freiwilligen Lernbegleitung. Der Abschluss der Oberstufe und damit das Antreten zur Reifeprüfung ist nur bei positivem Abschluss aller Unterrichtsgegenstände möglich. Für das Fach Mathematik bedeutet das also, dass bis einschließlich der letzten Schulstufe alle Semesterbeurteilungen zumindest ein „Genügend" aufweisen müssen, um zur schriftlichen Reifeprüfung zugelassen zu werden. Bezüglich Anzahl und Dauer der Schularbeiten trat mit 1. September 2004 für die gesamte Oberstufe eine neue Regelung in Kraft. Waren beide Punkte bis dahin fix vorgegeben, so ergab sich ab 2004 ein gewisser Spielraum.

Tabelle 2:   Anzahl der Schularbeiten und Unterrichtseinheiten pro Schuljahr

	5.Klasse	6.Klasse	7.Klasse	8.Klasse
bis 2004	5 (5)[**]	5 (7)[**]	5 (7)[**]	3 (7)[**]
ab Sept. 2004	3–5 (4–8)[**]	3–5 (4–8)[**]	3–5 (4–8)[**]	2–3 (5–7)[**]

*** 1.Zahl = Anzahl der Schularbeiten, Zahl in Klammer = Anzahl der U-Einheiten.*

Die neuen Fach-Lehrpläne (2004) der Oberstufe, die seit 2006/07 gültig sind, verstehen sich, was den Lehrstoff betrifft, nicht mehr als Rahmenlehrpläne, sondern weisen einen deutlich verbindlicheren Charakter aus. Hier wird in verbindlichen Vorgaben formuliert, welche Lernziele die Schüler/innen erreichen sollen. Die zeitliche Gewichtung und die konkrete Umsetzung der Vorgaben obliegen den Lehrkräften.[10] Die Fach-Lehrpläne gliedern sich in die Bildungs- und Lehraufgaben, die didaktischen Grundsätze und den „Lehrstoff" im engeren Sinn.

In den *Bildungs- und Lehraufgaben* wird darauf hingewiesen, dass Mathematik-Unterricht der Erziehung zu analytisch-folgerichtigem Denken und zur Vermittlung mathematischer Kompetenzen dient und die Schülerinnen und Schüler die vielfältigen Aspekte der Mathematik und die Beiträge des Gegenstandes zu verschiedenen Bildungsbereichen erkennen sollen. „Die mathematische Beschreibung von Strukturen und Prozessen der uns umgebenden Welt, die daraus resultierende vertiefte Einsicht in Zusammenhänge und das Lösen von Problemen durch mathematische Verfahren und Techniken" werden als zentrale Anliegen des Mathematikunterrichts gesehen. Kompetenzen, die sich auf mathematische Fertigkeiten und Fähigkeiten beziehen, sollen sich im Ausführen der mathematischen Aktivitäten *darstellend – interpretierendes Arbeiten, formal – operatives Arbeiten, experimentell – heuristisches Arbeiten* und *kritisch – argumentatives Arbeiten* äußern. Viele weitere Aspekte und Beiträge der Mathematik wie etwa ein *schöpferisch – kreativer Aspekt*, ein *erkenntnistheoretischer Aspekt* oder der Bildungsbereich *Sprache und Kommunikation*, um

---

[10] http://www.bmukk.gv.at/schulen/unterricht/lp/lp_ahs_oberstufe.xml. (14.01.2016)

nur einige exemplarisch zu nennen, sind angeführt. Bei Durchsicht fällt nicht nur die Vielfalt und Vielschichtigkeit von Mathematik, sondern auch der offensichtlich hohe Anspruch an den Mathematikunterricht ins Auge.

In den *Didaktischen Grundsätze* weist man die Lehrkräfte zur Sicherung des Unterrichtsertrages auf Einzel, Team- und Gruppenarbeiten, Projektarbeiten und regelmäßige Hausübungen hin. Im Anschluss gibt es eine Auflistung von Grundsätzen (siehe unten). Dazu heißt es: „ Im Sinne der Methodenvielfalt ist bei jedem der folgenden Grundsätze eine Bandbreite der Umsetzung angegeben". So wird beim Lernen mit instruktionaler Unterstützung etwa darauf verwiesen, dass „insbesondere in Mathematik" Lernen ohne instruktionale Unterstützung ineffektiv ist und leicht zur Überforderung führen kann. „Die minimale Realisierung besteht in der Bereitstellung von schüleradäquaten Lernumgebungen und Lernangeboten, die maximale Realisierung in Differenzierungsmaßnahmen, durch die individuelle Begabungen, Fähigkeiten, Neigungen, Bedürfnisse und Interessen gefördert werden" (Lehrplan-Mathematik, 3).

- Lernen in anwendungsorientierten Kontexten
- Lernen in Phasen
- Lernen im sozialen Umfeld
- Lernen unter vielfältigen Aspekten
- Lernen mit instruktionaler Unterstützung
- Lernen mit medialer Unterstützung
- Lernen mit technologischer Unterstützung

Der *Lehrstoff* (teilweise mit ausgewiesenen Zusätzen für eine der drei Grundtypen Gymnasium, Realgymnasium, Wirtschaftskundliches Realgymnasium, falls dort höhere Stundendotierungen vorliegen) schließlich gliedert sich nach Schulstufen.

Durch die Einführung einer zentralen Abschlussprüfung im Fach Mathematik wird eine Doppelstrategie spürbar. Einmal wird die Autonomie der einzelnen Schule, die gewissermaßen als eigenständiger Betrieb angesehen wird, ermöglicht und sukzessive vergrößert; zum anderen gibt es eine neue Form von *Controlling*, die mit einer Rechenschaftslegung über die erbrachten Leistungen einhergeht (Fend 2008, 108). Auch für die Lehrkräfte gilt eine doppelte Botschaft. Zum einen wird die Autonomie der Lehrkräfte im Bezug auf die Unterrichtsgestaltung nicht angekratzt. Es gibt nur in relativ geringem Ausmaße Tipps, wie eine kompetenzorientierte Unterrichts-, Aufgaben- und Prüfungskultur aussehen könnte (vgl. BIFIE Praxishandbuch Mathematik AHS Oberstufe 2011). Dem gegenübergestellt ist die Aufforderung, den Unterricht so zu gestalten, dass er zum geforderten nachhaltigen Kompetenzaufbau führt.

Von Schülerseite, von Elternseite und in Kollegien steigen die Erwartungen, dass alle Lehrpersonen ‚gut unterrichten'. Welches ‚gute Lehrpersonen' sind, wird von den Leistungsergebnissen her zumindest partiell objektivierbar. Da mit guten Ergebnissen auch ein Prestige der Schule nach außen verbunden sein kann, werden gute Lehrpersonen eher belohnt, schwächere kommen unter Druck (Fend 2008, 99).

2.4 Alte und neue Form der Reifeprüfung

In der allgemein bildenden höheren Schule wurde die Reifeprüfung, in Österreich Matura genannt, relativ spät 1849 eingeführt. Erst 1896 schuf man die gesetzliche Grundlage, die auch Frauen die Ablegung der Matura ermöglichte und somit ein Studium an der Universität ermöglichte.[11]

2.4.1 Alte Form

Seit der Einführung gibt es immer wieder intensive Diskussionen über die Gestaltung, Funktion, Inhalte der Prüfungen, verliehenen Berechtigungen und nicht zuletzt über die „Schulwirklichkeit". Die letzte große Reform der Oberstufe begann 1989/90 aufbauend mit der 5. Klasse, das heißt ab dem Haupttermin 1993 galt die damals „neue Form der Matura", die in dieser Arbeit die „alte Form der Matura" darstellt. Das Grundmodell lautet wie folgt:

- Drei Klausuren und vier mündliche Prüfungen (eine mündliche Schwerpunktprüfung vertiefender oder fächerübergreifender Art inkludiert)
- Vier Klausuren und drei mündliche Prüfungen (wie oben)
- Eine Fachbereichsarbeit (Vorprüfung), drei Klausuren und drei mündliche Prüfungen – Das Thema einer Fachbereichsarbeit kann aus dem Stoffgebiet eines oder zweier Unterrichtsgegenstände der letzten Schulstufe gewählt werden, die für die mündliche Reifeprüfung wählbar sind.

Im Rahmen der Lehrplanreform von 2003 und der „Wochenstundenentlastung" (siehe Abschnitt 2.1) wurde zur Wahl einer vertiefenden Schwerpunktsetzung zusätzlich die Möglichkeit einer „ergänzenden Schwerpunktprüfung" eingesetzt, auch im Bezug auf die Fachbereichsarbeit gab es, in diesem Zusammenhang irrelevante, Änderungen.

Die Mathematik-Klausur ist in jeder Variante verpflichtend. Mathematik kann mündlich gewählt werden, muss jedoch nicht. Bei der Leistungsbeurteilung

---

[11] http://www.univie.ac.at/archiv/rg/15.htm. (22.7.2012)

neu war, dass für die positive Beurteilung einer mündlichen Teilprüfung (Kernfrage, Spezialfrage, eventuell Schwerpunktfrage) jede einzelne Prüfungsfrage in den wesentlichen Bereichen zumindest ausreichend beantwortet werden musste. Neu war auch, dass die Leistungen der 8. Klasse (12. Schulstufe) nicht mehr in die Beurteilung der Leistungen bei der Reifeprüfung mit einbezogen wurden, was bis dahin der Fall gewesen war. Der Bezug zur Abschlussklasse wurde durch eine Verbindung des Jahreszeugnisses mit dem Reifeprüfungszeugnis hergestellt.

Wies das Jahreszeugnis des Kandidaten oder der Kandidatin in Mathematik ein „Nicht genügend" auf und war das die einzige negative Note, so konnte die Jahresprüfung im Zuge der Matura abgelegt werden. Da Mathematik ohnedies ein Klausurgegenstand ist, entfällt in diesem Fall die schriftliche Jahresprüfung. Eine zusätzliche mündliche Prüfung entfällt auch in dem Fall, dass die Kandidatin oder der Kandidat Mathematik mündlich wählte. In diesem Fall ist mit einem positiven Abschneiden in Mathematik bei der Reifeprüfung auch eine positive Note im Jahreszeugnis der 8. Klasse verbunden. Im Fall, dass Mathematik mündlich nicht gewählt wurde und das Jahreszeugnis in Mathematik ein „Nicht genügend" aufweist, muss im Zuge der Matura eine mündliche Jahresprüfung abgelegt werden. Ähnlich verhält es sich auch bei einer negativen Klausurnote. Wurde Mathematik mündlich gewählt, so verläuft die Prüfung in gleicher Form wie bei einer positiven Klausurnote. Die gemäß § 38 Abs. 4 SchUG festgesetzte Gesamtbeurteilung der Leistungen ist auf Grund der Beurteilung der Teilprüfungen der Kandidatin bzw. dem Kandidaten am Ende des Halbtages, an dem sie oder er die Reifeprüfung beendet hat, bekanntzugeben. Wurde Mathematik bei negativer Klausurnote mündlich nicht gewählt, so ist eine mündliche Zusatzprüfung abzulegen.

Im Folgenden werden Umfang und Inhalt der alten Form (1993 bis einschließlich 2014) der schriftlichen Klausurarbeit in Mathematik dargelegt.[12]

- § 14. Die schriftliche Klausurarbeit in Mathematik hat vier bis sechs voneinander unabhängige Aufgaben zu umfassen. Die Aufgaben sollen sich nicht in Berechnungen erschöpfen, sondern es ist auch Argumentieren, Darstellen und Interpretieren sowie das Anwenden von Mathematik in außermathematischen Bereichen zu fordern. Ist bei der Aufgabenstellung eine verschiedene Gewichtung vorgesehen, so ist diese bekannt zu geben. Die Arbeitszeit hat vier Stunden zu betragen.

---

[12] https://www.ris.bka.gv.at/GeltendeFassung.wxe?Abfrage=Bundesnormen&Gesetzesnummer=10009735&FassungVom=2012-08-31. (04.01.2014)

War der Unterricht in Mathematik und vor allem die Beurteilung bis Haupttermin 1993 hauptsächlich von der Idee geprägt, die Kinder und jungen Leute darauf vorzubereiten, gemeinsam erarbeitete oder von der Lehrperson vorgerechnete Beispiele in nahezu analoger Form zu reproduzieren, so sollen die Schülerinnen und Schüler bzw. Maturantinnen und Maturanten nun *reflektieren, interpretieren, analysieren, dokumentieren, modellieren* und *argumentieren* und in deutlich geringerem Maße *operieren*. Da Kann-Bestimmungen sind, was sie sind, haben sich die schriftlichen Maturaaufgaben in den letzten Jahrzehnten trotz entsprechender Empfehlungen und Anregungen kaum verändert.

Der Mathematiklehrer Konrad Ehgartner hat Beispiele, die genau in der Form zur schriftlichen Reifeprüfung in Österreich gestellt wurden, aus verschiedenen Bundesländern gesammelt und für nächstfolgende Generationen zum Selbststudium herausgegeben (vgl. Ehgartner 2000), (vgl. Ehgartner 2002), (vgl. Ehgartner 2008). Die Sammlungen beinhalten jeweils Beispiele aus zwei Maturajahrgängen. Obwohl nicht alle Aufgaben angeführt sind, präsentieren sie einen guten Querschnitt über die in Österreich gestellten Aufgaben und geben Auskunft über geforderten Inhalt, Handlung und Komplexität. Vergleicht man etwa die Angaben der Maturajahrgänge 1998/99 und 1999/2000 (219 Aufgaben mit insgesamt etwa 450 Teilaufgaben) mit denen von 2006/07 und 2007/08 (230 Aufgaben mit insgesamt etwa 700 Unterteilungen), so fällt auf, dass die Beispiele nach der Reform stärker unterteilt werden und es inhaltlich nur kleine Verschiebungen gibt (So treten im ersten Fall etwa noch Beispiele zur linearen Optimierung auf, die später nicht mehr im Lehrplan vorkommen). Davon abgesehen bleiben die Art der Aufgaben und die Art der Fragestellung praktisch ident. Die Anzahl der anwendungsorientierten Aufgaben in den Sammlungen nimmt sogar über die Jahre ab (von 60 % der Teilaufgaben auf 40 % der Teilaufgaben). Auch jene Teilaufgaben, die konkret Modellieren, Argumentieren, Begründen oder Interpretieren verlangen, schrumpfen von bereits mageren insgesamt 7 % der Teilaufgaben auf 3 % der angeführten Teilaufgaben (siehe Abbildung 5).

Das heißt, die letzte Reform hat augenscheinlich in keiner Weise dazu geführt, dass diese Handlungsdimensionen in stärkerer Form abgeprüft werden. Weit über 90 % der Aufgaben beziehen sich auf die Handlung Operieren. Qualität, Anspruch und zum Teil auch die Quantität sind vom Schultyp, vom Leistungsvermögen und der Leistungsbereitschaft der Klasse in noch stärkerem Maß jedoch von den Lehrenden abhängig. Die Ergebnisse spiegeln meist die Vorbereitung und nicht immer das Vermögen der Kandidatinnen und Kandidaten wider. Kritisch angemerkt wird auch immer wieder der Umstand, dass Kandidatinnen und Kandidatinnen einer Schule nicht in der Lage seien, die Aufgabestellungen einer anderen Schule zu lösen.

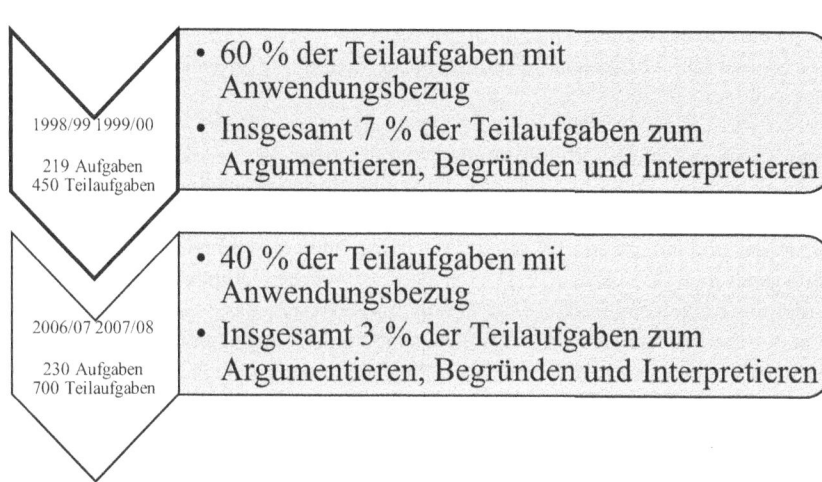

Abbildung 5:   Entwicklung der schriftlichen Maturaaufgaben in Mathematik –
Analyse der Aufgabensammlung von Mag. Konrad Ehgartner
(eigene Analyse und Darstellung)

Die folgenden beiden Aufgaben sind prototypische sehr ähnlich in allen
Sammlungen zu findende Aufgaben der schriftlichen Reifeprüfung „alt".

Gegeben ist die Funktion $f(x) = x^2 \cdot e^{-x}$.

- Diskutiere die Funktion: Definitionsmenge, Nullstellen, Extremwerte, Wendepunkte, Wendetangenten, Graph für $[-1,5;\ 6]$!
- Die Tangente und die Normale von $y = e^{ax}$ $(a > 0)$ im Punkt $P(0|1)$ sowie die x-Achse begrenzen ein Dreieck. Für welchen Wert von a wird sein Flächeninhalt am kleinsten?

Das antike Rom hatte zur Zeit um Christi zirka 1 Million Einwohner, 1 000 Jahre
später nur noch 20 000 Einwohner.

- Nimm lineare Abnahme an und erstelle eine Formel zum Berechnen der Bevölkerungszahl nach t Jahren! Wie hoch ist die jährliche Abnahme bei diesem Modell?
- Nimm exponentielle Abnahme an und erstelle dafür eine allgemeine Formel!
- Zeichne den Graphen für beide Modelle in ein Koordinatensystem für diesen 1 000-Jahre-Zeitraum. Bei welchem Modell wäre die Bevölkerung ausgestorben?

- Wann ist bei beiden Abnahmen nur noch die Hälfte der ursprünglichen Einwohnerzahl vorhanden? Ermittle diese Zeitpunkte graphisch und rechnerisch!

In der Checkliste für die Reifeprüfung 2010 des LSR für Steiermark etwa wurde dann schon darauf hingewiesen, dass die Sollbestimmung als Forderung zu sehen ist. Die bisherige Formulierung, dass die Aufgaben auch zum Argumentieren, Darstellen und Interpretieren sowie zum Anwenden von Mathematik in außermathematischen Bereichen beitragen sollen, wurde lehrplangemäß in eine Forderung umgewandelt! Es wird darauf hingewiesen, dass sich die Aufgaben nicht in Berechnungen erschöpfen sollen, sondern auch Argumentieren, Darstellen und Interpretieren sowie das Anwenden von Mathematik in außermathematischen Bereichen zu fordern ist. Die Kompetenzen Interpretieren und/oder Begründen sowie Argumentieren müssen zumindest bei einer Aufgabe deutlich vertreten sein und sich in der Punktezuordnung signifikant abbilden[13]. Bezüglich Notenschlüssel und Fehlerwertungen gibt es keine gesetzlich vorgegebenen Kriterien. In der oben genannten Checkliste und auch in jener der drei Folgejahre wird Folgendes empfohlen.

Beurteilungsschlüssel: Der Beurteilung ist eine Gesamtpunkteanzahl von 48 oder 100 Punkten zu Grunde zu legen. Dabei gelten folgende Abstufungen: 44–48 bzw. 92–100 Punkte Sehr gut; 38–43 bzw. 79–91 Punkte Gut; 30–37 bzw. 62–78 Punkte Befriedigend; 24–29 bzw. 50–61 Punkte Genügend; weniger als die Hälfte der Punkte Nicht genügend.

Beizulegen ist ein Korrektur-/Beurteilungsblatt, das die jeweiligen Lernziele jeder Aufgabe und die dabei erreichbaren Punkte detailliert aufweist. Dieser Zusammenhang zwischen den einzelnen Lernzielen und der dafür erreichbaren Punktezahl muss aus der beizulegenden Ausarbeitung der Aufgaben (§ 26 Abs. 3 RPVO) abzulesen sein. In § 26 Abs. 3 RPVO hieß es: „ …In Mathematik und Darstellender Geometrie ist der jeweiligen Aufgabenstellung (§§ 14 und 15) eine Ausarbeitung anzuschließen …“.

Mit 24.10.2012 erfolgt eine Änderung der Verordnung über Lehrpläne der allgemeinbildenden höheren Schulen[14].

- *4. In Anlage A Sechster Teil Abschnitt A Unterabschnitt 2 Pflichtgegenstand Mathematik lautet in den didaktischen Grundsätzen im zweiten Absatz der*

---

[13] http://www.lsr-stmk.gv.at/cms/dokumente/10073124_387837/244bf6a1/Checkliste%20für%20 schriftl%20RP_StandMaerz2010.aktualisiert.pdf. (17.07.2013)

[14] www.ris.bka.gv.at

zweite Satz: „Für die Klassen, an welchen die teilzentrale standardisierte Reifeprüfung (gemäß § 78b, § 82c bzw. § 82 Abs.5p Z2 lit.a und b SchUG in der Fassung des Bundesgesetzes BGBl.I Nr.73/2012) durchgeführt werden wird, findet für den Zeitrahmen von Schularbeiten der Abschnitt „Leistungsfeststellung" des dritten Teiles mit der Maßgabe Anwendung, dass bei mehrstündigen Schularbeiten bis zur vorletzten Schulstufe zwei voneinander unabhängige Aufgabenbereiche bezüglich „Grundkompetenzen" und „Vernetzung von Grundkompetenzen", wobei letztere durch weitere Kompetenzen zur vollständigen Abdeckung des Lehrplans ersetzt oder ergänzt werden können, in zeitlicher Abfolge voneinander getrennt vorgelegt und behandelt werden können, in der vorletzten und letzten Schulstufe vorzulegen und zu bearbeiten sind. Bei der Bearbeitung beider Aufgabenbereiche sind der Einsatz von herkömmlichen Schreibgeräten, Bleistiften, Lineal, Geo-Dreieck und Zirkel sowie die Verwendung von approbierten Formelsammlungen und elektronischen Hilfsmitteln zulässig. Ab der 9. Schulstufe des Schuljahrs 2014/15 sind im Hinblick auf die Reifeprüfung die Minimalanforderungen an elektronische Hilfsmittel grundlegende Funktionen zur Darstellung von Funktionsgraphen, zum numerischen Lösen von Gleichungen und Gleichungssystemen, zur Ermittlung von Ableitungs- bzw. Stammfunktionen, zur numerischen Integration sowie zur Unterstützung bei Methoden und Verfahren in der Stochastik".

In der bereits beschriebenen Checkliste des LSR für Steiermark für den letzten schriftlichen Reifeprüfungstermin 2013 in alter Form wird auch auf diese Grundkompetenzen verwiesen und angemerkt[15]: „Eine dieser 4 bis 6 voneinander unabhängigen Aufgaben sollte nur dem Nachweis von Grundkompetenzen aus unterschiedlichen Inhalts- und Handlungsdimensionen dienen."

2.4.2 Neue Form

Die mit 30. Mai 2012 in Kraft getretenen Verordnungen über Abschlussprüfungen an AHS, BHS und Bildungsanstalten sehen für die Reifeprüfung insgesamt ein so genanntes „Drei-Säulen-Modell" vor (vgl. Abbildung 6):

1. eine vorwissenschaftliche Arbeit (VWA) an AHS bzw. eine Diplomarbeit an BHS und deren Präsentation

---

[15] http://www.lsr-stmk.gv.at/cms/dokumente/10073124_388051/7398d157/Checkliste%20für%20 Einreichung%20der%20Aufgabenstellungen%20zur%20schriftlichen%20Reifeprüfung_2013–01– 21.doc. (Nov. 2013)

2. drei oder vier (schriftliche) Klausuren, davon standardisiert: Deutsch, Kroatisch, Slowenisch, Ungarisch (Unterrichtssprache), Mathematik (AHS) bzw. Angewandte Mathematik (BHS), Englisch, Französisch, Italienisch, Spanisch, Griechisch und Latein

3. zwei oder drei mündliche Prüfungen (AHS: Für Mathematik gibt es 24 von der Lehrerinnen- und Lehrerkonferenz festgelegte Themenbereiche: Der Prüfungskandidat bzw. die Prüfungskandidatin zieht zufällig aus den 24 Themenbereichen zwei, wobei zu gewährleisten ist, dass dem Kandidaten bzw. der Kandidatin unbekannt ist, welche Themenbereiche gewählt wurden. Die beiden Bereiche sind nun ihm bzw. ihr vorzulegen und er oder sie muss nun einen auswählen. Die prüfende Lehrkraft musste im Vorfeld zu jedem der 24 Themenbereiche zwei (bei nur einem Prüfling reicht eine) kompetenzorientierte Aufgabenstellungen vorbereitet haben. Die Lehrkraft legt dem Kandidaten bzw. der Kandidatin zum gewählten Bereich eine der zwei Aufgabenstellungen zur Bearbeitung vor.)

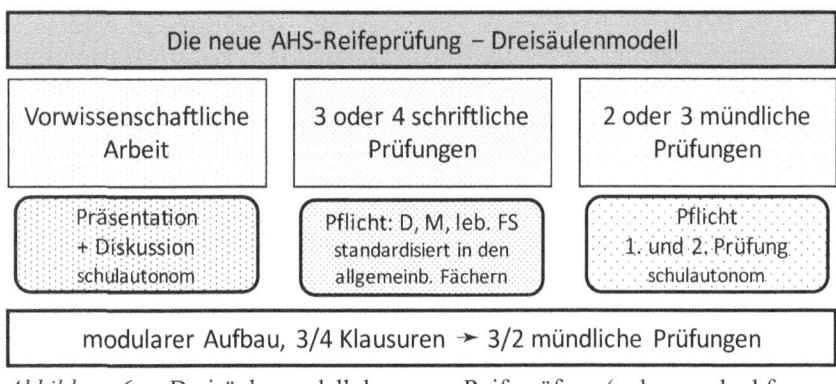

Abbildung 6:   Dreisäulenmodell der neuen Reifeprüfung (vgl. www.bmbf. gv.at/schulen/unterricht/ba/reifepruefung (14.01.2016))

Auf die vorwissenschaftliche Arbeit und die mündlichen Prüfungsmodalitäten wird im Zuge dieses Buches nicht näher eingegangen. Nur soviel: Die drei Säulen sind unabhängig voneinander und müssen für einen positiven Gesamtabschluss der Matura alle positiv absolviert werden. Zur Ablegung der Hauptprüfung sind alle Prüfungskandidatinnen und Prüfungskandidaten berechtigt, die die letzte lehrplanmäßig vorgesehene Schulstufe erfolgreich abgeschlossen haben. Das bedeutet, eine negative Note in Mathematik im Jahreszeugnis erlaubt kein Antreten zur Matura und kann nicht wie bisher im Zuge der Reifeprüfung „ausgebessert" werden, auch dann nicht, wenn es sich um das einzige „Nicht genügend" im Jahreszeugnis handelt[16]. Vor Beginn der Klausurarbeiten im Haupttermin kann eine Wiederholungsprüfung in dem negativ beurteilten Gegenstand abgelegt werden. Wird die Wiederholungsprüfung positiv beurteilt, ist er bzw. sie berechtigt, zu den Klausurarbeiten und in der Folge zur mündlichen Prüfung anzutreten. Ist das Kalkül der Wiederholungsprüfung negativ, muss er oder sie diese im Herbst (im Rahmen der Nachtrags- und Wiederholungsprüfungen), jedenfalls vor den Klausurarbeiten im 1. Nebentermin, ablegen. Hat ein Schüler oder eine Schülerin in der Abschlussklasse zwei Nicht genügend, so ist er oder sie erst nach positiver Ablegung beider Wiederholungsprüfungen im Herbst zum Antreten zu den Klausurarbeiten berechtigt.

Aufgabenstellungen und Zeitpunkt der standardisierten Klausuren (ein Termin in ganz Österreich) sowie der damit verbundenen (allfälligen) Kompensationsprüfungen werden durch eine eigene Verordnung festgelegt.[17] Die schriftliche Klausurarbeit Mathematik ist durch den Bundesminister zu bestimmen. Die Leistung ist auf Grund eines begründeten Antrags der Prüferin oder des Prüfers von der jeweiligen Prüfungskommission der Hauptprüfung (Vorsitzende oder Vorsitzender (ohne Stimmrecht), Schulleiter oder Schulleiterin, Klassenvorstand, unterrichtende Lehrkraft Mathematik der betreffenden Klasse) zu beurteilen. Die Beurteilungsanträge des Prüfenden sowie die Beurteilung durch die Kommission haben nach Maßgabe von zentralen Korrektur- und Beurteilungsanleitungen des zuständigen Bundesministeriums zu erfolgen. Negativ beurteilte Klausuren können wiederholt werden, die Kompensation durch mündliche Prüfungen („Kompensationsprüfungen"), bei standardisierten Klausuren wie Mathematik (mit zentral vorgegebenen Aufgabenstellungen) ist noch zum selben Termin möglich. Diese wird im RP-Zeugnis vermerkt. Das Gesamtkalkül einer negativen Klausur in Kombination mit einer mündlichen Kompensationsprüfung kann nicht besser als „Befriedigend" lauten. Die Aufgabenstellungen sind für Realgymnasien und Gymnasien gleich. Wie sehen die Klausuren nun aus[18]?

- Jede Typ-1-Aufgabe erfasst punktgenau eine Grundkompetenz, die im Katalog der Grundkompetenzen explizit aufgelistet ist. Bei diesen Aufgaben sind kompetenzorientiert (Grund-)Wissen und (Grund-)Fertigkeiten ohne darüberhinausgehende Eigenständigkeit nachzuweisen. Je Klausurtermin gibt es 24 Typ-1-Aufgaben.

---

[16] https://www.ris.bka.gv.at/Dokumente/BgblAuth/BGBLA_2010_I_52/BGBLA_2010_I_52.html

[17] https://www.bmbf.gv.at/schulen/unterricht/ba/reifepruefung.html#heading_S_ule_2_ Klausurarbeiten_. (Juli 2013)

[18] https://www.bifie.at/node/80. (Mai 2013)

- Die Typ-2-Aufgaben heben die bildungstheoretische Orientierung des Konzepts hervor, um die notwendige Positionierung mittels Kritik und Bewertung im mathematischen Grundbildungsspektrum abzubilden. Daher werden Anwendungs- oder Realitätsbezüge so gewählt, dass sie zu einer inhaltlich sinnvollen und verständnisorientierten Anwendung der Mathematik im Sinne der bildungstheoretischen Konzeption der standardisierten schriftlichen Reifeprüfung führen. Je Klausurtermin gibt es vier bis sechs Typ-2-Aufgaben. Die Teilaufgaben einer Aufgabe sind voneinander unabhängig, sodass eine fehlerhafte Leistung bei einer Fragestellung die Bearbeitung der anderen Teilaufgaben nicht ausschließt.

Zu den Kontexten, die vor allem bei Typ-2-Aufgaben zum Tragen kommen, existiert ein Kontextkalog (Einheiten und Größen, physikalische Größen und Definitionen, finanzmathematische Grundlagen) für alle jene Bereiche, die ohne weitere detaillierte Erklärung bei der standardisierten Reifeprüfung vorkommen können. Bei anderen als den dort angegebenen Kontexten gibt es in der Einleitung der jeweiligen Aufgabenstellungen notwendige Erklärungen und Hintergründe.

Die Bearbeitungszeit insgesamt beträgt 270 Minuten, wobei Typ-1- (120 Minuten) und Typ-2-Aufgaben (150 Minuten) getrennt voneinander bearbeitet werden. Bis 2016/17 dürfen für die Bearbeitung der Aufgaben gewohnte Hilfsmittel und für AHS approbierte Formelsammlungen verwendet werden. Der Grundkompetenzenkatalog findet sich in den inhaltlichen Grundlagen[19] zur neuen Reifeprüfung Mathematik. Hier wird auch auf den Unterricht verwiesen, der fachdidaktisch an modernen Ideen orientiert, fachlich hochwertig und pädagogisch gut strukturiert sein soll. Neben dem Erwerb grundlegender Fähigkeiten und Fertigkeiten, die allen Schülerinnen und Schülern längerfristig verfügbar sein sollen, sollen aber auch etwa mathematisch-kreative Fähigkeiten und Fertigkeiten vermittelt und erworben werden, die nur schwer durch Klausuren überprüft werden können. Vielmehr drücken sie sich anhand entsprechender Verhaltensweisen und Entwicklungen im Verlauf eines Prozesses aus, deren verständige Umsetzung jedoch ein fundiertes mathematisches Grund- und Reflexionswissen voraussetzt (Aue et al. 2013, 2). Die Inhaltsbereiche sind *Algebra und Geometrie (AG)*, *Funktionale Abhängigkeiten (FA)*, *Analysis (AN)* sowie *Wahrscheinlichkeit und Statistik (WS)*. Um einen groben Vergleich mit den in alte Form (Abschnitt 2.4) vorgestellten typischen Maturaaufgaben der alten Form zu ermöglichen, sollen an dieser Stelle exemplarisch der Inhaltsbereich *FA* mit den Grundkompetenzen für Lineare Funktionen und Exponentialfunktionen

---

[19] https://www.bifie.at. (Nov. 2014)

sowie Grundkompetenzen zu den Änderungsmaßen und Regeln für das Differenzieren aus dem Inhaltsbereich *AN* herausgegriffen werden (Aue et al. 2013, 9–14).

Inhaltsbereich Funktionale Abhängigkeiten (FA)
Lineare Funktionen [f(x) = k · x + d]
FA 2.1 Verbal, tabellarisch, grafisch oder durch eine Gleichung (Formel) gegebene lineare Zusammenhänge als lineare Funktionen erkennen bzw. betrachten können; zwischen diesen Darstellungsformen wechseln können;
FA 2.2 Aus Tabellen, Graphen und Gleichungen linearer Funktionen Werte(paare) sowie die Parameter *k* und *d* ermitteln und im Kontext deuten können;
FA 2.3 Die Wirkung der Parameter *k* und *d* kennen und die Parameter in unterschiedlichen Kontexten deuten können;
FA 2.4 Charakteristische Eigenschaften kennen und im Kontext deuten können:

$$f(x + 1) = f(x) + k \; ; \frac{f(x_2) - f(x_1)}{x_2 - x_1} = k$$

Die Inhalte dieses Kataloges sind nur ein Teil der Inhalte laut Lehrplan der Oberstufe. Ein großer Teil der Aufgabenstellungen, wie sie bei den Reifeprüfungsaufgaben der „alten Matura" gang und gebe waren und exemplarisch im vorangegangenen Unterkapitel vorgestellt wurden, werden schon aus diesem Grund in der neuen Form nicht mehr möglich sein. So sind etwa die Kegelschnitte, klassische Extremwertaufgaben, Folgen und Reihen, Untersuchung der Eigenschaften rationaler Funktionen, Sinussatz, Cosinussatz ... keine Inhaltsgebiete der schriftlichen Reifeprüfung, aber sehr wohl im Lehrplan verankert. In den Abbildungen 7 und 8 sind zwei prototypische Typ-1-Aufgaben und in Abbildung 9 der Teil einer Typ-2-Aufgabe der „Matura neu" angeführt. Bei der Bearbeitung beider Teile der schriftlichen Reifeprüfung ist der Einsatz gewohnter elektronischer Hilfsmittel erlaubt. Bei der Beurteilung kommt Typ-1-Aufgaben für ein positives Abschneiden bei der Reifeprüfung der wichtigste Part zu. Wie in der Leistungsbeurteilungsverordnung (LBVO) festgelegt, decken sie die dort definierten „wesentlichen Bereiche" ab (siehe Kapitel 3). Typ-2-Aufgaben werden allenfalls noch für die Überprüfung der Grundkompetenzen herangezogen. Primär dienen Typ-2-Aufgaben dazu festzustellen, ob die Kandidatinnen und Kadidaten über „(weit) über das Wesentliche hinausgehende" Kompetenzen verfügen.

Mit Hilfe eine detaillierten Korrektur-, Beurteilungsanleitung und Lösungserwartung korrigieren und beurteilen die unterrichtenden Lehrerinnen und Lehrer die Arbeiten selbst. Für Typ-1-Aufgaben gibt es nur die Bewertung „0 Punkte oder 1 Punkt" heißt „falsch oder richtig" und für die Teilaufgaben der Typ-2-Aufgaben jeweils null bis zwei Punkte[20].

---

[20] https://www.bifie.at/node/80. (10.02.2015)

Lineare Funktionen

Von fünf Funktionen f_1, f_2, f_3, f_4, und f_5 kennt man jeweils einige Wertepaare:

x	$f_1(x)$	x	$f_2(x)$	x	$f_3(x)$	x	$f_4(x)$	x	$f_5(x)$
−2	1	−2	2	−2	5	−2	5	−2	3
−1	1	−1	2	−1	2	−1	3	−1	3
0	3	0	2	0	1	0	1	0	−3
1	5	1	2	1	2	1	−1	1	3
2	7	2	2	2	5	2	−3	2	3

Aufgabenstellung:

Kreuzen Sie an, welche dieser Funktionen keine lineare Funktion sein kann!

f_1 ☐ f_2 ☐ f_3 ☐ f_4 ☐ f_5 ☐

Abbildung 7: Prototypische Aufgabe vom Typ-1 der Matura „neu" (Quelle: Peschek 2012b, 12)

Bruttosozialprodukt

In der Schlagzeile einer Zeitung liest man: „Das Bruttosozialprodukt ist im Laufe der letzten fünf Jahre zwar gestiegen, aber das Wachstum ist stetig zurückgegangen."
Die Entwicklung der Höhe des Bruttosozialprodukts in Abhängigkeit von der Zeit wird mit einer Polynomfunktion f modelliert.

Aufgabenstellung:

Kreuzen Sie in der folgenden Tabelle an, welche der folgenden Aussagen zutreffend bzw. nicht zutreffend sind!

f' fällt in diesen fünf Jahren monoton	zutreffend	nicht zutreffend
Die Werte von f' sind in diesen fünf Jahren negativ.	☐	☐
Die Werte von f'' sind in diesen fünf Jahren negativ.	☐	☐
f fällt in diesen fünf Jahren monoton.	☐	☐
Der Wert des Differentialquotienten von f wird im Laufe dieser fünf Jahre kleiner.	☐	☐

Abbildung 8: Weitere prototypische Aufgabe vom Typ-1 der Matura „neu" (Quelle: Peschek 2012b, 24)

Kostenfunktionen

Im Zuge einer betriebswirtschaftlichen Analyse und Beratung werden bei zwei Firmen die Kosten-
verläufe in Abhängigkeit von der Produktionsmenge untersucht.
Bei Firma A wird der Zusammenhang zwischen der monatlichen Produktionsmenge x (in Mengen-
einheiten [ME]) und den entstehenden Produktionskosten $K_A(x)$ (in Geldeinheiten [GE]) durch die
Kostenfunktion K_A mit $K_A(x) = 0,01x^3 - 3x^2 + 350x + 20\ 000$ beschrieben.
Firma A kann monatlich maximal 400 ME produzieren. In der untenstehenden Abbildung ist der Graph
der Funktion KA im Intervall [0; 400] dargestellt.

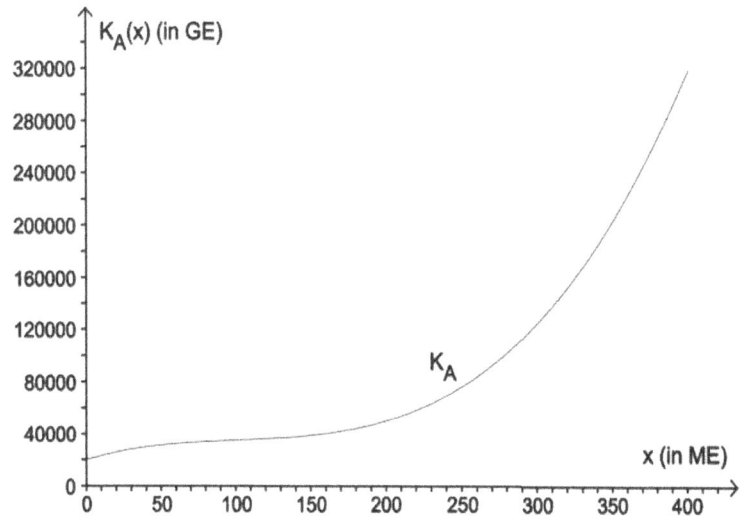

Bei Firma B wird der Zusammenhang zwischen der monatlichen Produktionsmenge x (in ME) und den
entstehenden Produktionskosten $K_B(x)$ (in GE) durch die Kostenfunktion K_B mit
$K_B(x) = 0,5x^2 + 100x + 15\ 000$ beschrieben. Firma B kann monatlich maximal 300 ME produzieren.

Aufgabenstellung:

. a) Untersuchen Sie, ob der Kostenverlauf bei Firma B progressiv oder degressiv ist!
      Begründen Sie Ihre Antwort!
      Allgemein kann eine solche Kostenfunktion in Abhängigkeit von den produzierten
      Mengeneinheiten durch eine Polynomfunktion f zweiten Grades mit $f(x) = ax^2 + bx + c$ $(a, b, c \in$
      $\mathbb{R}, a \ne 0)$ beschrieben werden. Für welche Werte von a liegt im streng monoton wachsenden
      Bereich der Funktion ein progressiver bzw. ein degressiver Kostenverlauf vor?
      Begründen Sie Ihre Antwort!
. b) Die erste Ableitung einer Kostenfunktion bezeichnet man als *Grenzkostenfunktion*. ...
. c) Für die Festlegung des Produktionsplans ist es erforderlich, dass die durchschnittlichen Kosten ...

Abbildung 9:   Prototypische Aufgabe vom Typ-2 der Matura „neu" (Quelle:
            Aufgabenpool bifie, Internet: aufgabenpool.bifie.at/srp_ahs/
            index.php?action=14&cmd=3. (16.01.2015))

Ein Punkteschlüssel bezüglich der Beurteilung der schriftlichen Reifeprüfung wird nicht angegeben. Es gibt aber entsprechende Empfehlungen von Seiten der LSR für die Beurteilung von Schularbeiten, der in ähnlicher Form bei der Reifeprüfung zum Tragen kommt. Im Zuge der Einführung der neuen schriftlichen Reifeprüfung wurde auch die LBVO bezüglich der Schularbeiten im Jahre 2013 adaptiert, um eine gute Vorbereitung zu ermöglichen. Auch bei Schularbeiten in der Oberstufe erfolgt die Überprüfung mathematischer Kompetenzen den beiden Kompetenzstufen entsprechend getrennt voneinander. Der erste Teil dient der Überprüfung der Grundkompetenzen und mit dem zweiten Teil werden darüber hinausgehende Kompetenzen überprüft. Neben den Grundkompetenzen werden bei Schularbeiten aber weitere Kompetenzen laut Lehrplan abgeprüft. In den entsprechenden Anweisungen von Seiten der Schulaufsicht wird darauf hingewiesen, dass eine derartige Zweiteilung mit einer an die Reifeprüfung angepasste Bewertung in der 9. und 10. Schulstufe möglich und hinführend empfehlenswert ist und ab der 11. Schulstufe zu erfolgen hat.

Für die Beurteilung von Schularbeiten ist ausgehend von den erbrachten Leistungen als Stütze zur Notenfindung eine Punkteverrechnung üblich. Vom LSR für Oberösterreich wird als Vorschlag etwa bei einer 48 Punkte-Bewertung der folgende empfohlen[21]. Dabei handelt es sich um den Vorschlag für eine vom Aufbau her der schriftlichen Reifeprüfung sehr ähnlichen vierstündigen Schularbeit (Teil 1 – 24 Aufgaben; Teil 2 – 24 Punkte mit vier ausgewiesenen Komponenten (maximal ein Sechstel der Punkte aus Teil 2), die den wesentlichen Bereichen zuzuordnen sind.). Diese Möglichkeit, ein Sechstel der Punkte aus Aufgaben Typ 2, die ausgewiesen sind, den wesentlichen Bereichen zuzuordnen, gibt es auch bei der schriftlichen Reifeprüfung.

- 0–15 Punkte – Nicht genügend – Für alle positiven Beurteilungen gilt: Mindestens 16 Punkte aus Teil 1, allenfalls unter Einbeziehung der vier Komponenten aus Teil 2
- 16–23 Punkte – Genügend
- 24–33 Punkte – Befriedigend
- 34–41 Punkte – Gut
- 42–48 Punkte – Sehr gut

---

[21] http://www.lsr-ooe.gv.at/pdf_doc/erlass_2013/rsl10413_anlage_mathematik_schularbeiten _in_der_oberstufe.pdf. (05.01.2015)

3 Assessment

Ein Reformmodell, wie es die neue standardisierte Form der schriftlichen Reifeprüfung ist, erfordert eine spezielle Form der Leistungsmessung und Beurteilung dar. Leistungsbeurteilung insgesamt in ein zentrales Element des Mathematikunterrichts und zählt zu den Kernaufgaben von Lehrkräften. Die angewandten Methoden haben dabei einen Einfluss auf Lehr- und Lernprozesse.

Im ersten Teil dieses Kapitels werden einige rechtlichen Grundlagen und der Begriff Assessment im Bezug auf den Mathematikunterricht definiert und erläutert. Der zweite Teil setzt sich kritisch mit den Themen Leistung und Leistungsbeurteilung im Fach Mathematik auseinander und zeigt Funktionen von Assessment im Klassenzimmer für einen kompetenzorientierten Mathematikunterricht auf.

Speziell für Mathematik nehmen Aufgabenstellungen eine unbestritten wichtige Rolle ein und stehen in engem Zusammenhang mit dem Unterrichtsgeschehen, dem Lernprozess und Assessment. Durch die neue Reifeprüfung kommen neue ungewohnte Aufgabenformate ins Spiel, sodass sich der letzte Abschnitt des Kapitels Assessment dem Thema Aufgaben widmet.

3.1 Überbegriff Assessment

Im Informationsblatt zum Schulrecht des Bundesministeriums für Unterricht[22] in Österreich wird in Hinblick auf die Leistungsbeurteilungsverordnung (LB-VO) darauf hingewiesen, dass den Begriffen Leistungsfeststellung, Leistungsbeurteilung und Informationsfeststellung unterschiedliche Bedeutung zukommt. Leistungsfeststellungen wie Mitarbeit, Prüfungen oder Schularbeiten bilden die Grundlage der notwendigerweise sachlich fundierten Leistungsbeurteilung, die üblich in Form von Noten erfolgt (vgl. SchUG § 18 Abs. 2). Maßstab für die Leistungsbeurteilung sind die Forderungen des Lehrplanes unter Berücksichtigung des jeweiligen Standes des Unterrichtes. Für die Beurteilung der Leistungen der Schülerinnen und Schüler sind folgende Beurteilungsstufen (Noten) zu verwenden: Sehr gut (1), Gut (2), Befriedigend (3), Genügend (4) und

---

[22] https://www.bmbf.gv.at/schulen/recht/info/schulrecht_info_3_5822.pdf?4dzi3h. (23.08.2014)

Nicht genügend (5) (vgl. SchUG § 18 Abs. 2 + 3). Die nötigen Anforderungen sind in der LB-VO § 14 Absatz 2 bis 6 festgelegt und in Tabelle 3 gegenübergestellt.

Tabelle 3: Anforderungen in den einzelnen Beurteilungsstufen

	Sehr gut	*Gut*	*Befriedigend*	*Genügend*	*Nicht genügend*
Erfassung und Anwendung des Lehrstoffes sowie Durchführung der Aufgaben	Anforderungen werden in weit über das Wesentliche hinausgehendem Ausmaß erfüllt	Anforderungen werden in über das Wesentliche hinausgehendem Ausmaß erfüllt	Anforderungen werden in den wesentlichen Bereichen zur Gänze erfüllt	Anforderungen werden in den wesentlichen Bereichen überwiegend erfüllt	Anforderungen werden nicht einmal in den wesentlichen Bereichen überwiegend erfüllt
Eigenständigkeit	muss deutlich vorliegen (wo dies möglich ist)	merkliche Ansätze (wo dies möglich ist)	Mängel bei der Durchführung werden durch merkliche Ansätze ausgeglichen		

Vgl. Informationsblätter zum Schulrecht Teil 3
https://www.bmbf.gv.at/schulen/recht/info/schulrecht_info_3_5822.pdf?4dzi3h (Juli 2007)

Neben den Schularbeiten ist auch die Feststellung der Mitarbeit im Fach Mathematik in jedem Fall vorzunehmen, wobei eine möglichst gleichmäßige Verteilung über den Beurteilungszeitraum vorgesehen ist. Die Feststellung der Mitarbeit erfasst die in die Unterrichtsarbeit eingebundenen mündlichen, schriftlichen, praktischen und graphischen Leistungen sowie Leistungen im Zusammenhang mit der Sicherung des Unterrichtsertrages einschließlich der Bearbeitung von Hausübungen. Weiters sind Leistungen bei der Erarbeitung neuer Lehrstoffe, Leistungen im Zusammenhang mit dem Erfassen und Verstehen von unterrichtlichen Sachverhalten und Leistungen im Zusammenhang mit der Fähigkeit, Erarbeitetes richtig einzuordnen und anzuwenden, bei der Leistungsfeststellung in Mathematik von Relevanz. Dabei sind sowohl Leistungen zu berücksichtigen, die Schülerinnen und Schüler in Alleinarbeit erbringen als auch solche, die Leistungen der Schülerinnen und Schüler in Gruppen- oder Partnerarbeiten darstellen. Aufzeichnungen über diese Leistungen sind so oft und eingehend vorzunehmen, wie dies für die Leistungsbeurteilung erforderlich ist. Die Leistungsfeststellungen sind möglichst gleichmäßig über den Beurteilungszeitraum zu verteilen (vgl. LB-VO § 2 Abs. 2). Grundlage sind die bis zu diesem Zeitpunkt behandelten Bildungs- und Lehraufgaben sowie die Inhalte laut Lehrplan. Aufgrund von Unterschieden im stofflichen Umfang und im Schwierigkeitsgrad einzelner Leistungsfeststellungen sind diese nicht alle als gleichwertig zu betrachten.

Lehrerinnen und Lehrer können die Mitarbeit mit Hilfe individuell entwickelter Systeme (z.b. Plus und Minus) bewerten. Sie müssen bei Nachfrage klare Auskünfte über die Mitarbeit jedes Schülers und jeder Schülerin geben können, und Aufzeichnungen sind schon deswegen bedeutsam, um diese anderen Lehrkräften bei Verhinderung gegebenenfalls übergeben zu können. Eine Benotung einzelner Leistungen im Rahmen der Mitarbeit ist unzulässig (vgl. LB-VO § 4). Mündliche Prüfungen dürfen nur dann vorgenommen werden, wenn sie für eine sichere Leistungsbeurteilung erforderlich sind (LB-VO § 3 Abs. 4).

In der Erziehungswissenschaft wird teilweise auch noch zwischen Leistungsbewertung und Leistungsbeurteilung unterschieden (Bohl 2004). Der Leistungsbewertung liegt ein Maßstab zugrunde, in den die Leistungsbeschreibungen übertragen werden. Diese Leistungsbewertungen werden dann von der Lehrkraft über einen längeren Zeitraum gesammelt und führen zu einer Leistungsbeurteilung, also in der Regel zu einer Zeugnisnote. Drei Formen von Bezugsnormen können im Allgemeinen unterschieden werden (Rheinberg 2001). Der Maßstab kann sich an dem oder der Lernenden orientieren, indem der individuelle Lernfortschritt die Bezugsnorm darstellt – *Individuelle Bezugsnorm* bzw. kann auch die Klasse als Bezugsnorm für die Einzelleistungen gelten – *Soziale Bezugsnorm*.

Bei der *Sachlichen Bezugsnorm* kann durch die Festlegung, welche Leistung wie zu werten ist, ein hohes Maß an Objektivität erreicht werden. Diese Bezugsnorm setzt eindeutig formulierte Lernziele voraus. Es ist auch die Bezeichnung *curriculare, lehrzielorientierte* oder *kriteriale Bezugsnorm* üblich. Schwächen dieser Bezugsnorm ergeben sich daraus, dass es keine Rolle spielt, ob sich der Lernende verbessert oder verschlechtert hat. Interindividuelle Unterschiede werden unter Umständen verdeckt, wenn etwa alle Personen einen Standard erreichen (Hochweber 2010, 58–59).

Lissmann hält es trotz verschiedener Akzente für angemessen, die Begriffe Leistungsbewertung und -beurteilung synonym zu verwenden. Er betont jedoch in diesem Kontext ausdrücklich die Unverzichtbarkeit einer *Leistungsrückmeldung* im Unterricht (Lissmann 2010, 7).

> Die *Leistungsrückmeldung* darf in diesem Zusammenhang nicht fehlen, weil sie den Beurteilten, Beurteilte und Dritte über das Leistungsergebnis in Kenntnis setzt. Die Mitteilung des Lernergebnisses ist für den Lernenden für die Fortsetzung des Lernprozesses unabdingbar.

Da eine strenge Trennung zwischen Leistungsbewertung und Leistungsbeurteilung für die weiteren Überlegungen weder zielführend noch relevant sowie teilweise nicht möglich erscheint, werden auch hier die Begriffe zum Teil synonym verwendet. Insgesamt wird hier dem Begriff *Assessment* als Überbegriff gegenüber dem Begriff Leistungsbeurteilung der Vorzug gegeben.

Assessment vereint im Gegensatz zur Leistungsbeurteilung mehrere verschiedene Funktionen in sich. „ (...), the term assessment refers to all those activities undertaken by teachers, and by their students in assessing themselves, which provide information to be used as feedback to modify the teaching and learning activities in which they are engaged (Black & Wiliam 2006a, 2)." „Assessment" als Wort lässt sich nicht direkt übersetzen. Die lateinische Wurzel ist das Wort assidere, was so viel wie „sitzen bei, beistehen, zur Seite stehen" bedeutet.

Fälschlicherweise wird Assessment oft einseitig mit einer Leistungsüberprüfung gleichgesetzt, beinhaltet aber wesentlich mehr als diese. Eine Leistungsüberprüfung misst Lernergebnisse. Assessment kann hingegen als Prozess gesehen werden, der Informationen und Daten über das Lernen der Schülerinnen und Schüler erfasst, interpretiert und rückmeldet. Es ist das entscheidende Bindeglied zwischen Lernergebnissen, Inhalt und Lehr- und Lernaktivitäten. Die Beurteilung erfolgt durch die Lernenden und die Lehrkräfte und kann dazu verwendet werden zu entscheiden, wo die Lernenden in ihrem Lernprozess stehen, wo sie hin müssen, und wie sie am besten dorthin gelangen. Der Zweck des formativen Assessments ist, das Lernen zu verbessern, zu informieren und die Studierenden dabei zu unterstützen, die Standards zu erreichen, die sie erreichen können und aussagekräftige Berichte über Schülerinnen und Schüler erstellen zu können (Black & Wiliam 2006b, 3). Zusammenfassend soll Assessment für diese Arbeit folgendermaßen gesehen werden: Assessment in Mathematik ist die Art und Weise, wie Lehrkräfte systematisch Informationen über den Leistungsstand der Schülerinnen und Schüler und ihre Entwicklung sammeln und nutzen.

Assessment-Informationen können als Input für den Unterricht und das Lernen genutzt werden, zur Diagnostik (Kontrolle, Reflexion, für Vergleiche, Beurteilung) aber auch für Rückmeldungen über notwendige Ressourcen und Förderbedarf. Dabei ist nicht jede Information und jede Rückmeldung oder jede Aufgabe für alle Bereiche passend. Im Bezug auf Assessment kann man grob drei Funktionen unterscheiden (vgl. Gardner 2012):

- *Assessment of learning*: Assessment mit dem Zweck, eine erbrachte Leistung oder Teilleistung zu bewerten und in weiterer Folge zu einer Beurteilung zu kommen.
- Diese Beurteilung steht am Ende eines Lernprozesses und hat eine bilanzierende Funktion – summatives Assessment. Auch die Art der für derartige schriftliche Überprüfungen geeigneten mathematischen Aufgaben ist begrenzt und bedarf bestimmter Formate. Derartige schriftliche Leistungen

scheinen vergleichbarer und sind traditionell akzeptiert. Die Erstellung und Transparenz von Bewertungskriterien für nichtschriftliche Leistungen, die für summatives Assessment herangezogen werden, sind vielfältiger, jedoch auch schwerer zu fassen und transparent zu halten.

- *Assessment for learning:* Assessment mit dem Zweck, den Lernprozess in Bewegung zu halten. Die Rückmeldungen werden genutzt, um Lehrenden und Lernenden den bereits erreichten Leistungsstand aufzuzeigen und haben korrigierende, richtungsweisende und vor allem unterstützende Komponenten. Die Lernenden verstehen, was sie lernen, was von ihnen erwartet wird – Formatives Assessment.

- *Assessment as learning:* Assessment ist Selbstzweck. Durch die Bewertung eigener oder fremder Leistungen lernt der bzw. die Lernende. Durch Feedback Geben und Nehmen werden Bedingungen zur Selbstreflexion und Bewertung von Ideen anderer geschaffen.

In Abbildung 10 und 11 sind die Aufgabe bzw. der Zweck von *Assessment for learning* und *Assessment of learning* jeweils grafisch dargestellt. Der ganzheitliche Aspekt des Ersteren gegenüber der linearen Struktur des bilanzierenden Assessment wird hier sehr deutlich. Assessment for learning begleitet die Leistungen der Lernenden und nutzt gewonnene Erkenntnisse über den Leistungsstand und bisherige Fortschritte, um Lernprozesse zu optimieren und die Kompetenzen der Studierenden zu verbessern.

Leistungsbegleitung kann als jene Form von Assessment gesehen werden, welche Feststellung und Bewertung von Leistungen sowie Feedback-Geben und Feedback-Nehmen dafür nutzt, sinnstiftend den Weg für weitere Lehr- und Lernschritte zu ebnen. Die Ziele liegen primär nicht in einer unmittelbaren Verbesserung messbarer mathematischer Kompetenzen der Lernenden sondern sind von mittel- und langfristiger sowie auch innerer Natur. Assessment wirkt derart, dass es für die Studierenden möglich wird, vorhandene Ideen und Kompetenzen in Bezug auf Mathematik zu vernetzen und auszubauen, als auch neue Erkenntnisse und Fähigkeiten zu gewinnen und zu entwickeln. Die vielschichtigere Struktur und die zielgeleiteten Korrekturen lassen Raum für individuelle Entfaltung der Jugendlichen und schaffen somit die Basis für Selbstreflexion und *Assessment as learning.*

Formatives und summatives Assessment grenzen einander nicht aus und sind miteinander verwoben. Selten steht eine Art allein. Auch die Ergebnisse des summativen Assessment können lernfördernd eingesetzt werden. Unterschiedlich ist allein der Blickwinkel auf die Lernenden, und wie die Leistungsbelege verwendet werden.

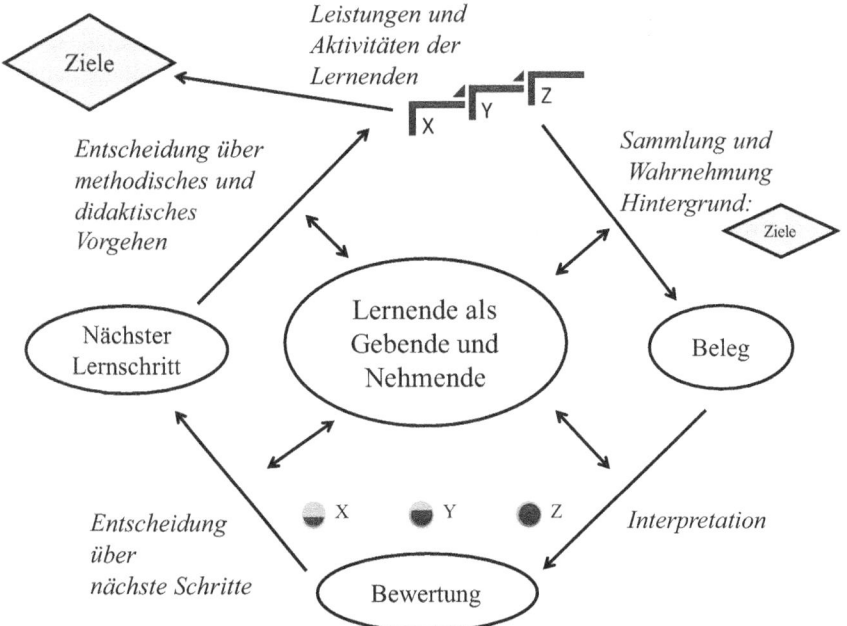

Abbildung 10: Zweck – *Assessment for learning* (angelehnt an Harlen 2012, 89)

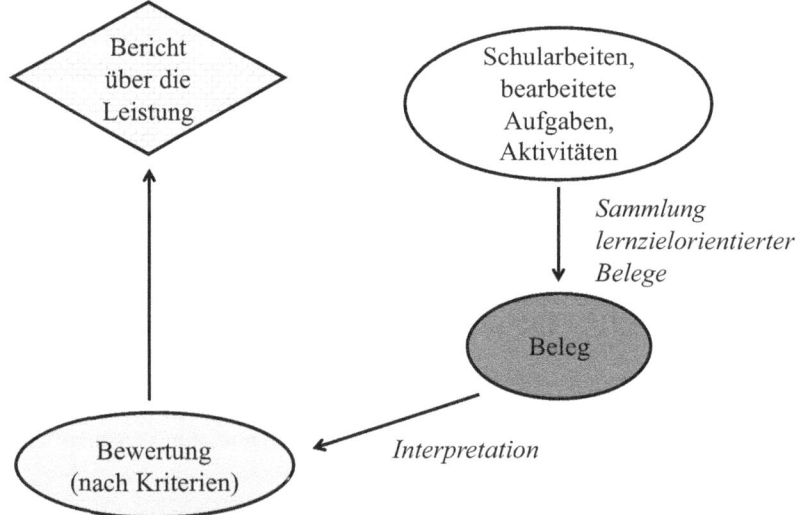

Abbildung 11: Zweck – *Assessment of learning* (angelehnt an Harlen 2012, 91)

3.2 Kompetenzorientierter Unterricht – Assessment

3.2.1 Leistungen – Herausforderungen – Chancen

Österreich liegt bei den Leistungen der 15/16-Jährigen in Mathematik mit 505 Punkten (PISA 2006) knapp über dem OECD-Schnitt von 500, aber hinter dem deutschsprachigen Nachbarland Deutschland und deutlich hinter der Schweiz (über 530 Punkte). Bei PISA 2009 lagen die Ergebnisse gegenüber denen von 2006 zurück. Allgemein ist zu bemerken, dass sich seit PISA 2003 die Mathematikleistungen der Jugendlichen in sechs Ländern deutlich verbessert haben, während sie in zehn Ländern, darunter Österreich, bis PISA 2009 signifikant zurückgegangen sind (Vogtenhuber et al. 2013). Ergebnisse aus PISA 2012 zeigen im 9-Jahre-Vergleich (2003 und 2012), dass die Mathematik-kompetenz österreichischer 15/16-Jähriger stabil geblieben ist. Wenn man nur jene Länder berücksichtigt, die sich sowohl an PISA 2003 als auch 2012 beteiligten (29 OECD-Länder) nimmt Österreich mit 506 Punkten (OECD Schnitt = 494 Punkte) von den 29 Ländern den 10. Platz ein (Salchegger 2013). Da für die AHS keine gesonderten Daten zur Verfügung stehen und die Ergebnisse nicht unmittelbar von Relevanz sind, wird auf diese nicht näher eingegangen. Immer wieder wird kritisch angemerkt, dass Schulnoten meist aus der Sicht der Lehrkraft erteilt wurden und werden und oft nur einen Klassendurchschnitt wieder geben, ohne sich an, durch materielle Fachstandards umschriebene, Kompetenzen zu orientieren (Oelkers & Reusser 2008). Aus dem Nationalen Bildungsbericht 2009 (derartige Daten liegen im Bildungsbericht 2012 nicht vor) für Österreich ist auf Basis des Datensatzes OECD-Pisa 2006 zu entnehmen, wie die von Lehrpersonen vergebenen Mathematik-Noten in der AHS-Oberstufe mit jenen Leistungen zusammenhängen, die durch standardisierte Messungen erhoben werden. Die Veranschaulichung (siehe Abbildung 12) dokumentiert das Fehlen eines systematischen Zusammenhangs. Nur zwischen 10 % und 20 % der Notenvarianz wird durch die gemessene Mathematikleistung aufgeklärt (Neureiter & Schreiner 2009). Obwohl das Verhältnis der Schülerinnen und Schüler zu ihren Lehrkräften im internationalen Vergleich im Mittelfeld liegt und die österreichischen Schülerinnen und Schüler der Oberstufe AHS die Qualität des Unterrichts aus ihrer Sicht überwiegend positiv beurteilen, fühlen sie sich speziell im Fach Mathematik nicht ausreichend unterstützt (siehe Abbildung 13).

Laut nationalem Bildungsbericht 2009 erfahren österreichische Schülerinnen und Schüler der Oberstufe aus ihrer Sicht im Mathematikunterricht am wenigsten Unterstützung (Toferer & Stöckl 2009). Erste zusammenfassende Ergebnisse aus PISA 2012 zeigen deutlich, dass Österreichs Jugendliche insgesamt (ohne Differenzierung nach Schulform) wenig Freude und Interesse an Mathematik haben und diesem Fach kaum Bedeutung für ihre Zukunft beimessen.

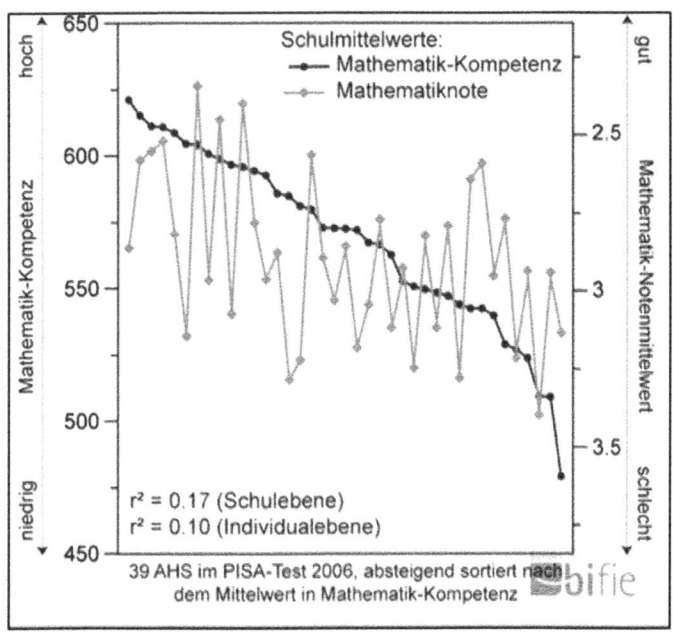

Abbildung 12: Leistung-Leistungsbeurteilung an der AHS-Oberstufe (Neureiter
& Schreiner 2009, 134; Quelle: Datensatz OECD-PISA 2006)

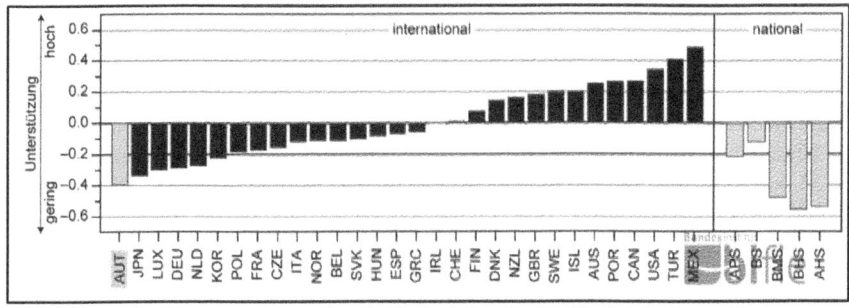

Abbildung 13: Unterstützung durch die Lehrkräfte im Fach Mathematik aus
Sicht der Schülerinnen und Schüler (Toferer & Stöckl 2009, 158.
Datenquelle: PISA 2003)

Bezüglich Unterrichtsstrategien scheinen vor allem höhere Schulen Handlungs-
bedarf zu haben. Allgemein werden die österreichischen Schülerinnen und Schüler
seltener als die in anderen OECD-Ländern dazu angeregt, sich selbstständig mit

Inhalten auseinanderzusetzen. Auch setzen österreichische Lehrkräfte aus Sicht der Lernenden unterdurchschnittlich oft klare Lernziele oder informieren Schülerinnen und Schüler darüber, was sie lernen müssen, was geprüft oder ob der Lehrstoff verstanden wurde (Schreiner & Schwantner 2013, 57–58).

Genau an diesem Punkt kann *Assessment for learning* ansetzen, das sich exakt in diesen, von den Schülerinnen und Schülern als Entwicklungsfelder identifizierten, Bereichen als so wirksam herauskristallisierte. Hauptbefunde einer deutschen Studie in derselben Altersgruppe ergaben, dass eine notenzentrierte Beurteilungspraxis negativ mit der Motivation und Leistung der Lernenden in Verbindung steht. Eine partizipative Form, in der Schülerinnen und Schüler aktiv in den Prozess der Beurteilung einbezogen werden, hängt hingegen nicht nur positiv mit motivationalen Merkmalen der Schülerinnen und Schüler zusammen, sondern führt zu einer höheren Urteilsgenauigkeit der Mathematik-Lehrkräfte (Bürgermeister 2013). Der Unterricht ist einerseits durch Traditionen geprägt und soll vorgegebene Ziele erreichen. Dieser Spagat erfordert Geschick und Kreativität. Mögliche Entwicklungsimpulse erhält der Unterricht durch Problemstellungen verschiedenen Typs gepaart mit dem Suchen und Finden geeigneter Lösungen. Gelehrt werden Inhalte und Methoden, die mit unterschiedlichen Lehraufgaben verbunden sind. Die Inhalte und Methoden des Lehrens wiederum sind mit denen des Lernens in Verbindung zu bringen. Dabei sind bestimmte Unterrichtsphasen auszumachen, die sich mehr oder weniger wiederholen: Einführen, Herausarbeiten, Verbinden, Sichern, Vertiefen, Kontrollieren, Korrigieren (Vollrath & Roth 2012, 104–108). Nach einer Einteilung von Hans-Joachim Vollrath und Jürgen Roth bezüglich des Lehrens von Inhalten und Methoden (Vollrath & Roth 2012, 108–113) seien an dieser Stelle Lernen, Lehren und Herausforderungen für die Lehrkraft einander gegenübergestellt (siehe Tabelle 4). Im Bezug auf Assessment und in diesem Kontext gewinnt das Thema „selbstgesteuertes Lernen" an Aktualität und Relevanz. Durch reflexive Fähigkeiten wird der Mensch, im vorliegenden Fall die bzw. der Lernende, zur Selbstkontrolle und Selbststeuerung fähig (Azevedo et al. 2004 zitiert durch Konrad 2008, 12). Die Lernenden werden nicht länger als Informationsempfänger begriffen. Sie schlüpfen in eine aktive Rolle und bringen konstruktiv neues Wissen hervor und verarbeiten dieses (Konrad 2008, 12–13). Auch Manfred Bönsch bekräftigt die, sich verändernde, Rolle von Leistungsfeststellung und Leistungsbeurteilung. Steht beim Thema Leistungsbeurteilung nicht Selektion im Zentrum, sondern der Wunsch, möglichst viele der unterschiedlichen Lerner zu den gesetzten Zielen zu führen, so kann man sich den Vorschlägen einer differenzierten Leistungsfeststellung nicht entziehen (Bönsch 2011, 110). Bei einer neuen Rolle von Leistungsbeurteilung ist hierbei allerdings die oft unklare Zuordnungsmöglichkeit für die Lernenden, wann es sich um eine Leistungsüberprüfung handelt bzw. wann eine Lernsituation vorliegt (Bürgermeister 2013).

Tabelle 4: Herausforderungen: Lehren – Lernen (eigene Darstellung – vgl. Vollrath & Roth 2012, 108–113)

	Lehren	Lernen	Herausforderung für die Lehrkraft		
Begriffe	Inhalte und Umfang sind den Schülerinnen und Schülern bewusst zu machen.	Wissen über Begriffe; Definieren; Verstehen (kognitive Seite). Der langfristige Aufbau einer kognitiven Struktur ist notwendig.	Mit Bezeichnungen sind oder werden Vorstellungen verbunden, die dem Verständnis förderlich oder hinderlich sind. Grundlegende Begriffe sollen langfristig gelernt werden.	*LANGFRISTIGER AUFBAU EINER KOGNITIVEN STRUKTUR*	*EIN GESCHICKTER METHODISCHER WECHSEL FÜR EINEN GENETISCHEN, PROBLEM- ZIELORIENTIERTEN UND*
Sach- verhalte	Sätze, Regeln und Vermutungen sind herzuleiten, zu begründen und gegebenenfalls zu beweisen.	Wissen und begründetes Wissen über Sachverhalte erwerben; verstehen.	Herleitungs- und Beweisbedürfnis ist nur spärlich vorhanden.		
Beweise	Fähigkeiten im Beweisen sind auszubilden.	Beweisen lernen.	Logische Fähigkeiten und Problemlösekompetenz sind vonnöten.		
Verfahren	Algorithmen für verschiedene Aufgabentypen müssen erarbeitet werden.	Wissen, verstehen und anwenden.	Durch mangelnde Fertigkeiten und Zusammenfassen von Schritten ist eine hohe Fehleranfälligkeit gegeben.		
Problem- lösen	Eine Aufgabe widersetzt sich einer unmittelbaren Lösung. Mögliche Lösungen müssen gesucht werden.	Suchen und Finden einer Lösungsidee; Halten des „roten Fadens"; Erlernen von Heurismen; Mathematik als kreativen Prozess erleben;	Selbständiges Finden und Suchen einer Lösungsidee erfordert Zeit und Geduld.	*REFLEKTIERENDES LERNEN V. MATHEMATIK U. MATHEMATIK U.*	*OFFENEN MATHEMATIKUNTERRICHT IST FÖRDERLICH. KOMMUNIKATION, PASSENDE SOZIALFORMEN UND DER EINSATZ PROPATER WERKZEUGE NÖTIG. ZIELORIENTIERTEN UND PASSENDEN SOZIALFORMEN UND DER*
Modell- bilden	Praktische Aufgaben und Probleme aus unterschiedlichen Lebensbereichen, Wissenschaften und Fächern sind in die Sprache der Mathematik zu übersetzen. Mögliche Lösungen sind kritisch zu durchleuchten.	Von Mathematik zu verschiedenen Lebensbereichen, zu anderen Fächern und Wissenschaften Brücken bauen.	„Übersetzungsprobleme"		

Untersuchungen in der Oberstufe in den USA bestätigten, dass Änderungen und Standards für den Mathematik-Unterricht und für das Curriculum, wie sie vom National Council of Teachers of Mathematics vorgeschlagen wurden, zu einer Verbesserung der Leistungen bei standardisierten Tests führen. Diese Verbesserung der Leistungen ist sowohl bei Multiple-Choice-Aufgaben als auch bei offenen Aufgabenformaten gegeben.

Für eine positive Wirkung von Reformen ist es wichtig, dass das Curriculum und die Instruktionen gemeinsam auf die Reform zugeschnitten sind. Das heißt, um eine tatsächliche Verbesserung der Leistungen zu gewährleisten, müssen diese beiden Elemente ineinandergreifen (McCaffrey et al. 2001, 494–510). Eine Leistungsrückmeldung, die eng mit einer Leistungsbewertung verknüpft ist, ermöglicht es den Lernenden, Informationen über ihre Leistungen sowie die Einschätzung dieser durch die Lehrperson zu erhalten (Lissmann 2010). Parallel dazu dienen sie jedoch auch dazu, den Lernprozess in Gang zu halten und bieten den Schülerinnen und Schülern die Möglichkeit, sich ihrer Stärken und Schwächen bewusst zu werden.

Bei einer *notenzentrierten Rückmeldeart* steht die Bewertung durch konkrete „Noten" im Vordergrund. In Österreich ist, abgesehen von mündlichen Prüfungen und Schularbeiten, eine Benotung von Leistungen durch eine Ziffernbenotung nicht erlaubt. Die meisten Lehrkräfte verwenden daher Zeichen (+, –, ~, …) um derartige Leistungen zu dokumentieren und transparent zu halten. Diese Zeichen werden fast immer in die Leistungsbeurteilung am Ende eines Semesters oder Schuljahres einbezogen. Diese Art der Rückmeldung soll für diese Arbeit als notenzentriert angesehen werden.

Das Klassenzimmer sollte als Platz gesehen werden, in dem die Schülerinnen und Schüler die Möglichkeit haben, sich kognitiv intensiv mit dem, was sie gelernt haben, auseinanderzusetzen. Die mündliche Kommunikation ist hierbei sehr wichtig. Studienergebnisse belegen positive Effekte von strukturierten Gesprächen und fachbezogenen Diskussionen im Klassenzimmer auf das Abschneiden bei standardisierten Tests und sogar auf das Abschneiden bei speziellen Formen von Intelligenztests (Lester 2007, 1066). Durch Anregungen in Verbindung mit mathematischen Aktivitäten unter Verwendung von Zeitwörtern wie wissen, können, denken, erklären, zusammen fassen, überarbeiten, begründen … haben Lehrpersonen die Macht, die Assoziationen der Schülerinnen und Schüler zu steuern, Aktivitäten ihrerseits zu initiieren und Verstehen zu fördern (Lampert 2004, 156).

Verbale Rückmeldungen können, je nachdem wie präzise sie sind, für Lernende eine Bewusstseinserweiterung hinsichtlich ihrer Stärken, Schwächen und Entwicklungspotenziale bilden. Für Eltern können sie als Basis möglicher Unterstützungsinterventionen dienen. Die Doppelfunktion der Leistungs- bewertung einerseits als Mittel zur Selektion und andererseits als Förderungsinstrument führt jedoch bei Lehrkräften oft zu Unsicherheiten, wie derartige Bewertungen zu gestalten sind. Auch liegt das Hauptgewicht derartiger Rückmeldungen oftmals bei den Mängeln und nur selten erhalten die Lernenden Rückmeldungen darüber, über welche Kompetenzen sie schon verfügen (Bürgermeister 2012, 21–22).

Die *partizipative* Form der Leistungsbewertung, und damit Rückmeldung, gründet auf der Annahme einer lernförderlichen Einbeziehung der Schülerinnen und Schüler. Diese schülerinnen- und schülerzentrierte Form kann etwa darin bestehen, die Lernenden ihre Leistungen oder die ihrer Mitschülerinnen und Mitschüler einschätzen oder ihren Lernfortschritt dokumentieren zu lassen. Wichtig bei dieser Form ist, die Schülerinnen und Schüler aktiv in den Prozess der Leistungsbeurteilung einzubeziehen (Bürgermeister 2012, 81).

Die Untersuchung von Angelika Bürgermeister zeigte, dass diese partizipative Beurteilungspraxis im Mathematikunterricht am wenigsten eingesetzt wird. Diese Art geht mit einem höheren Wissen der Lehrkraft hinsichtlich der Leistungsbeurteilung, einer individuellen Bezugsnormorientierung und einer höheren kognitiven Aktivierung im Unterricht einher. Es ließ sich feststellen, dass ein höheres selbstberichtetes Wissen von Seiten der Lehrkräfte zu einem häufigeren Einsatz partizipativer Formen der Leistungsbeurteilung führt. Die Befunde bestätigen die Vermutung, dass eine notenzentrierte Praxis die Leistungs- und Motivationsvariablen negativ beeinflussen kann. Die partizipative Form zeigt einen tendenziell positiven Einfluss auf die Anstrengung und die Motivation (Bürgermeister 2012, 144–55).

Die jahrzehntelangen Forschungen über die Wirksamkeit von Unterricht und optimale Förderung von Lernen weisen formatives Assessment auf eindrückliche Art und Weise als „Joker" aus.

Wenn formatives Assessment fixer Bestandteil der tagtäglichen Aktivitäten der Lehrpersonen im Klassenzimmer ist, ergibt sich daraus ein erheblicher Anstieg der Leistungen der Schülerinnen und Schüler bei standardisierten Tests – auch wenn die Ergebnisse extern gemessenen werden. Tatsächlich deuten alle Anzeichen darauf hin, dass wahrscheinlich nichts anderes zu derartig großen Effekten führt. Die Herausforderung besteht jetzt augenscheinlich nicht darin, den Effekt nachzuweisen, sondern formatives Assessment als fixen Bestandteil in die alltägliche Unterrichtspraxis hineinzubringen (Black & Wiliam 2012), (Pedder & James 2012).

Formatives Assessment und professionelle Weiterentwicklung von Lehrkräften sind untrennbar miteinander verknüpft. Albrecht Beutelspacher (Beutelspacher et al. 2011) und andere betonen, dass dem verständigen Umgang mit mathematikhaltigen Situationen aus der Lebenswelt viel zu wenig Beachtung geschenkt wird. Dazu bedarf es Lehrkräften, die in der Lage sind, mathematische Lernprozesse zu unterstützen. „Methodisch kommt es darauf an,

Formen des Lehrens und Lernens zu etablieren, die die Studierenden in der eigenaktiven Konstruktion ihres Wissens nachhaltig unterstützen" (Beutelspacher et al. 2011, 3).

Lehrpersonen, die ihren Unterricht derart umstellten, berichten von einer Verschiebung der Verantwortung für das Lernen auf die Seite der Lernenden und die gewonnene Erkenntnis, dass die Lehrkräfte nicht die alleinige Quelle des Wissens im Klassenzimmer darstellen. Der klare Fokus darauf, wie Schülerinnen und Schüler lernen, steht irgendwann im Vordergrund und ersetzt den ursprünglichen Fokus formatives Assessment zu pflegen. Durch dieses neue klare Ziel gewinnt der Austausch mit Kolleginnen und Kollegen, die Unterrichtsarbeit insgesamt und die Teilung von Ressourcen an Wert (Sebba 2012, 165).

3.2.2 Assessment zur Kompetenzentwicklung

In der Bildungsforschung lässt sich einhellig festhalten, dass aktive Interpretations- und Anpassungsleistungen durch die Anwenderinnen und Anwender als zentrales Element im Prozess der Implementation von Innovationen anzusehen sind. Hierbei ist die Partizipation dieser Personen entscheidend. Die Lehrkräfte brauchen die Möglichkeit, mit Neuerungen zu experimentieren und an ihrer Entwicklung teilzuhaben (Zeitler et al. 2012, 30–31). Die Nutzung von „Messkonzepten und Messverfahren" sowie Nutzung von „Diagnostik und Assessment" (Klieme & Leutner 2006) stellt in Österreich einen noch relativ wenig beachteten Bereich der Kompetenz von Mathematiklehrkräften dar und kann dazu beitragen den von Pellegrino et al. (Pellegrino et al. 2001) in einer vielbeachteten Expertise zum Ausdruck gebrachten Anforderung an Assessment gerecht zu werden.

Assessment should focus on identifying the specific strategies children are using for problem solving, giving particular consideration to where those strategies fall on a developmental continuum of efficiency and appropriateness for a particular domain of knowledge and skill (Pellegrino et al. 2001, 4).

Die Lehrkräfte sind vor die Aufgabe gestellt, mit Hilfe eines kompetenzorientierten Unterrichts dafür zu sorgen, dass Schülerinnen und Schüler mathematische Kompetenzen entwickeln und über diese verfügen. Wie in Kapitel ausgeführt, soll die neue schriftliche Reifeprüfung Mathematik dazu dienen, Grundkompetenzen zu sichern.

Kompetenzorientierter Unterricht geht meist mit der Forderung nach offenen oder kooperativen bzw. kollaborativen Unterrichtsformen einher. Die Umsetzung dieser verändert jedoch auch das „Lernen" als solches und setzt andere

Feststellungs-, Bewertungs- und Beurteilungskriterien, als im traditionellen Unterricht Verwendung finden, voraus.

Dem Begriff *Kompetenzmodell* kommen in der Praxis verschiedene Bedeutungen zu. Der Begriff taucht etwa als „eine Form der Rückmeldung zu Kompetenzen, etwa auf der Basis einer Interpretation von Kompetenzstufen" auf (Leuders 2014, 9).

Im Frontalunterricht überwiegt häufig notenrelevantes, fachliches, inhaltliches Lernen, welches durch Schularbeiten und mündliche Befragungen ermittelt und in Noten dokumentiert wird. Andere Leistungen fließen häufig nur intuitiv in die Note mit ein und gründen sich auf subjektive Erfahrungswerte (Krieger 2005, 25). Durch die vorherrschende Kombination eines engen Lern- und Leistungsverständnisses und einer auf fachlich-inhaltliche Leistungen fixierten Notengebung erhalten Schülerinnen und Schüler wenig Rückmeldung zu einer Vielzahl von Fähigkeiten, wie etwa ihre Arbeit in Gruppenprozessen oder Präsentationen, aber auch etwa Selbsteinschätzung oder Kritikfähigkeit. Thorsten Bohl spricht hierbei einen häufigen Konflikt der Lernenden an: Einerseits werden soziale, kommunikative und methodisch-strategische Leistungen auf einer persönlichen (meist verbalen) Ebene zwischen Lehrerkraft und Schüler bzw. Schülerin für wichtig befunden, andererseits werden sie jedoch nirgendwo bescheinigt und am Ende zählen doch wieder fachliche und kognitive Leistungen für den späteren Werdegang (Bohl 2005).

Partizipative Formen der Leistungsrückmeldung und fachbezogene Diskussionen können für Schülerinnen und Schüler einen Beitrag dazu leisten, aktiv am Lernprozess mitzuwirken, die eigene Leistung und die anderer einzuschätzen, zu bewerten und voranzutreiben. Im optimalen Fall ergibt sich dadurch an Stelle eine reproduzierenden ein verständnisorientiertes Lernen und die Möglichkeit, sich selbst und andere besser kennenzulernen. Herausforderungen gibt es dabei aber sowohl für die Schülerinnen und Schüler als auch für die Lehrkräfte.

Erstere müssen eine aktivere Rolle einnehmen und für die Lehrkräfte wird das Unterrichtsgeschehen diffuser, eine Steuerung komplexer und weniger vorhersehbar. Das bezieht sich sowohl auf soziale Prozesse als auch auf die mathematischen Inhalte und den unmittelbar messbaren Unterrichtsertrag.

Wie schwierig es für Lehrkräfte ist, kooperative Lernformen in ihren Unterricht einzubauen, ohne das Gefühl zu haben, Unterricht „aus der Hand zu geben", sei durch einen kurzen Auszug aus dem Hospitationsbericht eines Studierenden für Lehramt Mathematik (Uni Graz) demonstriert.

Ausgangssituation: Herbst 2014, 5. Klasse 9. Schulstufe AHS, Stationenbetrieb; in der beschriebenen Station wird das Spiel „Tabu" gespielt, in dem mathematische Begriffe ohne Nennung des Begriffes umschrieben und von Gruppenmitgliedern erraten werden sollen.

Um 08:40 beginnt der erste Durchlauf. Die Schüler_innen starten direkt mit den ersten Aufgaben. Eine Schülerin zieht in der Tabu-Gruppe die erste Karte und sagt sofort „Meine Funktion hat den höchsten y-Wert!". Die anderen Gruppenmitglieder antworten nicht und nach einem weiteren kurzen Moment sagt sie, dass es das Gegenteil des Minimums sei, woraufhin zwei Schüler_innen der Gruppe auf das Maximum kommen. Der nächste Begriff, eine Nullstelle einer Funktion, wird schneller erraten, nachdem eine Schülerin sagt: „Wenn die Lineare die y-Achse schneidet, ist das … Generell ist diese Taburunde von vielen kleinen mathematischen Ungenauigkeiten und Fehlern, wie den soeben angeführten Aussagen geprägt, was für mich fast nicht auszuhalten war. Es ist für einen Lehrer schwer, Schüler_innen allein arbeiten zu lassen!

Das Beispiel soll verdeutlichen, dass freiere Unterrichtsformen beziehungsweise in diesem Fall die ungeleitete, nicht unmittelbar kommentierte Benutzung einer mathematischen Fachsprache durch die Schülerinnen und Schüler als eine Art Kontrollverlust gesehen werden kann.

Lehrkräften vor Ort ist meist nicht unmittelbar klar, welche Neuerungen im Bezug auf Unterricht mit Bildungsstandards und Vergleichsarbeiten verbunden sind. In ihrer jetzigen Anlage sind sie vielmehr ein Steuerungsinstrument der Makroebene, das auf der Mikroebene mit einer Reformsemantik operiert, weil damit die Akzeptanz in den Schulen erhöht werden soll. Diese Reformsemantik auf Mikroebene ist allerdings weitgehend inhaltsleer (Maier et al. 2012, 199). Auch Studien aus Österreich und vergleichbaren Schulsystemen deuten darauf hin, dass Steuerungsimpulse nicht automatisch und regelmäßig aufgegriffen werden und zu einer Weiterentwicklung von Unterricht und Schule im Sinne der proklamierten Ziele führen und hierin eher überzogene Erwartungen gesetzt werden (Altrichter 2012, 378).

Die positive Wirkung einer lernfördernden Leistungsrückmeldung muss also erst einmal in geeigneter Form zu den Lehrkräften in der Praxis vordringen und von diesen akzeptiert werden. Außerdem müssen sie die Chance erhalten und auch nutzen, die Konzepte zu erproben und in passender Form in ihre eigene Praxis zu integrieren. Dabei ist das Unterrichtsgeschehen sehr komplex. Lehren, Lernen und Assessment sind vermischt und stellen große Herausforderungen für die Lernenden und die Lehrenden dar. Als Hauptanforderungen an die Lehrkraft seien hier der Umgang mit Mehrdimensionalität, Gleichzeitigkeit, Unmittelbarkeit, Unberechenbarkeit, Öffentlichkeit und historischer Einbettung zu nennen (Pedder & James 2012, 36).

Studien aus den USA zeigen, dass Lehrpersonen bis zu 50 % ihrer Zeit mit assessment-bezogenen Aktivitäten verbringen und diese erfüllen auch im Hinblick auf die Schülerinnen und Schüler verschiedene Aufgaben: Diagnoseinstrument, Gruppierungen, Bewertung von Unterrichtsformen, Motivation, Beurteilung … (Mertler 2003, 4). Die Verhältnisse werden in Österreich und Deutschland ähnlich sein.

Egal, welchem Endzweck eine Leistungsbeurteilung dient, ob jetzt zum Beispiel ein Selektionswunsch, eine Zertifizierung oder eine Evaluierung im Vordergrund stehen und unabhängig davon, ob die Entscheidung darüber extern oder intern durch die Lehrkraft erfolgt, sollte die Grundidee von Assessment im Klassenzimmer sein, die Lernenden im Lernen zu unterstützen (Lester 2007, 1057).

„Das hab ich doch alles gemacht! Das müssten sie können! Warum können sie es denn nicht? Ich versteh' das nicht! Sie lernen zu wenig!" So oder in leicht abgewandelter Form hört man derartige Aussagen in Fachkonferenzen oder informellen Gesprächen zwischen Mathematik-Fachkolleginnen und -kollegen beinahe alltäglich. Die Lehrkräfte machen die manchmal „bittere" Erfahrung, dass Lehren und Lernen nicht gleichzusetzen sind und Lernen ein zutiefst individueller Prozess ist. Der folgende Comicstrip nach einer Idee von Bud Blake aus der Serie „Tiger" soll zeigen, dass etwas gelehrt zu bekommen nicht automatisch bedeutet, auch über die entsprechende Kompetenz zu verfügen.

Abbildung 14: Lehren ist nicht Lernen[23] (eigene Darstellung nach einer Idee aus der Comicstrip-Serie „Tiger" von Bud Blake, Originalcartoon ist nicht bekannt)

Dieser Hauptzweck von Assessment, Lernen zu unterstützen, wird auch von Paul Black und Dylan Wiliam ausdrücklich hervorgehoben und die Erforschung der Bedeutung und Praxis, die der Unterstützung des Lernens am besten dient, als erstes oder vorrangiges Ziel erklärt (Black & Wiliam 2012). Das Ziel sollte es sein, Assessment so in das tägliche Unterrichtsgeschehen zu involvieren, dass Lehren, Lernen und Assessment miteinander verschmelzen und Lehrkräfte und Schülerinnen und Schüler Rollen einnehmen, die tieferes Verständnis und Werte sichern. Dazu gehört es auch, dass die Schülerinnen und Schüler kokonstruktiv

---

[23] Quelle für das Hundebild: istockphoto

Animatoren ihrer eigenen effektiven Lehr- und Lernprozesse sind. Dies ist nur durch eine professionelle Weiterentwicklung und Unterstützung der Lehrkräfte möglich (Pedder & James 2012).

In Forschungen zeichnet sich relativ deutlich ab, dass Lehrkräfte verschiedene Quellen brauchen, um etwa *Assessment for learning* erfolgreich in das tägliche Unterrichtsgeschehen zu integrieren. Die Förderung der Lernautonomie wird als größte Chance, aber auch als größte notwendige Änderung gesehen. Für eine Förderung derselben brauchen Lehrkräfte praxisbasierte Forschung. Für das risikoreiche Unterfangen, die eigne Praxis kritisch zu beleuchten und nach Änderungen zu suchen und solche zu finden, die für das Lernen der Schülerinnen und Schüler hilfreich sind, bedarf es auch der Entwicklung und Bewertung eigener Konzepte. Die Einbindung der Schülerinnen und Schüler und der Besuch des Unterrichts anderer oder der Gegenbesuch verbunden mit Diskussionen und Austausch sind wertvolle Optionen (Pedder & James 2012, 41) (vgl. Kapitel 4).

Auch diese Arbeit hat es sich zum Ziel gesetzt, die tagtägliche Praxis zu erforschen. Es gilt herauszufinden, ob sich in der Implementationsphase der neuen Reifeprüfung verschiedene Bewertungspraktiken von Leistungen ausmachen lassen und ob die als motivationsfördernd und leistungssteigernd geltenden partizipativen Formen überhaupt in größerem Ausmaß existieren?

3.2.3 Aufgaben

Die Konzentration auf testmethodische und -strategische Kompetenzen, wie etwa der trainierte Umgang mit Multiple-Choice-Aufgaben und das Üben typischer Aufgabenformate aus vergangenen Tests mit gleichzeitigem Rückgang von problemlösendem und verstehendem Lernen wird als typisch auftretender nichtintendierter Effekt von externen Leistungsmessungen diagnostiziert (Altrichter & Kanape-Willingshofer 2012, 374).

Wie bisherige empirisch Befunde zum Umgang mit Vergleichsarbeiten in Schulen belegen, beeinflussen diese den weiteren Unterricht der Lehrkräfte vor allem über Aufgabenformate. Es liegen keine empirische belastbaren Hinweise auf eine Änderung grundlegender, methodisch-didaktischer Vorgehensweisen aufgrund von Testrückmeldungen vor (Maier et al. 2012, 201). Es kann also davon ausgegangen werden, dass Verhaltensmuster der Lehrkräfte und ihr Umgang mit Aufgaben in der Implementierungsphase der neuen Reifeprüfung im Wesentlichen die Basis für die Arbeit der folgenden Jahre bilden. Die in „Neue Form" (siehe Abschnitt 2.4.2) vorgestellten Typ-1-Aufgaben sind typische Testaufgaben. Die Bewältigung eines Großteils dieser Aufgaben ist für eine positive Gesamtleistung Grundvoraussetzung. Dabei gibt es offene Antwortformate, bei denen die Antwort mit eigenen Worten formuliert bzw. frei erfolgen soll; etwa die Gleichung einer Geraden in Parameterform in die parameterfreie Form zu bringen. Beim halboffenen Antwortformat muss ein „vorgegebenes bzw. passendes mathematisches Objekt in eine vorgegebene Formel, Funktion etc. eingesetzt werden." Etwa einen Mittelwert bestimmen und angeben. Bei Lückentextaufgaben sind in einem Satz zwei Lücken gekennzeichnet, die ergänzt werden müssen. Für jede Lücke werden je drei Passagen als Antwortmöglichkeit vorgegeben, wobei die jeweils richtige Kombination durch Ankreuzen anzugeben ist. Multiple-Choice-Aufgaben gibt es in drei Varianten. 2 aus 5, heißt aus fünf angegebenen Möglichkeiten sind die beiden richtigen durch Ankreuzen herauszufiltern, und bei 1 aus 6 entsprechend eine richtige Antwort aus sechs möglichen und bei x aus 5 kennt man die Anzahl der richtigen Antworten nicht. Im Weiteren gibt es Zuordnungsformate. Mehreren Aussagen stehen mehrere Antwortmöglichkeiten (oft mit Buchstaben bezeichnet) gegenüber. Die richtigen Antworten werden durch Eintragen der passenden Buchstaben den jeweils zutreffenden Aussagen zugeordnet. Die Anzahl der Antwortmöglichkeiten stimmt nicht immer mit der Anzahl der Aussagen überein. Konstruktionsformate stellen die letzten der sechs möglichen unterschiedlichen Formate dar. Bei vorgegebener Aufgabe und Aufgabenstellung sollen der Kandidat bzw. die Kandidatin in ein vorgegebenes Koordinatensystem entsprechende Graphen, Punkte, Vektoren usw. eintragen (Aue et al. 2013, 26–30). Die Vorteile dieser Art, Aufgaben als Prüfungsaufgaben zu nutzen, liegen auf der Hand. Sie sind in der Regel eindeutig, leicht auszuwerten und bei derartigen Testformaten bekannt. Im Grundlagenpapier zur standardisierten schriftlichen Reifeprüfung in Mathematik wird auf Folgendes hingewiesen (Aue et al. 2013, 26):

> Ein *teaching to the test*, also das reine und ausschließliche Üben von aktuellen bzw. freigegebenen Testaufgaben, ist keinesfalls sinnvoll: Bestünde die Möglichkeit, solche Aufgaben vorab zu üben, würden die zurückgemeldeten Ergebnisse keine Auskunft über die tatsächlichen Fähigkeiten geben, sondern eher Aussagen über die Fähigkeit zulassen, wie Schüler/innen durch repetitives Üben profitieren. Aus der bildungstheoretischen Orientierung resultiert die (umfassende) Bedeutung der Grundkompetenzen ebenso wie ihre Verfügbarkeit und daraus resultierende Flexibilität der Anwendung fachspezifischer Inhalte.

Ein kompetenzorientierter Unterricht erfordert entsprechende kompetenzorientierte Aufgaben, die der Herausbildung derselben dienen. Auch der Einsatz verschiedener Unterrichtsformen und Methoden und in weiterer Folge *Assessment for learning* kann nicht unabhängig von den Eigenschaften der zur Verfügung stehenden Aufgaben gesehen werden. Aufgabenstellungen sollen Schülerinnen und Schüler zu verschiedensten Aktivitäten mit mathematischem Hintergrund anregen. Diese Aktivitäten sind eine Grundvoraussetzung für den Erwerb länger-fristig verfügbarer mathematischer Kenntnisse und Fähigkeiten, wie sie dem Kompetenzmodell, das der Reifeprüfung zugrunde liegt, entsprechen (Fuchs 2013). Während das Angebot für die Sekundarstufe I zunehmend wächst, ist die Anzahl diverser Aufgabensammlungen für die Sekundarstufe II sehr überschaubar. Unter Einbeziehung der ausgeführten Qualitätskriterien für Mathematik-Unterricht (vgl. Abschnitt 1.6) und in Anlehnung an die von Karen Rieck und Gerd Walther (Rieck 2011, 25), (Walther 2011) für die Grundstufe angegebenen unterschiedlichen Anforderungen an Aufgaben erfolgt in Abbildung 15 eine Gegenüberstellung der Funktionen von Aufgaben.

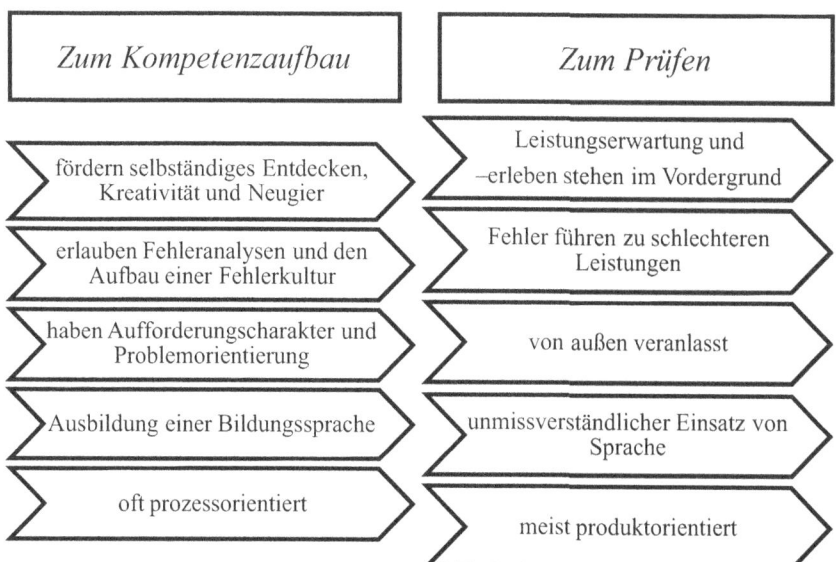

Abbildung 15: Gegenüberstellung der Funktionen von Aufgaben, die primär der Kompetenzentwicklung dienen und von primären Überprüfungsaufgaben (eigene Darstellung – vgl. Rieck, 25)

Der Begriff „Aufgabe" kann für eine Kompetenzentwicklung durchaus weiter gefasst werden, und auch „eine Aufforderung zum Lern-Handeln im Mathematik-unterricht" kann als solche tituliert werden (Bruder et al. 2008, 19).

Bleiben wir, wie auch bei der Vorstellung prototypischer Aufgaben in „Neue Form" (vgl. Abschnitt 2.4.2) beim Thema Funktionale Zusammenhänge und betrachten wir folgende Aufgabenstellung:

Gebt eine Situation an, in der das Modell eines linearen Wachstums zur mathematischen Beschreibung gut geeignet ist, und eine, für die das Modell eines exponentiellen Wachstums in einem gewissen Bereich gut passt! Was sind eure Argumente? Haltet diese schriftlich fest! Entscheidet euch für eine der beiden Situationen und verfasst eine Aufgabe dazu! Die Angabe soll eine Grafik beinhalten.

Derartige Aufgaben sind als Prüfungsaufgaben kaum geeignet, schwer korrigier- und vergleichbar. Für Partnerarbeiten, Unterrichtsgespräche, ... und zur Verankerung von bereits Gelerntem und Vernetzung mit Wissen und Können, das nicht unmittelbar im Mathematikunterricht zu finden sein muss, bilden sie jedoch eine gute Basis.

Regina Bruder nennt fünf Aspekte zur Weiterentwicklung der Aufgabenkultur (Bruder et al.2008, 24).

- Bereitstellen und systematisches Einsetzen solcher Aufgabentypen und Auf- gabenkontexte im Unterricht, die nachhaltiges Lernen von Mathematik för- dern.
- Formulierung von Aufgaben, so dass sie ein hohes Aktivierungspotenzial für die Lernenden besitzen.
- Verstärkte Berücksichtigung solcher Aufgabenformate, die allen Lernenden eine Einstiegsmöglichkeit auf ihrem Leistungslevel gestatten, aber auch wei- tere Fördermöglichkeiten für Leistungsstärkere bieten.
- Im Unterricht nicht nur Lernanforderungen in Form von Aufgaben mit hohem Lernpotenzial stellen, sondern auch zu deren Bewältigung befähigen.
- Nicht nur Zulassen, sondern auch Fördern und Reflektieren unterschiedlicher Lernwege in Erarbeitungsphasen sowie verschiedener Lösungswege zu Auf- gaben beim Üben und Anwenden bis hin zu Leistungssituationen. Es geht um ein Initiieren, Begleiten und Auswerten von Aufgabenbearbeitungsprozessen der Lernenden durch die Lehrkräfte, so dass die Lernenden mehr Verantwor- tung für ihr eigenes Lernen übernehmen müssen und dass der individuelle Lernzuwachs bewusst herausgearbeitet wird.

Die große Herausforderung für die Lehrkräfte besteht darin, geeignete Aufgaben im Sinne dieser neuen „Aufgabenkultur" bereitzustellen und diese gemixt mit vielfältigen Methoden im Mathematik-Unterricht sinnvoll einzusetzen (Fuchs & Blum 2008, 136). So genannte *Modellierungsaufgaben* etwa kommen sowohl in der Unterrichtssituation als auch in Prüfungssituationen (Typ-2-Aufgaben) zum Einsatz. Sie können sehr komplex sein, verbinden mehrere Themen und erfordern zur Bearbeitung eine Transferleistung von der Realität in die Sprache der Mathematik. Für die Ermittlung brauchbarer Lösungen sind meist mehrere

Schrittfolgen nötig, die unter Umständen mehrmals durchlaufen werden müssen. Während derartige Aufgaben im Unterricht jedoch sehr offen gestellt werden können, Diskussionen, Recherchen und sehr kreative Lösungen zulassen, sind derartige Möglichkeiten in der Prüfungssituation mehr als beschränkt.

Für die Ausbildung der in der Prüfungssituation geforderten Argumentations- und Problemlösefähigkeit etwa bedarf es aber der offenen Diskussionen und kreativen Möglichkeiten im Unterricht. Wie es möglich ist, Schülerinnen und Schüler gut auf derartige Modellierungsaufgaben vorzubereiten und passende Lernumgebungen zu schaffen, ist eine Frage, auf die aus fachdidaktischer Sicht noch viele Antworten fehlen (Fuchs & Blum 2008, 146).

Typ-1-Aufgaben sind vom Konzept und Format her völlig neu im Mathematikunterricht der Oberstufe und in der Form vor Einführung der neuen schriftlichen Reifeprüfung nicht im Einsatz gewesen. Für eine positive Endnote bei der neuen schriftlichen Reifeprüfung sind sie jedoch von elementarer Bedeutung. Vom Format und vom Konzept her gelten sie als reine Prüfungsaufgaben und sind im Sinne einer Weiterentwicklung der Aufgabenkultur wenig für einen starken Einsatz im tagtäglichen Unterricht geeignet. Speziell dieser Aufgabentyp stand im Zentrum der vorliegenden Untersuchung. Mit Hilfe dieser sollte herausgefunden werden, wie häufig und in welchen Bereichen diese Art von Aufgaben im Unterricht eingesetzt wird und ob sich verschiedene Funktionen für den Einsatz dieses Typs ausmachen lassen.

3.3 Zusammenfassung Assessment

Assessment als eine systematische Sammlung, Interpretation und Nutzung von Aktivitäten und Leistungen der Lernenden gehört zu einer der Hauptaufgaben einer Mathematik-Lehrkraft.

Assessment for learning in Form einer *Leistungsbegleitung* stellt die Lernenden und ihren Lernprozess in das Zentrum und hat sich im Sinne eines kompetenzorientierten Unterrichts als besonders wirksam und lernfördernd erwiesen. Die Lehrkräfte treten dabei nicht in Hintergrund, sondern beziehen die Lernenden aktiv in das Unterrichtsgeschehen mit ein. Durch die Interaktion und Kommunikation mit den Schülerinnen und Schülern finden die Lehrkräfte und die Lernenden heraus, welche nächsten sinnvollen Lernschritte gesetzt werden müssen und welche Methoden dabei hilfreich sind. Die Lernziele im Bewusstsein habend steht die Verbesserung und Förderung gegenüber der Beurteilung im Vordergrund. Durch *partizipative Leistungsbewertung* und *Förderliche Kommunikation* zwischen Lehrenden und Lernenden sind die Schülerinnen und Schüler besser dazu in der Lage, sich selbst einzuschätzen, im Lernprozess eine aktive Rolle einzunehmen und Verantwortung zu übernehmen.

Durch diese Art des Lernens ist ein Kompetenzaufbau möglich, der an vorangegangene Kompetenzen anknüpft sowie Korrekturen und das Einfließen persönlicher Erfahrungen aus dem Lernprozess nicht ausschließt. Die Chance für die Lehrkräfte, vor allem aber für die Schülerinnen und Schüler, über die angepeilten Lernziele hinausgehend, selbstreflektierend arbeiten zu können und die Fähigkeit zu erwerben, auf fundierter Basis die Arbeit anderer beurteilen zu können, ist durch diese Art des Unterrichts ungleich höher.

Aufgaben spielen in der Mathematik gegenüber anderen Schulfächern eine elementarere Rolle. Nicht alle Aufgabentypen sind für einen Kompetenzaufbau der Schülerinnen und Schüler in gleicher Weise geeignet. Eine kompetenzorientierter Unterricht verlangt nach der Entwicklung einer neuen Art von Aufgabenkultur, die ebenso wie formatives Assessment die Lernenden ins Zentrum rückt.

Eine Vielzahl von Untersuchungen der letzten Jahrzehnte belegt eindrücklich die Effektivität von formativem Assessment. Sie zeigen aber auch wie herausfordernd die tagtägliche Umsetzung in der Praxis ist. Die hohe Komplexität von Unterricht erfordert eine hohe Professionalität der Lehrkräfte und selbst dann bleiben noch viele Unbestimmte übrig. Die Mathematik-Lehrkräfte brauchen verschiedene Quellen, denen sie vertrauen und die praxistaugliche Konzepte liefern. Außerdem bedarf es vielfältiger Möglichkeiten, diese zu erproben, individuell anzupassen und kritisch zu hinterfragen.

4 Kooperation

Kaum jemand bestreitet, dass Unterricht und eine effektive Lehre in der Oberstufe kompliziert und anstrengend sind. So angenehm die relative Autonomie des Lehrberufs auf den ersten Blick auch erscheinen mag, so allein gelassen und großteils allein verantwortlich ist die Lehrperson im Klassenzimmer. Die Heranwachsenden sind vielen Einflüssen von innerhalb und außerhalb der Schule ausgesetzt und müssen oder sollen sich Herausforderungen schulischer und privater Natur stellen. Die Möglichkeiten der Mathematik-Fachlehrkräfte für eine Steuerung und die Möglichkeiten der Einflussnahme auf die Schülerinnen und Schüler sind begrenzt. Andererseits sind sie jedoch dafür verantwortlich, fühlen sich dafür verantwortlich bzw. werden unter Umständen dafür verantwortlich gemacht, dass ihre Schülerinnen und Schüler Kompetenzen und Ziele in mathematischen Bereichen erwerben und erreichen.

Mit den Anforderungen zurechtzukommen, erfordert auch Expertenwissen, Informationen und Unterstützung von außerhalb des Klassenraums. Die Zusammenarbeit in der Kollegenschaft und deren Unterstützung kann in diesem Zusammenhang eine wertvolle Ressource darstellen.

In weiterer Folge der Behandlung des Themas *Kooperation* im Zuge dieser Arbeit sind Begriffsklärungen sowie Ausführungen zu den unterschiedlichen Formen der Kooperation, insofern für diese Arbeit von Relevanz, Inhalt von Abschnitt 4.1. Abschnitt 4.2 schließlich zeigt Vorteile sowie nötige Voraussetzungen für gute Kooperation auf und weist auf förderliche und hinderliche Faktoren speziell auch in Hinblick auf die neue Reifeprüfung hin.

4.1 Begriffsklärungen, Formen der Kooperation

Forschungen aus den USA lassen die Vermutung aufkommen, dass sogenannte „Professional learning communities" bzw. „Professionelle Lerngemeinschaften" kurz PLCs bzw. PLGs besonders effektiv für schulische Personalentwicklung und das Lernen der Schülerinnen und Schüler sind. Mit diesem Begriff sind engagierte Arbeitsgruppen in Schulen oder produktive Fach- oder Jahrgangskonferenzen, aber auch ganze Kollegien oder schulübergreifende Netzwerke gemeint (Bonsen & Rolff 2006, 167–68).

In dieser Arbeit wird das Augenmerk auf die Fachgruppe Mathematik als PLG gerichtet. Mit dem Begriff *Professionelle Lerngemeinschaften* ist bei allen Autoren die Vorstellung von „Lehrern als Lernern" verbunden, die miteinander und voneinander lernen. Dabei findet man etwa Definitionen wie:

> (...) environments in which teachers collaborate and interact regularly around issues of teaching and learning (Bullough 2007).
> (...) a learning community that would strive to develop collaborative work cultures for teachers (Vescio et al. 2008).
> Educators committed to working collaboratively in ongoing processes of collective inquiry and action research to achieve better results for the students they serve (DuFour 2006).

Dieser im letzten Zitat angeschnittene Punkt ist eine essentielle Grundlage für PLGs. Der Hauptfokus, auf ein adäquates Lehren gerichtet, dessen Weiterentwicklung hauptsächlich von schul- und unterrichtsfremden Experten getragen wird, verschiebt sich nun in Richtung Lernen und Professionalisierung durch Kooperation und Kollaboration. Nun sind die Lehrkräfte selbst die Experten. Auf Basis einer gemeinsamen Reflexion und Analyse der tagtäglich gelebten Praxis ist das Ziel sicherzustellen, dass die Schülerinnen und Schüler auch tatsächlich etwas lernen. Bolam (Bolam et al. 2005, 145) bekräftigt das, indem er aufgrund von Forschungen professionelle Gemeinschaften als Vision sieht:

> (...) with the capacity to promote and sustain the learning of all professionals in the school community with the collective purpose of enhancing student learning.

Wie bereits im Kapitel „Grundlagen" ausgeführt, gilt eine Inputsteuerung in Form einer inhaltlich-qualitativen Reform als gescheitert (Wissinger 2011, 15). Die Idee, Lehrkräften, ohne deren konkrete Einbindung, wissenschaftlich fundierte Unterrichtskonzepte und Materialien weiterzugeben, führt nicht zu den gewünschten Innovationen. Die Hauptlast liegt hier auf dem „Lehren", wodurch ein „Belehren" nicht weit entfernt liegt. Ein derartiger Fokus impliziert automatisch eine gewisse Ablehnung gegenüber nicht „praxiserprobten" Expertinnen und Experten. Da nicht die Adressaten des Lehrens, sondern die Lehrenden selbst im Mittelpunkt stehen, verstärkt sich ein ohnedies stark ausgeprägtes und historisch gewachsenes Autonomiebestreben dieser Personengruppe zusätzlich.

PLGs basieren auf der Idee einer Kooperation und Kommunikation gleichberechtigter, unter ähnlichen Bedingungen und Voraussetzungen agierender Personen mit dem Ziel eines möglichst großen Kompetenzerwerbes der Schülerinnen und Schüler. Durch die direkte Möglichkeit einer unmittelbaren Erprobung und Reflexion von Unterrichtsprozessen kann erworbenes Wissen und Können direkt weitergegeben, aber auch vor Ort eingeholt werden.

Unterricht basiert auf vielen kleinen Handlungen und nach Baptist und Winter sind mit Verweis auf in anderen Ländern erfolgreich praktizierte „lesson study processes" auch im Mathematik-Unterrichtsgeschehen große Änderungen durch Einzelaktionen und kurze Impulse nicht möglich. Voraussetzung für große Veränderungen ist eine Anhäufung von vielen kleinen Veränderungen über einen längeren Zeitraum. Die Mathematik-Lehrkräfte selbst gestalten diesen nötigen Prozess der ständigen Verbesserung des Unterrichts (Baptist & Winter 2001, 69). Vorhandene Kompetenz bildet die Basis der Entwicklungsprozesse, wird somit wertgeschätzt und gewinnt Bedeutung. Auf diese Art und Weise erhöhen die Mathematik-Lehrkräfte ihr professionelles Know-how und verbessern dadurch das Lernen der Schülerinnen und Schüler.

Bei Durchsicht und Vergleich der verschiedenen Ansätze wird deutlich, dass es wenig Sinn macht, eine nicht erfüllte Vision durch eine andere nicht praktizierte zu ersetzen. Die Jugendlichen in den Vordergrund zu rücken und ihren fachlichen Kompetenzerwerb bewusst im Auge zu behalten, scheint ein guter Ansatz zu sein. Nichts desto trotz bedarf es einer „Förderlichen Kommunikation" zwischen allen Hauptbetroffenen, um die Anliegen umzusetzen.

Förderliche Kommunikation sei dabei definiert als jene Form der Kommunikation, die auf Basis einer, zumindest für alle Beteiligten, allgemein etablierten Sprache sowohl die extrinsische als auch die intrinsische Motivation mit dem Ziel einer positiven Weiterentwicklung steigert. Die Darstellung in Abbildung 16 zeigt eine grafische Darstellung der Kommunikationsprozesse.

Eine PLG stellt ein komplexes Konzept mit mehreren unterschiedlichen Dimensionen dar. Sie kann als sozialer Kontext verstanden werden, in dem Lehrerinnen und Lehrer systematisch und koordiniert, durch Austausch, Analyse und Evaluierung authentischer Probleme und Herausforderungen sowie die Verwendung neuer Materialien und Methoden, Anlässe und Gelegenheiten zum berufsbezogenen Lernen erhalten. Dabei bewerten laut Untersuchungen von Bonsen und Rolff (2006) Lehrkräfte aus Gymnasiuen die professionellen Lerngelegenheiten in ihrer Schule in der Tendenz zurückhaltender als die Lehrkräfte anderer Schulformen (Bonsen & Rolff 2006). Durch die beschriebene *Förderliche Kommunikation* können PLGs an Gymnasien für Mathematik-Lehrkräfte als Ergänzung gesehen werden, die, aufbauend auf vorhandene bewährte Konzepte, vorhandene Lücken schließen und Lerngelegenheiten schaffen, ohne die Türen zur Bildungspolitik und Bildungswissenschaft zu schließen. Dieser letzte Aspekt soll an dieser Stelle besonders hervorgehoben werden.

Kooperation ist ein Hauptbestimmungskriterium für PLGs. Gräsel et. al. beziehen sich auf eine Definition von Kooperation aus dem organisations-psychologischen Bereich (Spieß 2004, 199), wobei Kooperation durch den Bezug auf andere, auf gemeinsam zu erreichende Ziele bzw. Aufgaben gekennzeichnet ist. Sie setzt eine gewisse Autonomie voraus, wird bewusst eingesetzt, ist kommunikativ und bedarf des Vertrauens (Fussangel & Gräsel 2012).

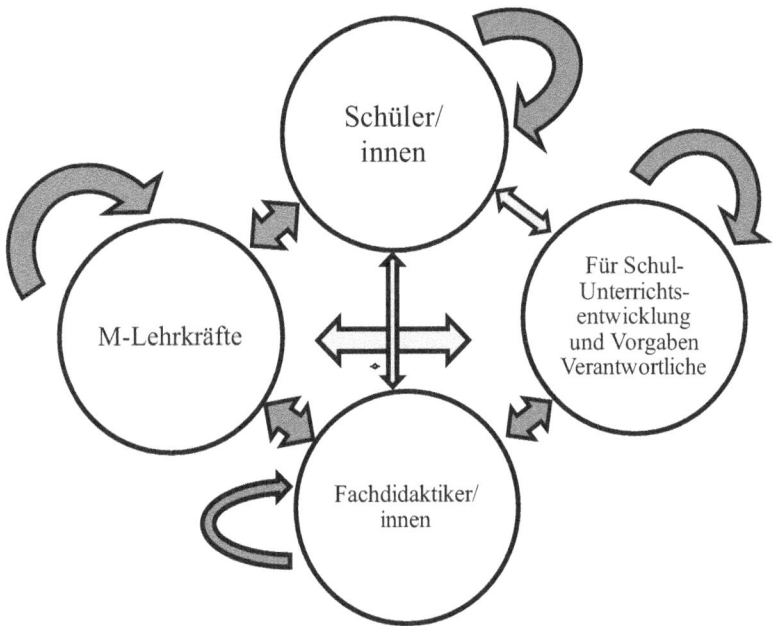

Abbildung 16: Förderliche Kommunikation zwischen den Hauptbeteiligten
               (eigene Darstellung)

Für die Kooperation der Mathematik-Lehrkräfte an den einzelnen Standorten werden an dieser Stelle drei handlungsorientierte unterrichtsbezogene Formen der Kooperation unterschieden, die unterschiedliche Aufgaben erfüllen (Gräsel et al. 2006), (Fussangel & Gräsel 2012).

- *Austausch*: Die Ausführung dieser Form erfolgt über den Austausch von Informationen und/oder Materialien. Die Umsetzbarkeit ist relativ einfach, da keine besonderen Ressourcen wie Zeit oder Vertrauen nötig sind.
- *Gemeinsame (arbeitsteilige) Planung*: Die Ausführung besteht in einer gemeinsamen Erstellung eines Endprodukts, wie z.B. die Vorbereitung einer Unterrichtssequenz, einer Schularbeit oder die Abstimmung von Themen oder Methoden. Die Umsetzung setzt gemeinsame Zielsetzungen voraus. Eine gemeinsame Organisation und Strukturierung ist von Nöten.

- *Ko-konstruktive Kooperation*: Durch die gemeinsame Erschließung bestimmter Inhalte und/oder Entwicklung von Standards bilden sich die Lehrkräfte selbst professionell weiter und entwickeln zugleich ihren Unterricht. Ko-konstruktive Kooperation erfordert immer einen starken reflektiven Anteil und benötigt im Vergleich zu den beiden vorangegangenen Formen ein hohes Maß an Ressourcen sowie Zeit und Vertrauen.

4.2 Förderliche und hinderliche Faktoren

Mehrere Studien der vergangenen Jahrzehnte belegen einen Zusammenhang zwischen professionellen Gemeinschaften von Lehrpersonen und Leistungssteigerungen von Schülerinnen und Schülern in verschiedenen Bereichen (Hoy & Miskel 2006, 89–90). Schlechte Zusammenarbeit unter den Lehrkräften sieht Klippert als ein wesentliches Manko, warum Unterrichtsreformen meist viel zu sehr auf punktuelle Aktionen einzelner Lehrkräfte beschränkt blieben (Klippert 2006). Bönsch (Bönsch 2011, 19) bringt es auf den Punkt:

> Die Wirksamkeit eines Kollegiums liegt wohl darin, dass in Bezug auf die wichtigen Fragen eine Einheitlichkeit vorliegt und diese durch Kommunikation und Kooperation gesichert wird. Insofern muß sich die individuelle pädagogische Freiheit 'brechen' an dem, was gemeinsam für wichtig gehalten wird.

Kommunikation und Kooperation in einer förderlichen Form sind jedoch nicht selbstverständlich. Die Verbesserung von Ergebnissen ist an gewisse Bedingungen geknüpft. Für die Stärke einer professionellen Lerngemeinstaft gibt es zusammengefasst kritische Elemente (Kruse et al. 1994, 70–71) und im Bezug auf Unterrichtsentwicklung erforderliche zentrale Merkmale für die Professionalisierung der Lehrpersonen (Reusser & Halbheer 2008, 306–307), (Reusser & Tremp 2008).

- Input, Trainings-, Reflexions- und Feedbackphasen
- De-Privatisierung des Unterrichts (Hospitationen, geteilter Unterricht, Diskussionen über den Unterricht, neue Beziehung zwischen den Teilnehmenden)
- Gemeinsamer Fokus auf das Lernen der Schülerinnen und Schüler – klare, fachdidaktische Zielsetzung – Problembasiertheit und Bezug auf konkrete inhaltliche Aufgaben
- Wechselseitiger Austausch und Kooperation

- Geteilte Normen und Werte – Anknüpfung an Wissensvoraussetzungen und „beliefs" der Lehrpersonen – soziale und fachliche Kompetenz – Fähigkeit zur Reflexion

Das Funktionieren einer professionelle Lerngemeinschaft ist auch stark an die Bereitstellung struktureller Bedingungen geknüpft, als welche die folgenden (vergl. (Kruse et al. 1994, 72), (Halfhide 2009, 106), (Reusser & Halbheer 2008)) immer wieder genannt werden:

- In ausreichendem Ausmaß Zeitressourcen
- Räumliche Strukturen für „körperliche" Nähe – Bezug zur jeweiligen Schule oder Klasse
- Gemeinsame klare Ziele und Aufgaben – verbindliche Abmachungen
- Kommunikationsstrukturen – Rollenklarheit
- Gleichberechtigung – Übernahme von Verantwortung durch alle
- Unabhängigkeit und Autonomie – Eigenverantwortung
- Unterstützung durch Beratungs- und Coaching-Angebote
- Forschungsbasiertheit

Die zentrale standardisierte Reifeprüfung Mathematik stellt ein Ziel dar, auf das die Lehrkräfte hinarbeiten können. Das schafft eine nötige gemeinsame Basis. In verschiedenen Forschungsprojekten hat sich gezeigt, dass ein vorgegebenes Grobziel für funktionierende Kooperationsprozesse förderlich ist (Fussangel & Gräsel 2012). Auch die Einstellung der Lehrkräfte zu den Neuerungen und die Schaffung von Möglichkeiten, an Vorwissen und Vorerfahrungen anzuknüpfen sind wichtige Elemente, um eine förderliche Kommunikation zu gewährleisten.

Durch die Standardisierung und Kompetenzorientierung ist der Bezug auf konkrete Inhalte und eine Konzentration auf das Lernen gegeben. Für einen repräsentativen Anteil von reflexiven Elementen wären kokonstruktive Kooperationselemente, die Fähigkeit zur Reflexion und prozessbezogene Datenrückmeldungen notwendig. Bildungspolitisch ist das ein Paradoxon, auf das auch Altrichter (Altrichter 2010, 252) hinweist.

Output-Messungen sollen prozessbezogen interpretiert werden und entsprechende Reaktionen nach sich ziehen; eine Politik, die aus einem Zweifel an der professionellen Selbstentwicklungsfähigkeit der Lehrpersonen und Schulen entstanden ist, appelliert an die Professionalität des schulischen Personals, aus Datenrückmeldung Konsequenzen der Qualitätsentwicklung zu ziehen. Gerade im letzten Punkt scheint das Grunddilemma dieser Politik zu liegen. Wenn die Nutzung von Lernstandserhebungen einen (kompetenzorientierten) „Paradigmenwechsel" im Lehrerhandeln, wenn sie eine „neue Professionalität" erfordert, dann setzt das Steuerungsinstrument Datenfeedback gerade das voraus in dessen Richtung es „steuern" soll.

Laut Newmann gibt es drei große Barrieren gegen die Zusammenarbeit der Lehrpersonen für den Erfolg der Schülerinnen und Schüler (Newmann 1994, 2–3).

• Professionelle Normen: Die meisten Lehrpersonen sehen sich und die Kollegenschaft allein aufgrund ihrer Profession als autonom an. Aufgrund dessen wollen sie nicht in die Belange der anderen Mathematik-Lehrpersonen und die von deren Schülerinnen und Schüler involviert werden.

• Andere Mechanismen: Die Lehrpersonen sind nicht unmittelbar auf die Zusammenarbeit angewiesen - Unterricht funktioniert auch so!

• Formelle und informelle Kräfte: Innerhalb des Personals gibt es formelle und informelle Kräfte, die mit dem Bestreben, Konsens im Hinblick auf die Verantwortung für gute Ergebnisse zu erzielen, interferieren.

Als Basis einer freiwilligen Kooperation von Lehrkräften konnte in erster Linie ein Sympathieverhältnis bzw. eine bestehende Freundschaft gesehen werden. Durch die jüngeren Entwicklungen, in denen Lehrpersonen Zusammenarbeit aufgrund steigender Arbeitsbelastung zunehmend als berufliche Notwendigkeit erleben, wird dieser Einflussfaktor stärker in den Hintergrund gedrängt (Pröbstel & Soltau 2011, 59). Gerade im Zuge sich verändernder bildungspolitischer Rahmenbedingungen und Ansprüche werden die Vorteile von Kooperation meist einseitig in den Vordergrund gerückt. Der verbundene Aufwand sowie möglicherweise entstehende innerschulische Divergenzen und Differenzen zwischen den pädagogischen Akteuren werden oft vernachlässigt (Baum et al. 2012, 9). Anspruchsvolle Kooperationen sind von gezielter organisatorischer Unterstützung abhängig. Wobei hier auch eine Differenzierung von administrativen, konzeptionellen, reflexiven und interventiven Arbeiten maßgeblich ist. Für eine, die Kooperation unter Lehrkräften begünstigende Organisationsstruktur ist der Ausbau der Supportstruktur, die Entlastung von alltäglichen Erfordernissen der Organisation ermöglicht, von Bedeutung. Diesbezügliche Überlegungen zur arbeitsteiligen Organisation in Schulen sind bisher kaum entwickelt worden. Kooperation lässt sich allerdings nicht durch organisatorische Strukturmaßnahmen herstellen. Eine organisatorisch nicht steuerbare Bereitschaft zur Kooperation unter den Mitgliedern der Profession ist Grundvoraussetzung (Kuper & Kapelle 2012, 48–49).

Es erscheint daher bedeutend, den kooperierenden Lehrkräften genügend Autonomie zu gewähren, damit sie sich innerhalb gemeinsamer Zielvorgaben nicht eingeengt fühlen. Die Organisation Schule stellt von sich aus weder räumliche noch zeitliche Ressourcen zur Verfügung, sodass Kooperation bewusst gestaltet und organisiert werden muss (Fussangel & Gräsel 2012, 32–35).

Speziell in Österreich ist die Situation des Lehrpersonals bezüglich Support in administrativen und sozialen Belangen angespannt. Laut der OECD-Vergleichsstudie TALIS 2008 ist in Österreich das Verhältnis von Lehrkräften bzw. Schülerinnen und Schülern zum Unterstützungspersonal das schlechteste unter den 17 untersuchten OECD-/EU-Ländern (Suchan et al., 2009) und daran hat sich bis dato nichts geändert. Mathematik-Fachlehrkräfte an den einzelnen Standorten kooperieren nicht nur zu fachlichen und pädagogischen Belangen im engeren Sinn. Die Tätigkeitsfelder sind vielschichtig, und der Liste der möglichen und nötigen Kooperationen sind praktisch kaum Grenzen gesetzt; diese enthält Punkte wie „Gestaltung von Feierlichkeiten" ebenso wie „Entwicklung eine Leitbildes und Schulprofils" oder die „Adaptierung der Hausordnung". Aber auch die Kooperationsmöglichkeiten zu mathematischen Angelegenheiten sind nicht auf die Mitglieder der Fachgruppe beschränkt. Man denke nur an fächerübergreifenden Unterricht, Projekte oder außerschulische Kooperations-möglichkeiten.

Die Schultheorie hat bislang jedoch keine Antwort darauf gefunden, welche Strukturen innerhalb der Einzelschule für die Arbeit von PLGs genutzt werden können bzw. aufgebaut werden müssen. Dafür scheint es notwendig, Zielgruppen zu identifizieren und die innerschulischen Arbeitsstrukturen zu klären (Bonsen & Rolff 2006). Empirische Untersuchungen (Fussangel 2008), (Fussangel et al. 2010) zeigen, dass sich die Lehrpersonen an voll gebundenen Ganztagsschulen, die im Prinzip über geeignetere Strukturen verfügen, im Bezug auf alle drei erhobenen Kooperationsformen nicht von ihren Kolleginnen und Kollegen an Halbtagsschulen unterscheiden. Das deterministische Modell Ursache-Wirkung ist also nicht gegeben. Unterricht ist ein sehr komplexes Gebilde und bedarf fundierter Zugänge, die sowohl das Einzelne als auch das Ganze im Auge behalten. Umso wichtiger ist es, für das Fach Mathematik speziell, etwas Licht in das Kooperationsverhalten dieser Fachgruppe zu bringen.

4.3 Zusammenfassung Kooperation

Professionelle Lerngemeinschaften bieten eine gute Möglichkeit, die Professionalisierung von Mathematik-Lehrkräften voranzutreiben. Die Ein-führung einer standardisierten, zentralen und kompetenzorientierten Reife-prüfung kann als geeigneter Anreiz gesehen werden, diese bisher noch wenig genutzte Ressource stärker zu aktivieren.

Die Vorteile liegen vor allem in einer unmittelbaren Verfügbarkeit und direkten Umsetzungs- und Reflexionsmöglichkeit von Unterrichtsimpulsen. Anders als gegenüber einer oft skeptischen Haltung gegenüber Expertinnen und Experten von außen kann ein Austausch von Informationen und Material, und können arbeitsteilige Prozesse und „lesson study processes" unter weitgehend gleichberechtigten und als gleichwertig angesehenen Kolleginnen und Kollegen die Unterrichtsentwicklung positiv beeinflussen.

Die Bildung einer professionellen Lerngemeinschaft Mathematik von hoher Qualität lässt sich nicht verordnen und bedarf gewisser Voraussetzungen und Strukturen. Manche Formen der Kooperation, die sich theoretisch für den Kompetenzerwerb der Schülerinnen und Schüler als gewinnbringend erwiesen haben, erfordern eine starke De-Privatisierung des Unterrichts und ein hohes Maß an Zeit und Vertrauen. Diese Ressourcen stehen oft nicht zur Verfügung bzw. wollen oder können nicht bereitgestellt werden. Es kann auch nicht davon ausgegangen werden, dass Kooperation per se positive Effekte nach sich zieht. Die verschiedenen Kooperationsformen erfüllen unterschiedliche Funktionen und bilden weder ein Ranking, noch stehen sie in Konkurenz zueinander. Manche Kooperationsformen, wie etwa ein stärkerer Austausch, sind niederschwelliger und lassen sich leichter etablieren. Wird der Kompetenzerwerb der Schülerinnen und Schüler mehr in den Fokus gerückt, kann das einen Anstoß für ein stärkeres Kooperationsverhalten geben. Soll diese Kompetenzorientierung jedoch langfristig ein Ziel bleiben und zu einer beständigen Etablierung und einem Ausbau der PLG führen, so ist eine positive Einstellung gegenüber Standards für Mathematik und verbindliche Vereinbarungen Voraussetzung.

PLGs können als gute, ausbaufähige Elemente und positive Ergänzung einer Unterrichtsentwicklung im Fach Mathematik angesehen werden. Möglicherweise dienen sie sogar dazu, die bisherige, oft konfliktreiche Kommunikation zwischen Bildungspolitik, Bildungswissenschaft und den Schulpartnern zu verbessern und zu verstärken. Dazu bedarf es einer *Förderlichen Kommunikation* zwischen den genannten Gruppen.

5 Empirische Befunde

Auf Basis der theoretischen Analyse werden in Abschnitt 5.1 zentrale Frage-stellungen und zu prüfende Hypothesen zusammenfassend konkretisiert. Die Methode, der Aufbau und Inhalt des verwendeten Fragebogens, die Durchführung der Studie sowie eine Beschreibung der Stichprobe stehen im Zentrum der weiteren Unterkapitel. Unterkapitel 5.2 widmet sich der Beschreibung und deskriptiven Analyse einer Nebenuntersuchung zur Kompetenz von Lehrkräften. Die Beschreibung, Ergebnisse der Analysen der gesammelten Daten der Haupt-untersuchung, gewonnene Erkenntnisse sowie Interpretationen stehen im Zentrum von Abschnitt 5.3. Wie in der gesamten Arbeit wird dabei zuerst den Teilaspekten *Einstellungen, Assessment* und *Kooperationsverhalten* bewusst extra Raum gelassen. Anschließend erfolgt in Hinblick auf die Prüfhypothesen und Forschungsfragen eine Präsentation der Ergebnisse. Das diesem Kapitel folgende letzte Kapitel 6 beinhaltet wesentliche Ergebnisse, Interpretationen und Erkenntnisse noch einmal zusammengefasst. Anmerkung: Sämtliche in den folgenden Kapiteln vorkommende Tabellen und Abbildungen sind eigene Darstellungen.

5.1 Theoretisches Fazit, Fragestellungen und Untersuchungsdesign

5.1.1 Theoretisches Fazit und Fragestellungen

Das Ziel der Arbeit besteht darin, Erkenntnisse über die Einstellungen der Mathematiklehrkräfte der AHS-Oberstufe zur neuen Reifeprüfung, ihr Verhalten im Bezug auf die Beurteilungspraxis, den Einsatz von Aufgaben Typ1 im Unterricht und das Kooperationsverhalten der Lehrkräfte zu erlangen. Es wird auch der Frage nachgegangen, ob sich Gruppen identifizieren lassen, die sich in den oben genannten Punkten unterscheiden. Daher werden neben demographischen Daten mittels Selbsteinschätzung noch Wissen und Können in fachdidaktischen Belangen mit erhoben.

Bisherige Ergebnisse in der Implementationsforschung belegen, dass den drei Elementen *Einstellungen, Assessment* und *Professionelle Lerngemeinschaften* entscheidende Bedeutung für eine positive Entwicklung des Fachunterrichts

Mathematik zukommt. Eingangs genannte Forschungsschwerpunkte sind wichtige Teilgebiete dieser Themenbereiche. Da zu erwarten ist, dass die Mathematik-Lehrkräfte ihre Verhaltensmuster in dieser Implementierungsphase auch in den Folgejahren beibehalten beziehungsweise stark darauf aufbauen werden, kann die Interpretation der Ergebnisse der Studie dazu dienen, korrigierend beziehungsweise bestärkend zu einer qualitätsvollen Unterrichtsentwicklung im Fach Mathematik beizutragen. Außerdem kann davon ausgegangen werden, dass die Ergebnisse teilweise auch auf andere ähnliche Situationen sowie Personengruppen übertragbar sind. Theoretisch-analytisch wurden folgende Hypothesen und Forschungsfragen konstruiert:

Einstellungen
- Hypothese 1a: Die Mathematiklehrkräfte der Oberstufe AHS sehen keine Qualitätsverbesserung im Sinne der Ziele der neuen Reifeprüfung.
- Hypothese 1b: Die Mathematiklehrkräfte der Oberstufe AHS fühlen sich unter Druck gesetzt.
- *Assessment*
- Hypothese 2a: Eine verbale und notenzentrierte Leistungsrückmeldung ist im Unterricht vorherrschend.
- Forschungsfrage: Wie häufig und in welcher Form kommen Prüfungsitems vom Typ 1 im Mathematikunterricht zum Tragen?
- Hypothese 2b: Teaching-to-the-test-Effekte treten auf.

Kooperation
- Hypothese 3a: Entsprechend den berichteten theoretischen Annahmen und den empirischen Befunden kann angenommen werden, dass die Einführung einer zentralen schriftlichen Reifeprüfung zu einem regen Austausch von Unterrichtsmaterial und unterrichtsbezogenen Informationen führt.
- Hypothese 3b: Kooperationsformen, die einen reflektiven Anteil beinhalten, spielen auch in der Implementierungsphase der Einführung der Zentralmatura bei Mathematiklehrkräften der AHS-Oberstufe eine untergeordnete Rolle.

5.1.2 Untersuchungsdesign

Der Befragungszeitraum der Querschnittsanalyse erstreckte sich von Mitte November 2013 bis Anfang Dezember 2013. Dieser Zeitraum liegt ein gutes Jahr vor der erstmaligen flächendeckenden Durchführung der neuen schriftlichen Reifeprüfung aus Mathematik. Alle steirischen Mathematiklehrkräfte der Oberstufe AHS hatten die Möglichkeit, an der Studie teilzunehmen. Die Fragebögen wurden mit Einverständnis der Schulaufsicht in ausreichender Anzahl in Papierform gemeinsam mit einem frankierten Rückkuvert den Fachkoordinatoren und Fachkoordinatorinnen aller Schulen übergeben. Diese ermöglichten den Lehrkräften an den Standorten, die Bögen anonym einzeln auszufüllen, und sie sendeten diese für die Schule gesammelt mit der Post retour. Um einen Vergleich mit dem Antwortverhalten der Mathematiklehrkräfte aus den anderen Bundesländern zu ermöglichen, wurden nach dem Zufallsprinzip auch AHS aus anderen Bundesländern zur Teilnahme eingeladen. In einem Bundesland erklärte sich eine Schule, in allen anderen Bundesländern zumindest jeweils zwei Schulen dazu bereit, die Fragebögen an die Mathematik-Oberstufenlehrkräfte auszuteilen und ausgefüllt zurückzusenden. Aus der Anzahl der erhaltenen Fragebögen konnte indirekt geschlossen werden, dass an etwa der Hälfte der teilnehmenden Schulen alle oder fast alle Lehrkräfte, die dort an den Oberstufen Mathematik unterrichteten, an der Befragung teilnahmen. Insgesamt wurden 390 Bögen verteilt und 241 kamen ausgefüllt bzw. mit Notizen versehen zurück.

Die Frage „Was tut sich von Seiten der Lehrkräfte im Bereich *Einstellungen, Assessment* und *Kooperationsverhalten* in der Phase vor der flächendeckenden Einführung der Reifeprüfung?" steht im Mittelpunkt des Forschungsinteresses. Diese bewusste Breite der Themen ermöglicht einen guten Überblick, geht dadurch jedoch auf Kosten einer gewissen Tiefe.

Eine längsschnittliche Analyse der Wirkungen der Einführung zentraler Abiturprüfungen in Deutschland (Maag Merki 2012) weist darauf hin, dass sich das Verhalten der Mathematiklehrkräfte in den Folgejahren nicht wesentlich verändern wird. Das und der Umstand, dass einzelne Handlungen der Lehrkräfte im Unterricht nicht isoliert voneinander gesehen werden sollen, ließen dem gewählten Vorgehen den Vorzug geben.

5.1.2.1 Fragebogen und Untersuchungsdurchführung

Ausgehend von den Prüfhypothesen und der Forschungsfrage wurden zu den Bereichen *Qualitätsentwicklung, Druck, Leistungsrückmeldepraxis, Verwendung von Aufgaben Typ 1* sowie *Kooperationsverhalten* und zusätzlich allgemeine Fragen zum fachdidaktischem Wissen und Können der Mathematiklehrkräfte formuliert. Für die Konstruktion des Erhebungsinstruments wurden die Aufgaben in Form einer Feststellung gekleidet. Die Generierung der Items erfolgte zum Teil in Anlehnung an Studien, die sich mit den Teilaspekten dieser Untersuchung decken. Eine gänzliche Übernahme vorhandener Skalen war jedoch aufgrund der speziellen Situation und Gegebenheiten in keinem Fall möglich.

Bei der Ausgabe der Bögen wurde zuvor ausdrücklich auf die Bedeutung davon hingewiesen, dass kein Austausch mit Kolleginnen und Kollegen über Inhalte des Fragenkatalogs vor dem Ausfüllen des Fragebogens stattfinden sollte.

Neben der Zusicherung der Anonymität wurde auch der Wert der Teilnahme für eine Weiterentwicklung des Mathematikunterrichts betont. In dem Fragebogen wurden zum einen Hintergrundvariablen, wie Schultyp, Geschlecht, Alter, Schulstufen in der Oberstufe, in denen die Lehrkräfte Mathematik unterrichten, Anzahl der bisherigen Maturajahrgänge und Berufserfahrung bzw. Unterrichtserfahrung im Fach Mathematik und weitere Unterrichtsfächer, erfasst. Beschreibende Auswertungen hierzu gibt es in im Rahmen der Stichproben-beschreibung. Die etwa 90 Items sind durchgängig nummeriert, lassen aber eine Gliederung gemäß den untersuchten Thematiken erkennen, ohne diese explizit hervorzuheben. Bei Fragen zu konkreten Unterrichtshandlungen ist deutlich herausgestrichen, dass die Antworten im Bezug auf jene Mathematikklasse(n) erfolgen sollen, die sich zum Messzeitpunkt in der höchsten Schulstufe befindet/n.

5.1.2.2   Diskussion in Expertenkreisen

Nach Verfassen einer Erstversion des Fragebogens wurden in vier Runden in einem Zeitraum von vier Monaten Experten zur Überprüfung der Bearbeitungsdauer, der Verständlichkeit des Inhalts und der Konstruktion befragt. Der empfohlene Ansatz zum „lauten Denken" (Benesch & Raab-Steiner 2012) mit dem damit verbundenen Auftrag, Auffälligkeiten zu verbalisieren, erwies sich als sehr hilfreich. Die jeweiligen Anregungen, Eränzungen und Formulierungs-änderungen wurden eingearbeitet. Die Expertenkreise bestanden aus Psychologinnen und Psychologen, Bildungswissenschaftlern, Fach-didaktikerinnen und Fachdidaktikern und Mathematik-Lehrkräften. Besonderer Dank gilt in diesem Zusammenhang Prof. Aljoscha Neubauer, Ph.D., Prof. Dr. Michael Neubrand, Mag. Jennifer Diedrich, Prof. Dr. Bernhard Salzger, Prof. MMag. Dr. Andreas Ulovec und Prof. Dr. Bernd Thaller.

5.1.3   Datengrundlage

5.1.3.1   Stichprobe

In Österreich gab es im Untersuchungszeitraum 346 AHS, 289 davon mit; 57 ohne Unterstufe. Laut Statistik Austria befinden sich 11 AHS im Burgenland, 23 in Kärnten, 58 in Niederösterreich, 48 in Oberösterreich, 26 in Salzburg, 48 in der Steiermark, 25 in Tirol, 14 in Vorarlberg und 93 in Wien. In der Steiermark (Auskunft LSR für Stmk.) lehrten im betroffenen Schuljahr insgesamt (Ober- und Unterstufe) 381 Mathematik-Lehrkräfte an den AHS, von denen 155 männlich und 226 weiblich sind. Von 390 ausgegebenen Bögen kamen 241 (völlig leere, unbeschriebene Blätter nicht mitgezählt) von insgesamt rund 50 Schulen zurück. Ca. 60 % der Schulen befinden sich in der Steiermark, 40 % in den anderen Bundesländern.

Zwei der Bögen wurden, obwohl vollständig ausgefüllt, nicht in die Auswertung mit einbezogen, da sie erst fünf Monate nach der Ausgabe eintrafen und der zwischenzeitliche Verbleib unklar ist. Eine nachträgliche grobe Analyse ergab, dass die Einbeziehung der Daten die Gesamtergebnisse nicht wesentlich beeinflusst hätten. Drei Kolleginnen bzw. Kollegen füllten nichts aus, versahen das Papier jedoch mit Notizen. Zwei gaben an, aufgrund einer zu großen generellen Arbeitsbelastung und in Ermangelung von Zeit nicht teilgenommen zu haben, und auf einem Bogen wurde vermerkt, dass die Reifeprüfung in der neuen Form generell abzulehnen sei. Vier weitere Bögen, die nur sehr wenige Angaben enthielten, wurden nicht in die Datenauswertung mit einbezogen. Insgesamt ergab sich dadurch eine Anzahl von 232 verwertbaren Bögen, was gegenüber dem Ausgabewert einer Quote von etwa 60 % entspricht.

Obwohl der Fragebogen sehr lang war und das Ausfüllen 20–25 Minuten in Anspruch nahm, war auffällig, dass bei den verwertbaren Bögen fast alle Personen die relevanten Teile vollständig ausfüllten. Da aus einzelnen fehlenden Kreuzen und Werten keine Systematik herauszulesen ist, wurde ein listenweiser Ausschluss von Versuchspersonen mit fehlenden Werten vorgenommen.

Die Stichprobe umfasst $N = 232$ (115 männlich, 116 weiblich, 1 keine Angabe). Die Kategorie Alter wurde ebenso wie die generelle Berufserfahrung und die Unterrichtsjahre im Fach Mathematik erhoben und anschließend in vier Klassen eingeteilt. Das Minimum des Alters liegt bei 24, das Maximum bei 62 und der Mittelwert bei 44,71 (w: 44,19; m: 45,23) mit einer Standardabweichung von 11,23 Jahren (w: 11,51; m: 10,98). Drei Personen waren Berufsquereinsteiger und hatten null Jahre Unterrichtserfahrung in Mathematik und zwei Personen verzeichneten bereits 39 Jahre Unterrichtstätigkeit im Fach. Der Mittelwert lag hier bei 18,05 Jahren (w: 17,79 Jahre; m: 18,31 Jahre) mit einer Standardabweichung von 11,80 Jahren. Die Anzahl der Jahre nach Abschluss des Studiums war durchschnittlich etwas höher, dieser Wert jedoch nur zum Vergleich erhoben worden und fand in der Untersuchung keine weitere Beachtung.

Die folgende Tabelle 5 zeigt, wie viel Prozent der Lehrkräfte der Stichprobe in die entsprechenden Altersklassen mit einer Intervallbreite von ca. zehn Jahren fallen, wie unterrichtserfahren (im Fach Mathematik) die untersuchten Lehrkräfte sind und wie viele Maturajahrgänge sie als Mathematik-Fachlehrerinnen bzw. Fachlehrer bisher absolvierten.

Man sieht, dass die Gruppe der älteren sowohl lehr- als auch maturaerfahrenen Lehrkräfte die größte Gruppe darstellt. Dem gegenüber steht jedoch etwa ein Drittel an Mathematiklehrerinnen und -lehrern mit wenig

Unterrichtserfahrung. Ein Fünftel der Lehrkräfte hatte bisher noch keine Mathematikmatura abgehalten.

Tabelle 5: Altersverteilung der Lehrkräfte, bisherige Lehrtätigkeit und bereits absolvierte Maturajahrgänge im Fach Mathematik

N	Altersverteilung	Unterrichtsjahre Mathematik	Maturajahrgänge bisher
232	bis 33 22,1 %	bis 10 34,3 %	0 20,0 %
w 115	34 bis 43 21,2 %	11 bis 20 19,1 %	1 – 2 17,8 %
m 116	44 bis 53 27,3 %	21 bis 30 23,0 %	3 – 5 16,1 %
	> 53 29,4 %	> 30 23,5 %	> 5 46,1 %

Unterscheidet man bezüglich der oben genannten Variablen nach den Geschlechtern, ergibt sich das in Tabelle 6 dargestellte Bild.

Tabelle 6: Altersverteilung der Lehrkräfte, bisherige Lehrtätigkeit und bereits absolvierte Maturajahrgänge im Fach Mathematik nach dem Geschlecht getrennt

N	Altersverteilung	Unterrichtsjahre Mathematik	Maturajahrgänge bisher
weiblich			
115	bis 33 27,0 %	bis 10 35,7 %	0 21,1 %
	34 bis 43 13,9 %	11 bis 20 16,5 %	1 – 2 20,2 %
	44 bis 53 32,2 %	21 bis 30 24,3 %	3 – 5 14,0 %
	> 53 27,0 %	> 30 23,5 %	> 5 44,7 %
männlich			
116	bis 33 17,2 %	bis 10 33,0 %	0 19,0 %
	34 bis 43 28,4 %	11 bis 20 21,7 %	1 – 2 15,5 %
	44 bis 53 22,4 %	21 bis 30 21,7 %	3 – 5 18,1 %
	> 53 31,9 %	> 30 23,5 %	> 5 47,4 %

Abgesehen davon, dass die Gruppe der Frauen statistisch gesehen etwas jünger und unerfahrener ist, gibt es kaum Unterschiede zwischen den Geschlechtern.

In Tabelle 7 ist aufgelistet, an welchen Schultypen die befragten AHS-Lehrkräfte Mathematik unterrichten und in welcher Region sich die Schule befindet.

Tabelle 7:   Typ und Region der Schulen der teilnehmenden Lehrkräfte

Schultyp		Region	
G, RG, WikuRG oder Mischformen	70,7 %	Graz	29,7 %
G/ORG oder RG/ORG	02,5 %	Steiermark Land	31,5 %
ORG	15,5 %	andere Bundesländer	38,8 %

Die Lehrkräfte gaben auch an, welche weiteren Fächer sie noch unterrichten. Die Fächer, die als weitere Fächer zuerst genannt wurden, sind in Gruppen zusammengefasst worden. Zu NAWI gehören im vorliegenden Fall Ph (am häufigsten vertreten), Ch, BIU, GZ, DG und Informatik und zu den musisch kreativen Fächern ME, BE und WE. Geographie und Philosophie/Psychologie wurden extra gruppiert. Diese weiteren Fächer sind wie oben beschrieben in der Tabelle 8 in zusammengefasst.

Tabelle 8:   Die von den Lehrkräften erstgenannten unterrichteten Fächer außer Mathematik

Fächer, die abgesehen von Mathematik noch unterrichtet werden.			
keine weiteren Fächer	04,3 %	NAWI	59,5 %
Gg, PP	10,8 %	Sprachen	02,2 %
Bewegung und Sport	09,9 %	musisch kreativ	03,9 %
andere Fächer	09,5 %		

5.1.3.2   Nebenuntersuchung Kompetenz

Parallel zur Datengenerierung und deren Analyse im Hinblick auf die eingangs formulierten Hypothesen und Forschungsfragen beinhaltet der Fragebogen auch Fragen, die Einblick in die Kompetenz der Mathematik-Fachlehrkräfte sowie ihre Wünsche nach Kompetenzentwicklung zum Messzeitpunkt geben sollen. Die Fragen basieren zum großen Teil auf Selbsteinschätzung.

   Der Kompetenzbegriff hebt Aspekte hervor, die immer situations- bzw. kontextbezogen zu verstehen sind und der ein Fach, im gegebenen Fall

Mathematik, spezifisch betrachtet (Klieme & Hartig 2008). Von Lehrkräften wird erwartet, dass sie über ihren eigenen Unterricht reflektieren und daraus Konsequenzen für dessen Entwicklung ableiten. Neben der deskriptiven Beschreibung der gewonnenen Daten mit entsprechenden Interpretationen (siehe Abschnitt 5.2) werden diese auch für Unterschiedsvergleiche herangezogen.

5.1.3.3   Allgemeine Anmerkungen der Lehrkräfte

Am Ende des Fragebogens war Raum für allgemeine Anmerkungen zu den Themenbereichen des Fragebogens gelassen worden. 30 der 232 in die Auswertung aufgenommenen Bögen wiesen Anmerkungen auf.

Mit acht Nennungen waren Anmerkungen nach der Art „Mangel an genügend Unterrichtszeit" am auffälligsten. Acht Personen drückten Sorge in Bezug auf die neue Reifeprüfung aus, wobei diese vielfältig waren und keinen Trend zeigten (genügend Qualitätskriterien, Vergleichbarkeit, Probleme bei zu wenigen Typ1-Aufgaben zum Üben, Sorge Teaching-to-the-test....). Drei Lehrkräfte äußerten sich kritisch zu einzelnen Fragen: „schwierig zu antworten, wenn man noch nicht weiß wohin alles führt", „die Schätzung einer Note war für mich nicht leicht", „Ich konnte die Schüler nicht schätzen, da die Frage zu allgemein ist". Die angesprochenen Items zu den letzten beiden Bemerkungen wurden jedoch ohnedies nicht in der Auswertung verwendet (siehe Abschnitt 5.2.2). Weiters gab es drei Anregungen: „Pilotierungsergebnisse sollen veröffentlicht werden", „gemeinsame Aufgabenpools für mündliche und schriftliche RP", „ ... brauchen viele Typ1-Aufgaben". Vier Personen äußerten ausführlich massive Kritik an der neuen Reifeprüfung und eine Person merkte an, dass sie der neuen Reifeprüfung grundsätzlich positiv gegenüberstehe. Zwei Lehrkräfte bedankten sich für die Befragung und zwei weitere wünschten Glück. Es gab noch drei weitere Notizen eher allgemeiner Art: „bin noch nicht lange Lehrerin" und zweimal „zwölfte Schulstufe noch in der alten Art".

5.2   Ergebnisse der Nebenuntersuchung zur Kompetenz der Lehrkräfte

5.2.1   Grundkompetenzen

Die Lehrkräfte wurden gebeten, aus neun vorgegebenen mathematischen Kompetenzen drei anzukreuzen, die laut ihrer Information Grundkompetenzen bei der neuen schriftlichen Reifeprüfung darstellen.

- Grafisch oder durch eine Gleichung (Formel) gegebene Zusammenhänge der Art $f(x) = a \cdot sin(bx + c) + d$ erkennen
- Das systemdynamische Verhalten von Größen durch Differenzengleichungen beschreiben bzw. diese im Kontext deuten können
- Einfache Differentialgleichungen der Form $y' = k \cdot y$ lösen können
- Den Zusammenhang zwischen Funktion und Ableitungsfunktion (bzw. Funktion und Stammfunktion) in deren grafischer Darstellung erkennen und beschreiben können
- Situationen erkennen können, in denen mit Normalverteilung modelliert werden kann
- Den Begriff Asymptote kennen und im Kontext deuten können
- Typische Verläufe von Graphen in Abhängigkeit vom Grad der Polynomfunktion (er)kennen
- Lineare Gleichungssysteme in drei Variablen geometrisch deuten können
- Prozentrechnungen sicher durchführen und entsprechende Terme interpretieren können.

Die zweite, vierte und drittletzte Kompetenz finden sich im Grundkompetenzenkatalog zur neuen Reifeprüfung wieder. Die anderen angegebenen Kompetenzen gehen entweder über die geforderten Grundkompetenzen hinaus, sind Kompetenzen der Sekundarstufe I oder in der formulierten Art nicht sinnvoll. Abbildung 17 zeigt die Anzahl der Lehrkräfte, die keine, eine, zwei oder alle drei Kompetenzen richtig ankreuzten.

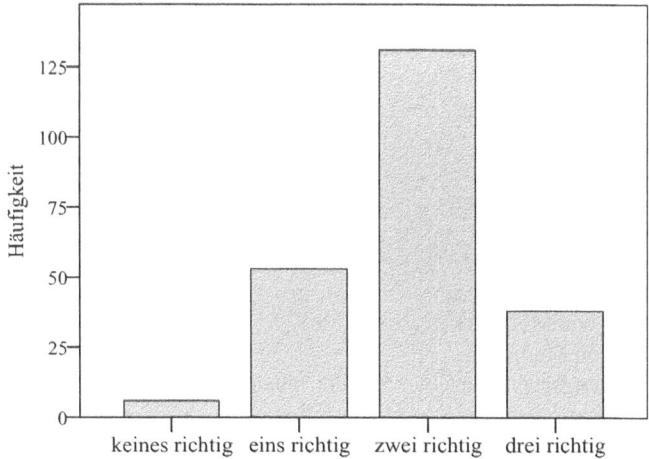

Abbildung 17: Drei richtige Kompetenzen aus neun möglichen. N = 228
MW = 1,88 Modus = 2

Die Ergebnisse zeigen, dass ca. drei Viertel zwei oder drei der drei richtigen Grundkompetenzen korrekt identifizierten.

5.2.2 Grundlagen zur Kompetenz

Kompetenz stellt die Verbindung zwischen Wissen und Können dar und ist als Befähigung zur Bewältigung verschiedener Situationen und Herausforderungen zu sehen (Klieme 2004). Die Lehrkräfte wurden daher um Selbsteinschätzung gebeten, in welchen Bereichen sie ihrer Meinung nach viel wissen und in welchen Bereichen sie sich sicher fühlen bzw. was ihnen gut gelingt. Jeweils anschließend im selben Antwortformat gaben die Lehrkräfte Auskunft darüber, in welchen Punkten sie gerne mehr wüssten, bzw. beim Können, in welchen Punkten sie sich Rat und Unterstützung wünschten. Um einen möglichst konkreten Bezugspunkt herzustellen, sollten sich die Antworten im Hinblick auf die Lehr- und Unterrichtstätigkeit in jener Klasse der Lehrkräfte beziehen, die sich zum Messzeitpunkt in der höchsten Schulstufe befindet. Die Fragen beinhalteten vorgegebene Antwortkategorien einschließlich eines offenen Punktes. Die genaue Formulierung der Fragestellungen kann man dem Fragebogen im Anhang entnehmen.

Wissen
- Didaktik der Funktionalen Abhängigkeiten
- Didaktik der Algebra und Geometrie
- Didaktik der Analysis
- Didaktik der Statistik und Wahrscheinlichkeit
- Leistungsfeststellung
- Leistungsrückmeldung
- Leistungsbeurteilung
- Einsatz von Methoden
- Wirkung von Methoden
- Leistungsförderung
- Sonstiges wie: ....

Können
- Auswahl von Methoden
- Einsatz von Methoden
- den Leistungsstand einzelner Schüler/innen feststellen
- den Leistungsstand der Klasse feststellen
- Leistungsrückmeldung an einzelne Schüler/innen
- Leistungsrückmeldung an die gesamte Klasse
- Leistungsbeurteilung

- Leistung der Klasse insgesamt fördern
- Leistung einzelner Schüler/innen fördern
- Lehren von Definitionen/Begriffen
- Lehren von Sachverhalten
- Lehren von Verfahren/Beweisen
- Problemlösen lehren
- Modellbilden lehren
- Sonstiges wie: ....

Einige Fragen, bei denen es um eine Notenschätzung bei einem fiktiven Test ging, schlossen diesen Teil ab. Diese letzten Fragen waren als einzige erst nach der vorletzten Expertenrunde (siehe Diskussion in Expertenkreisen – Abschnitt 5.1.2.2) auf eine Anregung hin eingefügt worden. Sie wurden in der Auswertung nicht berücksichtigt, da aus den Angaben der Lehrkräfte nicht in allen Fällen sicher geschlossen werden konnte, ob die angegebene Zahl die absolute oder prozentuelle Häufigkeit ausdrückt.

5.2.3 Wissen

Die vier Didaktikpunkte – Didaktik der funktionalen Abhängigkeiten – Didaktik der Statistik und Wahrscheinlichkeit – Didaktik der Analysis und – Didaktik der Algebra und Geometrie wurden zusammengefasst. Das in Abbildung 18 dargestellte Balkendiagramm zeigt, wie viele Lehrkräfte in wie vielen der vier Bereiche großes Wissen haben und das Diagramm in Abbildung 19, in wie vielen sie gerne mehr wüssten.

Nach demselben Prinzip wurden auch die drei Punkte Leistungsfeststellung, Leistungsrückmeldung und Leistungsbeurteilung sowie die zwei Punkte Einsatz und Wirkung von Methoden zusammengefasst und die Ankreuzhäufigkeiten in Abbildung 20, 21, 22 und Abbildung 23 dargestellt. Der Punkt Leistungsförderung wurde extra ausgewertet (siehe Abbildung 24 und Abbildung 25).

Eine Person notierte bei der Möglichkeit Wissen „Sonstiges" etwas und zwar „Vernetzungswissen". Beim Wunsch nach Wissensbereichen „Sonstiges" waren es insgesamt elf Personen, die etwas anmerkten. Drei Anmerkungen waren in der Richtung „Wissen ist immer wertvoll." und drei Personen notierten, dass sie mehr über Computer bzw. spezielle Programme wissen möchten. Die anderen Anmerkungen waren: „Anwendungsaufgaben aus der Wirtschaft", „Füllen von Wissenslücken und Schnittstellenproblematik", „Erzeugung von nachhaltigem Wissen", „passende Unterrichtsmaterialien zur neuen RP", „Leistungsfeststellung bezüglich der neuen RP", „passende Aufgaben".

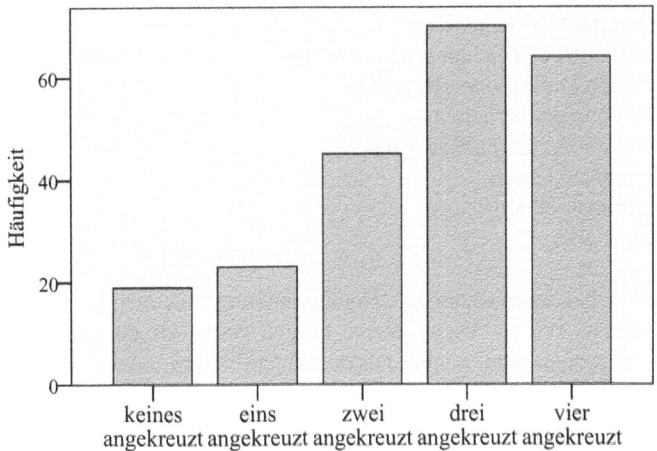

Abbildung 18: Anzahl der angekreuzten Inhaltsbereiche (aus Didaktik:
Funktionen, Analysis, Statistik/Wahrscheinlichkeit, Algebra),
in denen die Lehrkräfte viel wissen. N = 221 MW = 2,62
SD = 1,234 Median = 3 Maximum = 4

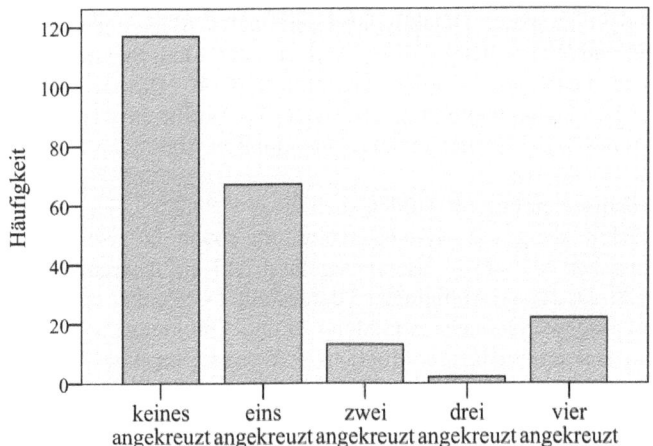

Abbildung 19: Anzahl der angekreuzten Inhaltsbereiche (aus Funktionen,
Analysis, Statistik/Wahrscheinlichkeit, Algebra),
in denen die Lehrkräfte gerne mehr wissen möchten. N = 221
MW = 0,85 SD = 1,226 Median = 0 Maximum = 4

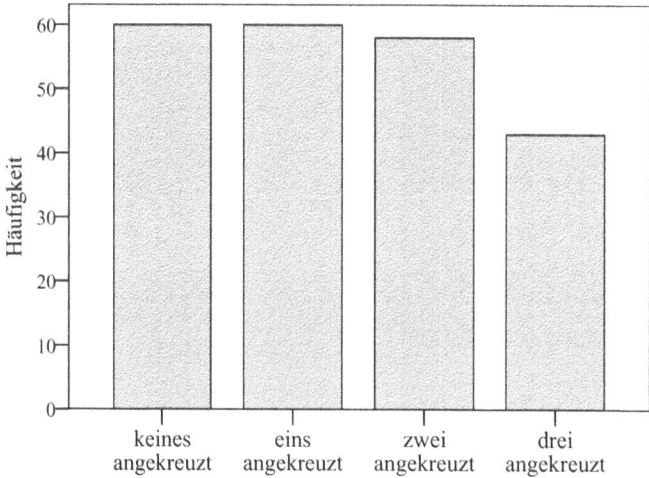

Abbildung 20: Anzahl der angekreuzten Gebiete der Leistungsbeurteilung (aus Leistungsfeststellung, -rückmeldung und -beurteilung im engeren Sinn), in denen die Lehrkräfte viel wissen. N = 221 MW = 1,38 SD = 1,083 Median = 1 Maximum = 3

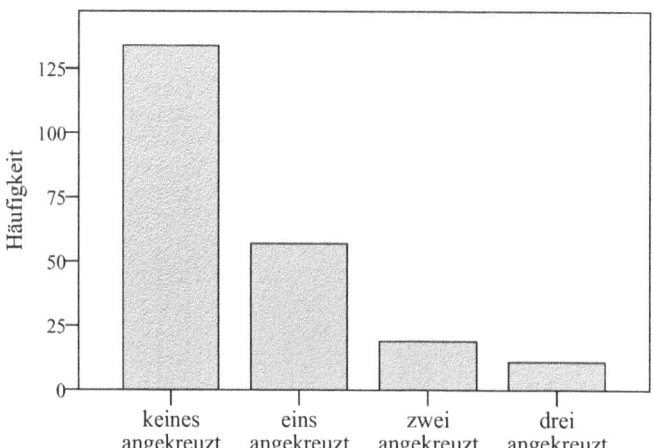

Abbildung 21: Anzahl der angekreuzten Gebiete der Leistungsbeurteilung (aus Leistungsfeststellung, -rückmeldung und -beurteilung im engeren Sinn), wo die Lehrkräfte gerne mehr wissen möchten. N = 221 MW = 0,58 SD = 0,847 Median = 0 Maximum = 3

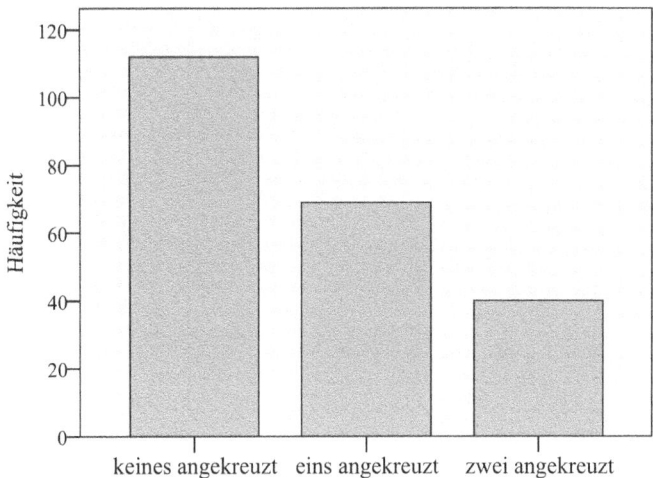

Abbildung 22: Anzahl der angekreuzten Bereiche der Methodik (aus Einsatz und Wirkung), in denen die Lehrkräfte viel wissen. N = 221 MW = 0,67 SD = 0,764 Maximum = 2

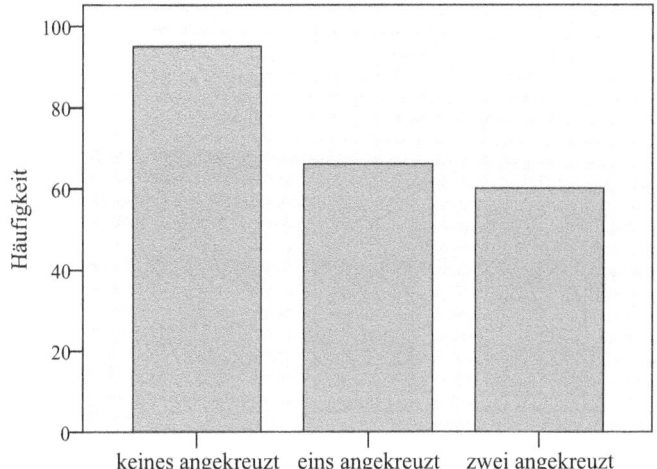

Abbildung 23: Anzahl der angekreuzten Bereiche der Methodik (aus Einsatz und Wirkung), in denen die Lehrkräfte gerne mehr wissen möchten. N = 221 MW = 0,84 SD = 0,824 Maximum = 2

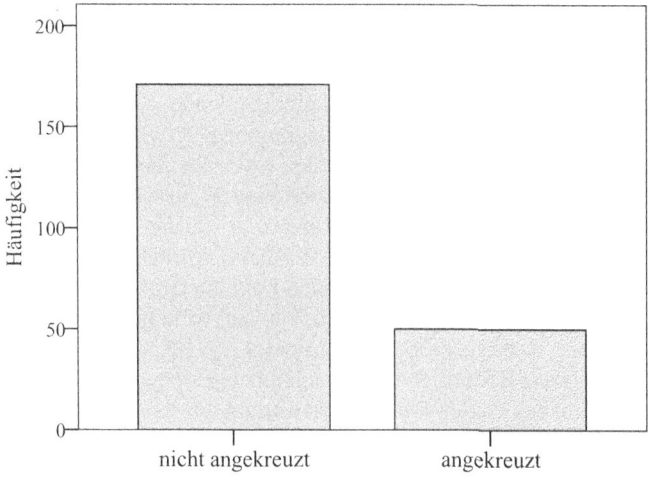

Abbildung 24: Wissen zur Leistungsförderung. N = 221 MW = 0,23

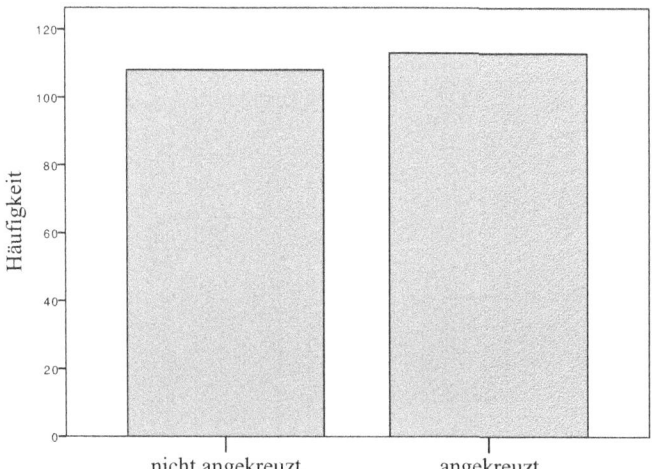

Abbildung 25: Wunsch nach Wissen zur Leistungsförderung. N = 221
MW = 0,51

Bei der Frage nach den Wünschen nach Wissensbereichen, gab es auch noch die Antwortmöglichkeit „keine". Diese Möglichkeit nutzten zwanzig Personen.

5.2.4 Können

Die fünf Punkte – Lehren von Definitionen/Begriffen, Sachverhalten, Ver-
fahren/Beweisen, Problemlösen und Modellbilden lehren – wurden zusammengefasst. Das in Abbildung 26 dargestellte Diagramm zeigt, wie viele Lehrkräfte sich
in wie vielen der fünf Bereiche sicher fühlen bzw. was ihnen ihrer Einschätzung
nach gut gelingt, und das Diagramm in Abbildung 27, in wie vielen sie sich Rat/
Unterstützung wünschten. Um herauszufinden, in welchen der Themen sich die
Lehrkräfte bevorzugt Rat/Unterstützung wünschen, wurden die Daten dazu extra
analysiert. 7 % der Probanden wünschen sich Rat/Unterstützung beim Lehren von
Definitionen/ Begriffen, 6 % beim Lehren von Sachverhalten, 11 % beim Lehren
von Verfahren, 27 % beim Problemlösen und 43 % beim Modellbilden lehren.
Auffällig ist, dass das Bedürfnis nach Unterstützung sich genau auf jene Gebiete
konzentriert, die in den letzten Jahren an Bedeutung gewonnen haben. Sowohl die
oftmals geforderte Einbettung von Modellierung und von anwendungsorientierten
Aufgaben in den Regelunterricht als auch die Durchführung von Projekten oder
fächerübergreifende Ansätze erfordern von Seiten der Jugendlichen ein hohes
Maß an Problemlöse- und Modellierungskompetenz.

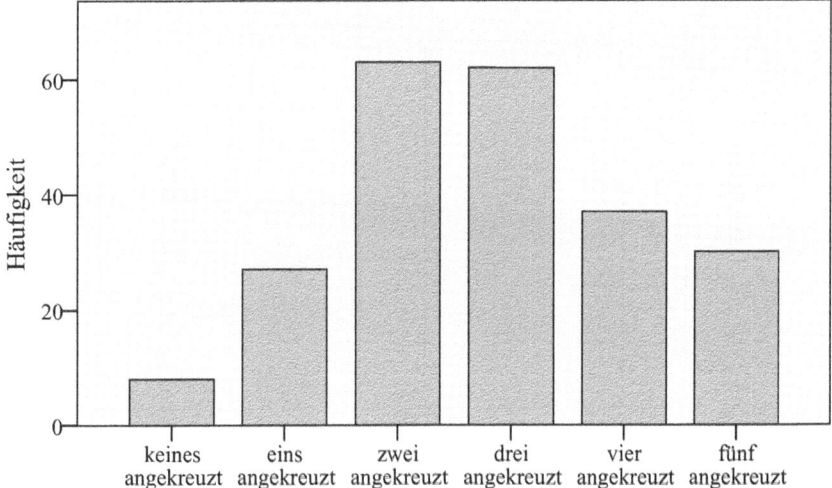

Abbildung 26: Anzahl der angekreuzten Bereiche der Didaktik (aus Lehren:
Definitionen, Sachverhalte, Verfahren/Beweise, Problemlösen,
Modellbilden), in denen sich die Lehrkräfte im Unterricht sicher
fühlen. N = 227 MW = 2,81 SD = 1,316 Median = 3
Maximum = 5

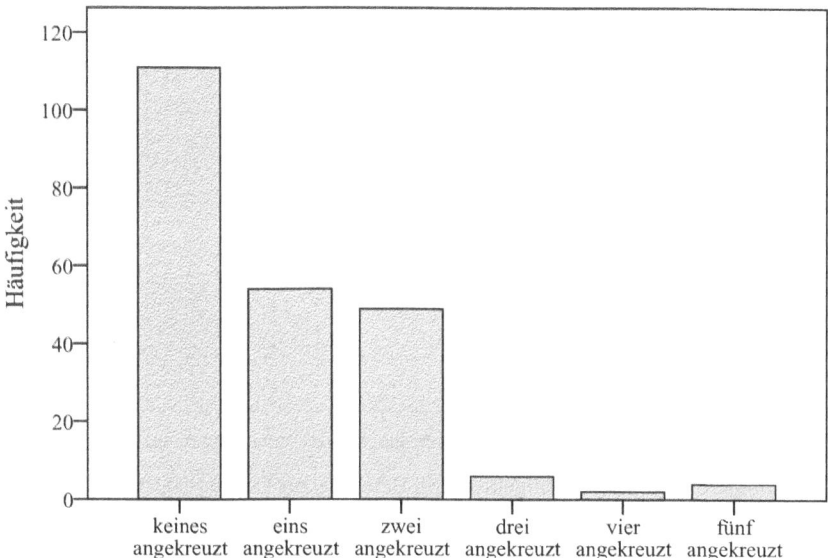

Abbildung 27: Anzahl der angekreuzten Bereiche der Didaktik (aus Lehren:
Definitionen, Sachverhalte, Verfahren/Beweise, Problemlösen,
Modellbilden), in denen sich die Lehrkräfte Rat/Unterstützung
wünschten. N = 226 MW = 0,88 SD = 1,080 Median = 1
Maximum = 5

An dieser Stelle fällt auf, wie gering der Anteil jener Lehrpersonen ist, die
angeben, Hilfestellungen zu suchen. Dieses Ergebnis ist umso überraschender, da
die Art der Unterstützung bewusst völlig offengelassen worden war und
theoretisch ein breites Angebot an Quellen zur Verfügung steht. Als solche können
etwa Fachkolleginnen und Fachkollegen, fachdidaktische Literatur oder Fort- und
Weiterbildungen dienen, um nur einige zu nennen.
In den nächsten Abbildungen 28 bis 39 erfolgt die Aufteilung „Können" und
„Können Rat" immer abwechselnd. Die Bereiche zur Leistung wurden dabei
folgendermaßen zusammengefasst: – den Leistungsstand einzelner Schüler/innen
feststellen und Leistungsrückmeldung an einzelne Schüler/innen zu „Können
Leistungsstand und -rückmeldung einzeln" – den Leistungsstand der Klasse
feststellen und Leistungsrückmeldung an die gesamte Klasse zu „Können
Leistungsstand und -rückmeldung Klasse" – Leistung der Klasse insgesamt
fördern – Leistung einzelner Schüler/innen fördern und – Leistungsbeurteilung
blieben eigene Punkte und wurden extra betrachtet. Die Antwortmöglichkeiten
Auswahl und Einsatz von Methoden wurden auch in einer Auswertung vereint.

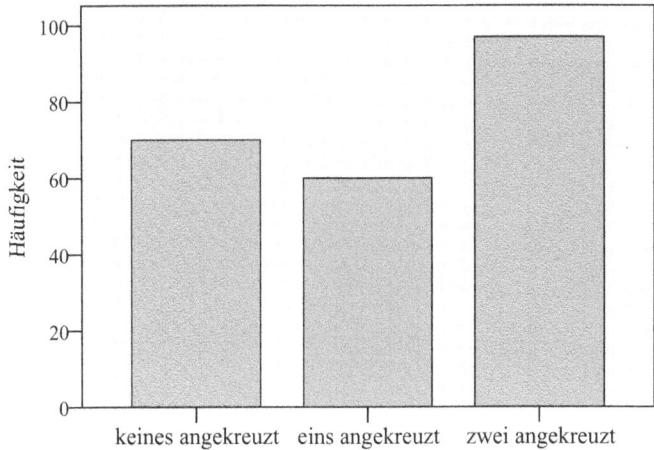

Abbildung 28: Anzahl der angekreuzten Bereiche zur Leistungsfeststellung
einzelner oder Rückmeldung an einzelne Schüler/innen, in denen
sich die Lehrkräfte im Unterricht sicher fühlen.
N = 227 MW = 1,12 SD = 0,851 Median = 1 Maximum = 2

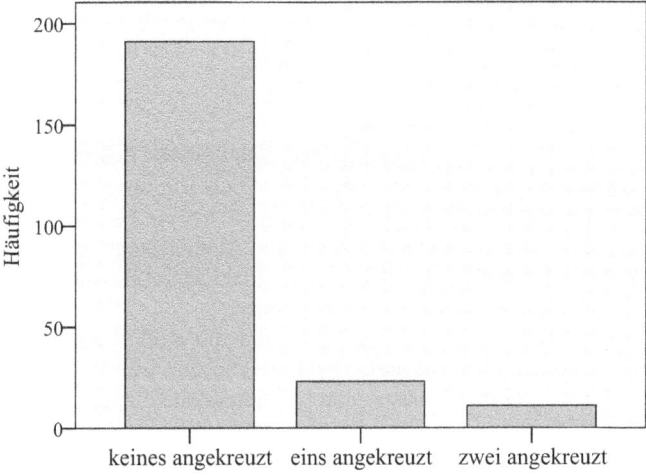

Abbildung 29: Anzahl der angekreuzten Bereiche zur Leistungsfeststellung
einzelner oder Rückmeldung an einzelne Schüler/innen, in denen
sich die Lehrkräfte Rat/Unterstützung wünschen.
N = 225 MW = 0,20 SD = 0,509 Median = 0 Maximum = 2

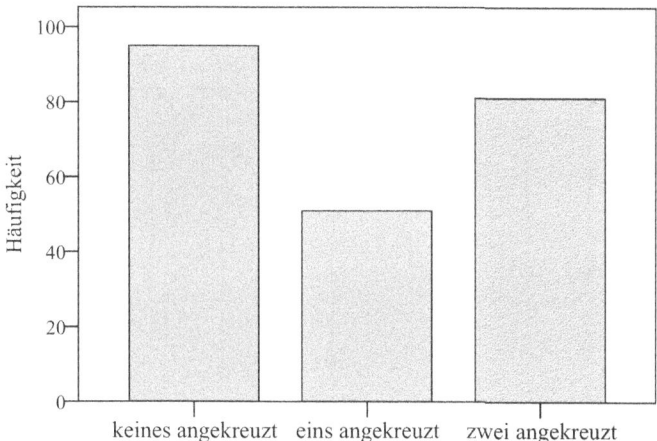

Abbildung 30: Anzahl der angekreuzten Bereiche zur Leistungsfeststellung der gesamten oder Rückmeldung an die gesamte Klasse, in denen sich die Lehrkräfte im Unterricht sicher fühlen.
N = 227 MW = 0,94 SD = 0,880 Median = 1 Maximum = 2

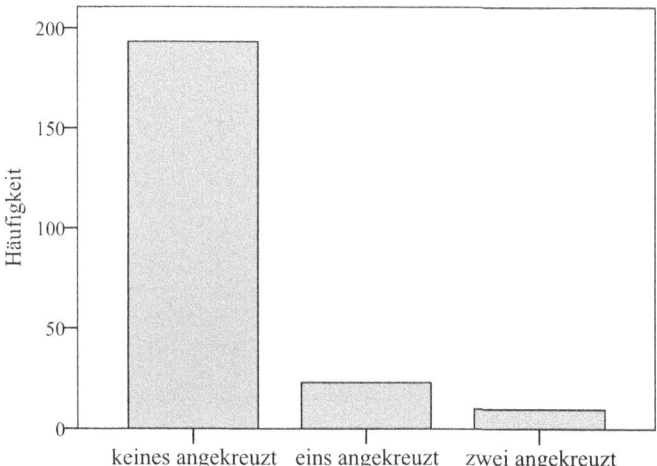

Abbildung 31: Anzahl der angekreuzten Bereiche zur Leistungsfeststellung der gesamten oder Rückmeldung an die gesamte Klasse, in denen sich die Lehrkräfte im Unterricht Rat/Unterstützung wünschten.
N = 226 MW = 0,19 SD = 0,494 Median = 0 Maximum = 2

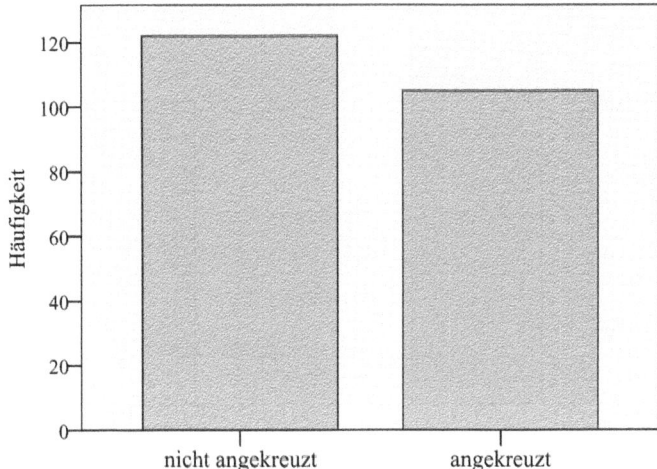

Abbildung 32: Sicherheit bei der Leistungsbeurteilung im engeren Sinn.
N = 227 MW = 0,46

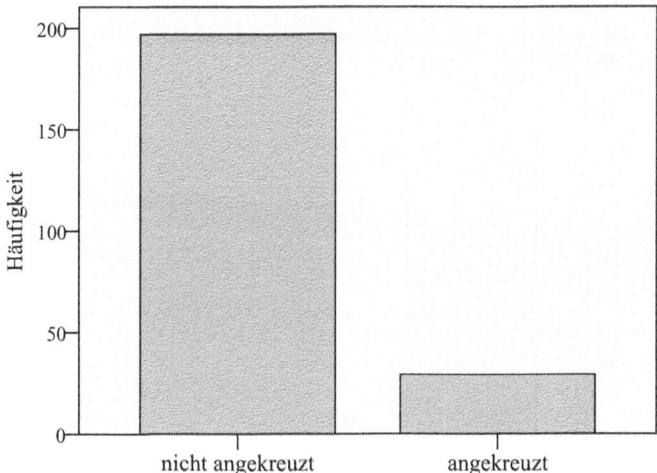

Abbildung 33: Wunsch nach Rat/Unterstützung bei der Leistungsbeurteilung im
engeren Sinn. N = 226 MW = 0,13

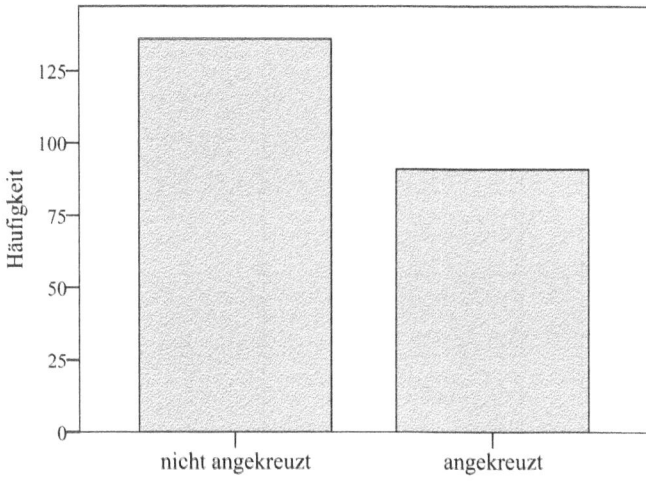

Abbildung 34: Sicherheit bei der Leistungsförderung einzelner Schülerinnen und Schüler. N = 227 MW = 0,40

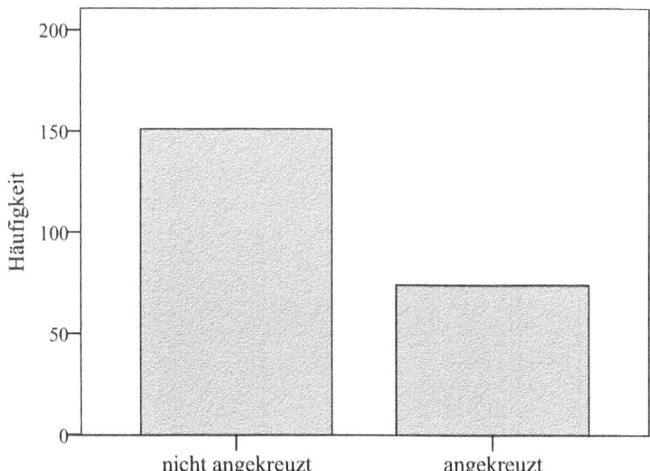

Abbildung 35: Wunsch nach Rat/Unterstützung bei der Leistungsförderung einzelner Schülerinnen und Schüler. N = 226 MW = 0,19

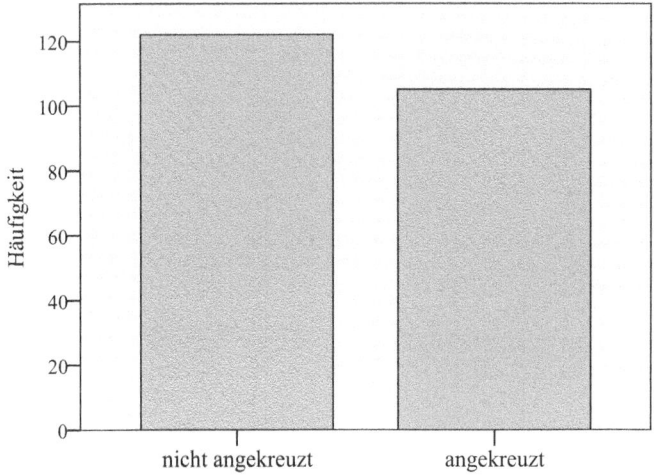

Abbildung 36: Sicherheit bei der Leistungsförderung der gesamten Klasse.
N = 227 MW = 0,46

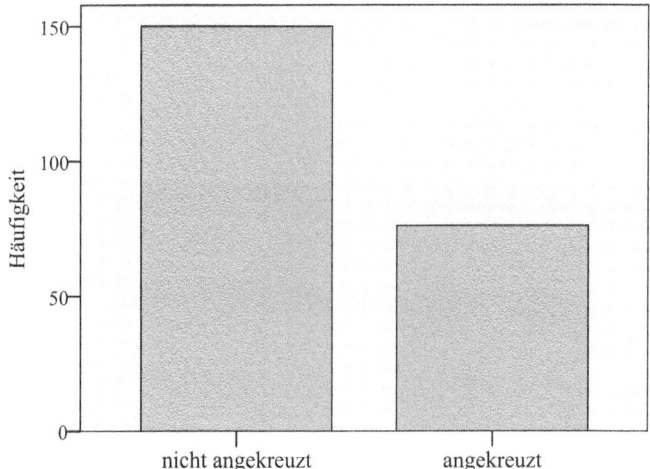

Abbildung 37: Wunsch nach Rat/Unterstützung bei der Leistungsförderung der
gesamten Klasse. N = 226 MW = 0,34

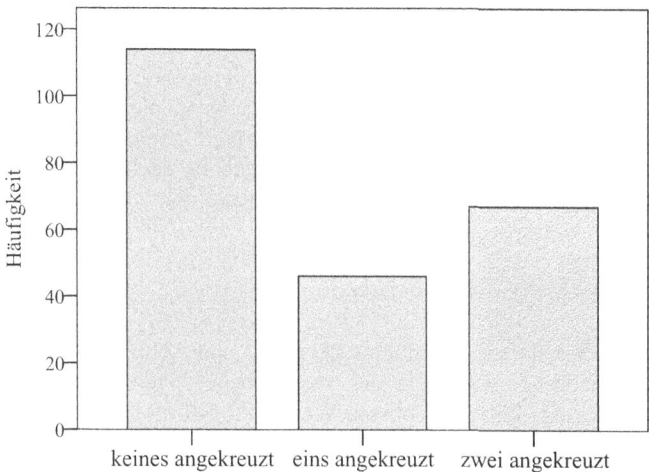

Abbildung 38: Anzahl der angekreuzten Bereiche der Methodik (aus Einsatz und Auswahl), in denen sich die Lehrkräfte im Unterricht sicher fühlen. N = 227 MW = 0,79 Median = 0 Maximum = 2

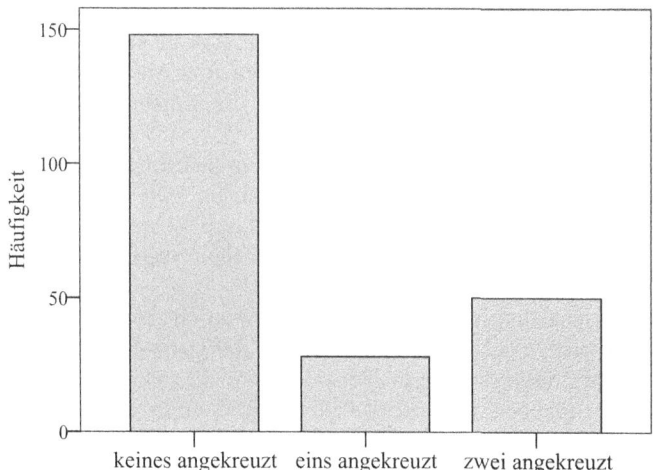

Abbildung 39: Anzahl der angekreuzten Bereiche der Methodik (aus Einsatz und Auswahl), in denen sich die Lehrkräfte im Unterricht Rat/Unterstützung wünschen. N = 227 MW = 0,57 Median = 1 Maximum = 2

Eine Person notierte beim „Können" unter der Möglichkeit „Sonstiges" etwas und zwar „Hintergründe aufzeigen". Beim Wunsch nach Rat/Unterstützung „Sonstiges" waren es insgesamt fünf Personen, die etwas Ergänzendes und zwar „immer wichtig", „guter Rat ist immer wertvoll", „Kennenlernen von Methoden", „genügend Typ1-Aufgaben zum Üben", „Computer" anmerkten. Bei der Frage nach den Wünschen nach Rat/Unterstützung gab es auch noch die Antwortmöglichkeit „nirgends". Diese Möglichkeit nutzten 16%.

5.2.5 Überblick und Zusammenfassung

Die folgenden Boxplots in Abbildung 40, 41, 42 und Abbildung 43 zeigen noch einmal im Überblick, wie viele der vorgegebenen Punkte in den Gebieten „Selbsteinschätzung Wissen", „Wissen Wunsch", „Selbsteinschätzung Können", „Können Rat/Unterstützung" jeweils angekreuzt wurden.

Das Boxplot in Abbildung 44 zeigt noch einmal zusammenfassend, in wie vielen der sieben zur Auswahl stehenden Antwortmöglichkeiten, die mit Leistung in Zusammenhang stehen (– den Leistungsstand einzelner Schüler/innen feststellen, – Leistungsrückmeldung an einzelne Schüler/innen, – Leistung einzelner Schüler/innen fördern, – den Leistungsstand der Klasse feststellen, – Leistungsrückmeldung an die gesamte Klasse, – Leistung der Klasse insgesamt fördern, – Leistungsbeurteilung), die Mathematiklehrkräfte sich in ihrer Unterrichtsarbeit laut Selbsteinschätzung sicher sind bzw. was ihnen ihrer Ansicht nach gut gelingt. Im Boxplot in Abbildung 45 sind wiederum die Ergebnisse „Wunsch nach Rat/Unterstützung" gegenübergestellt.

„Selbsteinschätzung Wissen" und „Selbsteinschätzung Können" korreliert mit einem Korrelationskoeffizienten nach Pearson von 0,60. Das bedeutet tendentiell, dass diejenigen Lehrkräfte, die mehrere Wissensbereiche angaben, sich auch in mehreren Unterrichtsbelangen sicher fühlen und den Eindruck haben, dass ihr Unterricht gut ist.

„Selbsteinschätzung Wissen" und „Wissen Wunsch" korreliert ebenso wenig wie „Selbsteinschätzung Können" und „Können Rat/Unterstützung". Hier könnte man annehmen, dass diejenigen Personen, welche wenige Wissensgebiete ankreuzten oder glauben, in wenigen Unterrichtsbelangen gut zu sein, vermehrt den Wunsch nach mehr Wissen haben oder Rat suchen. Dies ist offensichtlich nicht der Fall. Auch lässt sich kein tragfähiger linearer Zusammenhang zwischen „Wissen Wunsch" und „Können Rat/Unterstützung" ausmachen.

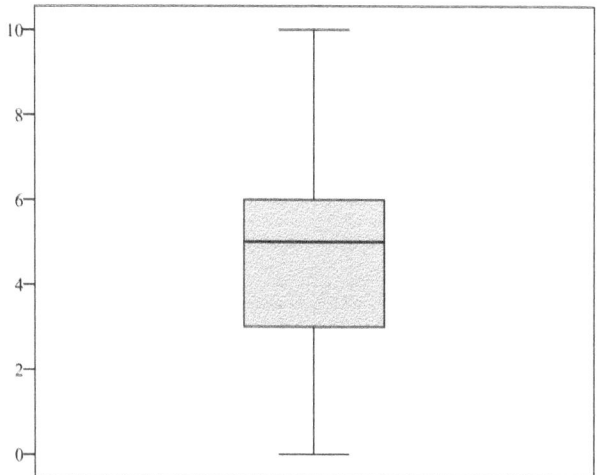

Abbildung 40: Boxplot zur Anzahl der von den Lehrkräften angekreuzten
Bereiche (aus 10) mit hohem Wissen. N = 221
MW = 4,90 SD = 2,318 Median = 5 Maximum = 10

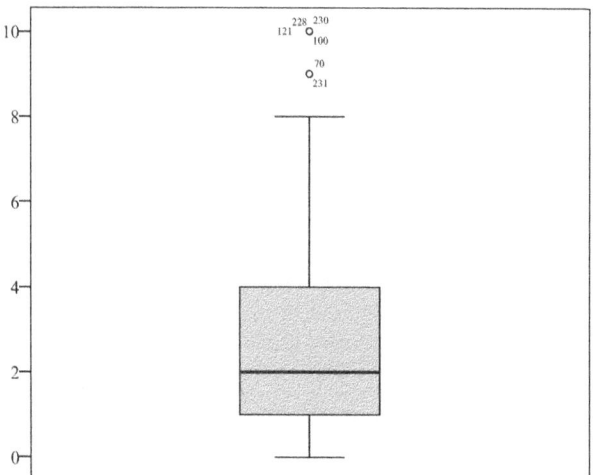

Abbildung 41: Boxplot zur Anzahl der von den Lehrkräften angekreuzten
Bereiche (aus 10) mit Wunsch nach mehr Wissen.
N = 221 MW = 2,778 SD = 2,193 Median = 2
Maximum = 10

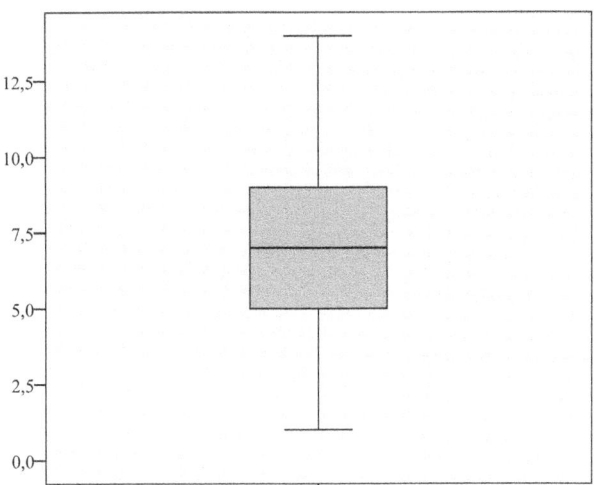

Abbildung 42: Boxplot zur Anzahl der von den Lehrkräften angekreuzten
Bereiche (aus 14), in denen sie sich im Unterricht sicher und gut
fühlen. N = 226 MW = 7,00 SD = 0,203 Median = 7
Maximum = 14

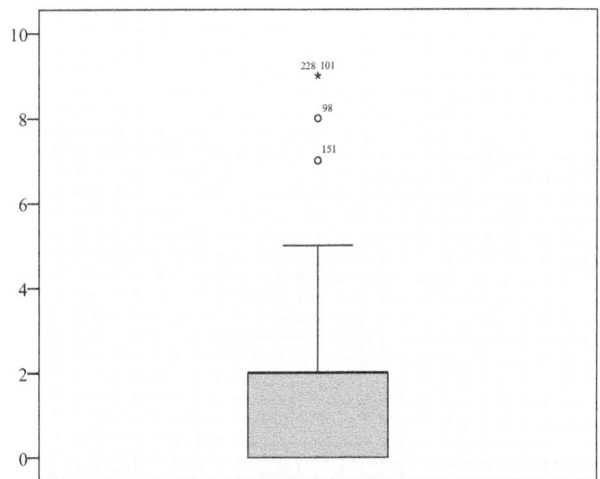

Abbildung 43: Boxplot zur Anzahl der von den Lehrkräften angekreuzten
Bereiche (aus 14), in denen sie gerne Rat/Unterstützung
möchten. N = 226 MW = 1,748 SD = 0,203 Median = 2
Maximum = 9

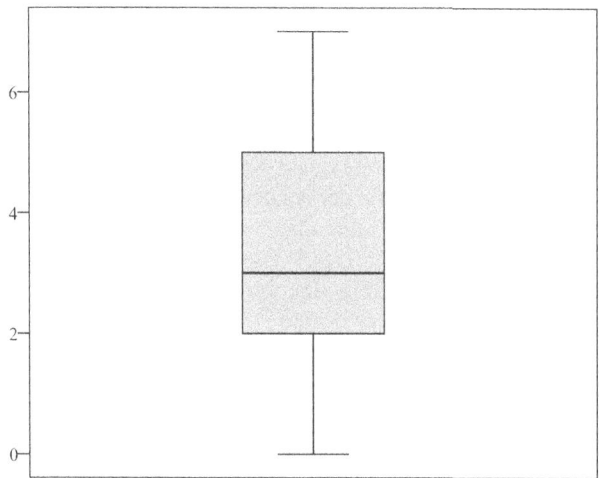

Abbildung 44: Boxplot zur Anzahl der von den Lehrkräften angekreuzten
Bereiche Leistungsfeststellung/-beurteilung/-förderung (aus 7),
in denen sie sich im Unterricht sicher und gut fühlen. N = 226
MW = 3,39 SD = 2,135 Median = 3 Maximum = 7

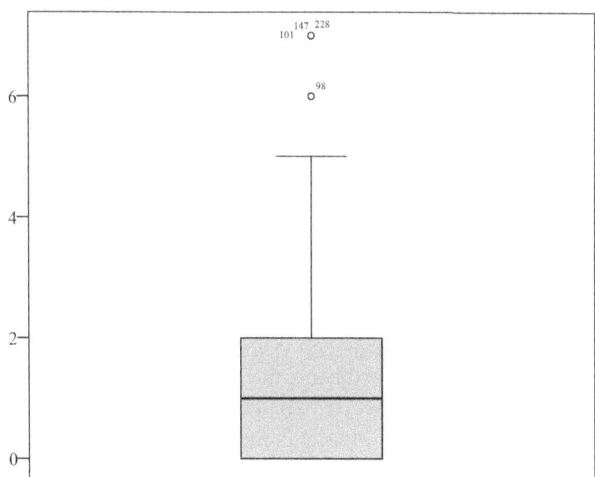

Abbildung 45: Boxplot zur Anzahl der von den Lehrkräften angekreuzten
Bereiche Leistungsfeststellung/-beurteilung/-förderung (aus 7),
in denen sie gerne Rat/Unterstützung möchten. N = 226 MW =
1,18 SD = 1,429 Median = 1 Maximum = 7

5.2.5.1   Zusammenfassung – Nebenuntersuchung

Was die Selbsteinschätzung der Mathematiklehrkräfte zu ihrem Wissen und zu jenen Gebieten, in denen sie sich sicher fühlen bzw. was ihnen ihrer Meinung nach im Unterricht gut gelingt, betrifft, so ist die Anzahl der angekreuzten vorgegebenen Punkte recht heterogen. Die Ankreuzhäufigkeiten gruppieren sich aber in beiden Fällen um die Hälfte der Anzahl der vorgegebenen Möglichkeiten. Differenziert man genauer, so kann man erkennen, dass, nach eigener Einschätzung der Lehrkräfte, ausgeprägtes Wissen in den Bereichen Methodik und Leistungsförderung verhältnismäßig am geringsten und bei mathematischen Inhalten und deren Lehren am größten sind.

Der Wunsch nach Gebieten, in denen die Lehrkräfte mehr wissen wollen oder in ihrem Tun Rat bzw. Unterstützung möchten, ist jeweils nicht das direkte Spiegelbild des Wissens und Könnens. Insgesamt liegen hier die Mittelwerte in beiden Fällen jeweils sehr deutlich unter der Hälfte der Anzahl der vorgegebenen Möglichkeiten. Von den Gebieten – Lehren von Definitionen/Begriffen, Lehren von Sachverhalten, Lehren von Verfahren/Beweisen, Lehren von Problemlösen und Lehren von Modellbilden – sind die Bereiche Problemlösen und Modellbilden diejenigen, bei denen sich die Lehrkräfte am häufigsten Rat/Unterstützung wünschten. Etwas mehr als ein Viertel der untersuchten Lehrkräfte gab an, beim Lehren von Problemlösen, und mehr als 40 Prozent, beim Lehren von Modellbilden Hilfestellungen zu wollen.

Der Umstand sticht hervor, dass die Lehrkräfte zwar etwa im Bereich Leistungsförderung relativ häufig ankreuzten, gerne mehr wissen zu wollen, der Wunsch nach Rat und Unterstützung in allen der Gebiete Leistungsbeurteilung, -förderung, -feststellung und -rückmeldung jedoch sehr gering ist. Das ist besonders interessant, da sie sich im Unterricht, nach eigener Einschätzung, mehrheitlich in der Leistungsförderung und auch in anderen Teilgebieten in Zusammenhang mit Leistungsbegleitung nicht sehr sicher fühlen. Ähnlich verhält es sich auch mit der Methodik. Auch hier ist die Sicherheit im Unterricht relativ gering, das Bedürfnis mehr wissen zu wollen verhältnismäßig groß, der Wunsch nach Rat und Unterstützung wird jedoch nur in sehr geringem Maß ausgedrückt.

Generell sind der gering angegebene Wunsch nach mehr Wissen und die sehr große Zurückhaltung dabei, das Bedürfnis nach Rat und Hilfestellung zu äußern, sehr auffällige Erkenntnisse dieser Untersuchung. Diese Ergebnisse weiter zu hinterfragen liegt außerhalb der Möglichkeiten dieser Arbeit. Es ergeben sich jedoch wichtige Ansatzpunkte für zukünftige Forschungen im Bereich der Kompetenz von Mathematik-Lehrkräften. Wissen und Können der Lehrerinnen und Lehrer korrelieren.

5.3 Ergebnisse der Hauptuntersuchung

5.3.1 Einstellungen – Analyse

5.3.1.1 Qualitätsverbesserung im Sinne der Ziele der neuen Reifeprüfung

Zur Erfassung der Einstellung im Bezug auf eine Qualitätsverbesserung des Mathematikunterrichts in der Oberstufe AHS wurden zwölf Items auf einer vierstufigen Skala (z.b. „Die neue sRP Mathematik trägt besser als die bisherige zur flexiblen Nutzung von mathematischen Grundwissen bei." – stimme nicht zu, stimme eher nicht zu, stimme eher zu, stimme sehr zu) vorgegeben. Diese Items basieren auf den propagierten Zielen und zu Grunde liegenden bildungstheoretischen Konzepten zur neuen Reifeprüfung sowie einer amerikanischen Studie zur Einstellung von Lehrkräften zu externen Tests (Pedulla et al. 2003, 40–41). Ein Item („Die neue sRP Mathematik ist nur eine neue Modeerscheinung.") wurde umkodiert, sodass hohe Summenwerte einem großen Maß an Zustimmung entsprechen.

Das Kaiser-Meyer-Olkin-Maß von 0,926 indizierte eine „wunderbare, fabelhafte" Eignung der Korrelationsmatrix (Eckey et al. 2002). Der Bartlett-Test auf Sphärizität ergibt mit einer Signifikanz von 0,000 die Zurückweisung der Nullhypothese, wonach zwischen den Variablen keine Korrelationen bestehen. Die Varianzaufklärung der Einfaktorlösung lag bei rund 55 %; die Ladungen zwischen 0,625 und 0,824. Die Reliabilität beschreibt die Zuverlässigkeit einer Messung. Ausgehend von der klassischen Testtheorie gibt die Reliabilität den Anteil der Varianz in den Testwerten wieder, der nicht auf die Fehlervarianz, sondern auf die Varianz der wahren Werte zurückgeht.

Bei der Berechnung von Cronbachs Alpha wird ein übergreifendes Maß für die Homogenität der Skala bestimmt. Cronbachs Alpha hat sich in den letzten Jahren als Standardmaß zur Reliabilität einer Skala etabliert. In der Regel wird dabei ein Wert von .70 als Mindestgröße postuliert, wobei bei sehr kurzen Skalen – mit weniger als vier Items – oder bei sehr breiten Konstrukten ggf. geringere Werte akzeptiert werden (Rammstedt 2004). Die interne Konsistenz der Skala (Cronbachs Alpha) betrug $\alpha = 0,924$, was einen ausgezeichneten Wert darstellt. In der nachstehenden Tabelle 9 sind Trennschärfen und Reliabilitäten der Items bzw. der Skala zur Erfassung der Einstellung bezüglich einer Qualitätsverbesserung dargestellt. Die Analyse der Item- und Skalenstatistiken zeigt, dass für die Einzelitems konsistent sehr gute Trennschärfekoeffizienten vorhanden sind. Es handelt sich um den Korrelationskoeffizienten zwischen der Aufgabenantwort und dem Gesamt-Skalenwert (Bühl 2012).

Tabelle 9: Trennschärfen und Reliabilität der Items bzw. der Skala zur Erfassung der Einstellung der Mathematiklehrkräfte zur neuen Reifeprüfung

	r_{it}	Cron-bachs α
Qualitätsverbesserung im Sinne der Ziele der neuen Reifeprüfung		,924
Die neue sRP Mathematik trägt besser als die bisherige zu längerfristig verfügbaren mathematischen Fähigkeiten bei.	,777	
Die neue sRP trägt besser als die bisherige zu mehr Handlungswissen und -können im Fach Mathematik bei.	,768	
Die neue sRP Mathematik trägt besser als die bisherige zur flexiblen Nutzung von mathematischem Grundwissen bei.	,750	
Mit der neuen sRP können Schüler/innen am Ende ihrer Schulzeit ihren Kompetenzerwerb im Fach Mathematik besser als mit der alten Form unter Beweis stellen.	,751	
Das Konzept der neuen sRP in Mathematik treibt die Qualitätsentwicklung im Unterrichtsfach Mathematik voran.	,741	
Die neue sRP Mathematik trägt besser als die bisherige zu grundlegenden Fähigkeiten bei.	,681	
Die neue sRP Mathematik trägt besser als die bisherige zu gesellschaftlich relevanten Fähigkeiten bei.	,662	
Die neue sRP Mathematik trägt dazu bei, die allgemeine Studierfähigkeit zu verbessern.	,659	
Die neue sRP trägt besser als die bisherige zu Reflexion(swissen) im Fach Mathematik bei.	,634	
Die neue Art der neuen sRP Mathematik gibt zuverlässige Aussagen über tatsächlich erworbenes Wissen und Können.	,622	
Die neue sRP Mathematik trägt dazu bei, die Studierfähigkeit in facheinschlägigen Studienrichtungen zu verbessern.	,568	
R(recodiert): Die neue sRP Mathematik ist nur eine neue Modeerscheinung.	,560	

Anmerkung: Die Formulierung der Items wurde aus dem Originalfragebogen entnommen. Die Reihung entspricht der Höhe der Faktorladungen – Item mit der höchsten Ladung zuerst. sRP steht für schriftliche Reifeprüfung.

Abbildung 46 zeigt die Mittelwerte der einzelnen Items und lässt einen Vergleich mit dem Mittelwert 2,5 der Antwortskala zu. Der Mittelwert der Skala beträgt 2,175.

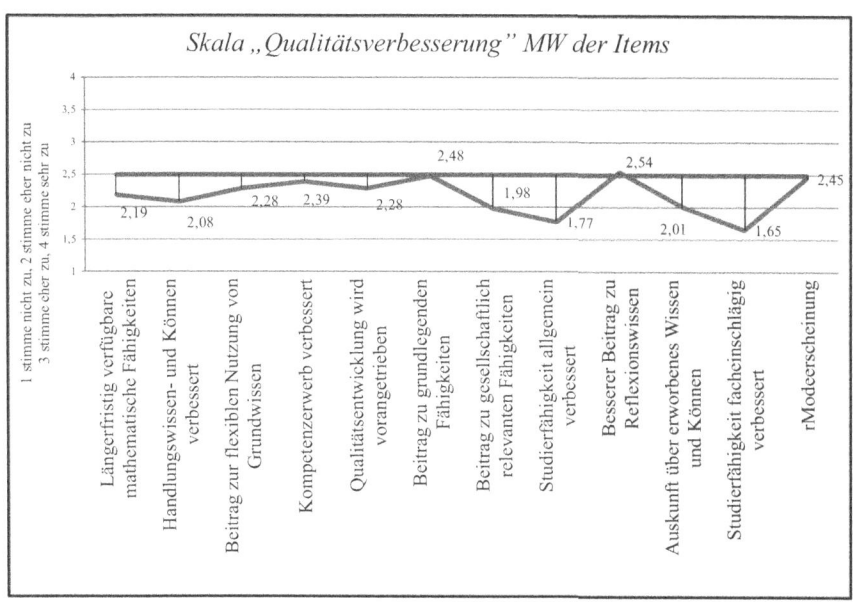

Abbildung 46: Mittelwerte der Items der Skala „Qualitätsverbesserung".
Anmerkung: genaue Formulierung der Items siehe Tabelle 9.

5.3.1.2 Druck

Um herauszufinden, ob sich zum Thema „Druck" Skalen bilden lassen, wurden elf Items einer explorativen Faktorenanalyse unterzogen.

Die Generierung der Items erfolgte in Anlehnung an Items, die für eine Untersuchung der Frage, ob sich amerikanische Lehrkräfte von externen Testprogrammen unter Druck gesetzt fühlen, formuliert worden waren (Pedulla et al. 2003, 30–35). Die Art der Formulierung als Aussagesätze und die vierstufige Antwortskala ist gleich wie in 5.3.1.1 beschrieben (z.B. „Ich bin durch die neue sRP gezwungen auf eine Art zu unterrichten, die meinen eigenen Ideen von gutem Mathematikunterricht widerspricht." – stimme nicht zu, stimme eher nicht zu, stimme eher zu, stimme sehr zu).

Das Kaiser-Meyer-Olkin-Maß von 0,645 weist eine akzeptable Eignung der Faktorenanalyse aus. Der Bartlett-Test auf Sphärizität (Signifikanz 0,000) zeigt, dass das Rechnen einer Faktorenanalyse sinnvoll ist. In Tabelle 10 sind die Trennschärfen und Reliabilitäten der Items bzw. der Skalen zur Erfassung des Druckes auf Mathematiklehrkräfte eingetragen.

Tabelle 10: Trennschärfen und Reliabilitäten der Items bzw. der Skalen zur Erfassung des Druckes auf Mathematiklehrkräfte

	r_{it}	Cron-bachs α
Druck von außen		.56
Die Öffentlichkeit übt Druck für ein gutes Abschneiden der Schüler/innen bei der neuen sRP Mathematik aus.	,385	
Ich fühle mich von Elternseite unter Druck, dass ihre Kinder bei der neuen sRP gute Ergebnisse erzielen.	,432	
Die Leitung übt auf uns Lehrer/innen Druck für ein gutes Abschneiden der Schüler/innen bei der neuen sRP aus.	,296	
Druck im Unterricht		.56
Ich bin durch die neue sRP gezwungen auf eine Art zu unterrichten, die meinen eigenen Ideen von gutem Mathematikunterricht widerspricht.	,357	
Es gibt vermutlich viele Lehrkräfte, die Wege und Mittel für ein gutes Abschneiden ihrer Schüler/innen bei der neuen sRP Mathematik finden werden, ohne dass sich die Qualität ihres Unterrichts verbessert.	,276	
Ich befürchte, die Verantwortlichen glauben, Ergebnisse der neuen sRP spiegeln die Qualität des M-Unterrichts der Lehrpersonen wider.	,308	
Ich habe wenig Zeit, mathematische Bereiche zu lehren, die nicht bei der sRP abgebildet werden.	,249	
Transparenz		.52
Ich fühle mich für ein gutes Abschneiden meiner Schüler/innen bei der neuen sRP verantwortlich.	(,121)	
Durch die Formulierung und Überprüfung von mathematischen Grund-kompetenzen bei der neuen sRP wird die Arbeit von Lehrpers. für breite Bevölkerungsschichten vergleichbarer.	,347	
Die Schulaufsicht kann durch Überprüfung der Ergebnisse der sRP meine Arbeit als Lehrperson besser beurteilen.	,347	
Lerncoach		
Ich sehe mich im Bezug auf die neue sRP nur als Lerncoach.		

Anmerkung: Die Reihung entspricht der Höhe der Faktorladungen – Item mit der höchsten Ladung zuerst. Das erste Item bei der Transparenz wurde aufgrund der geringen Trennschärfe und einer daraus resultierenden Verbesserung der Reliabilität entfernt. sRP steht für schriftliche Reifeprüfung.

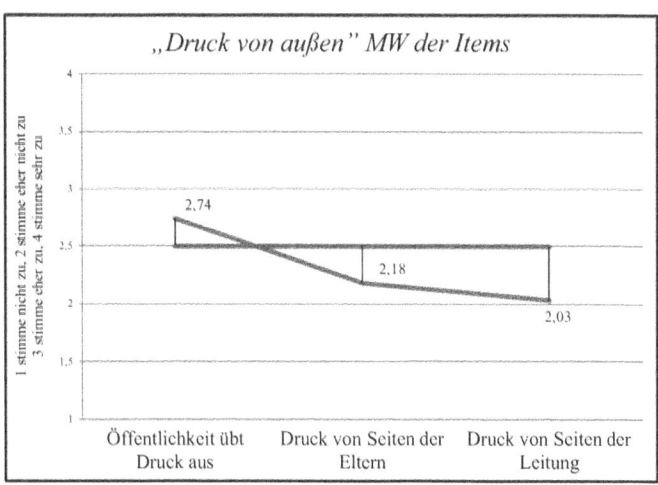

Abbildung 47: Mittelwerte der Items zum „Druck von außen"

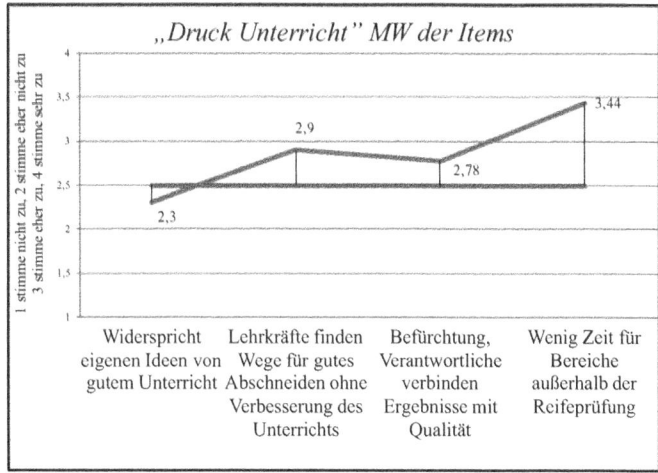

Abbildung 48: Mittelwerte der Items zum „Druck auf den Unterricht"

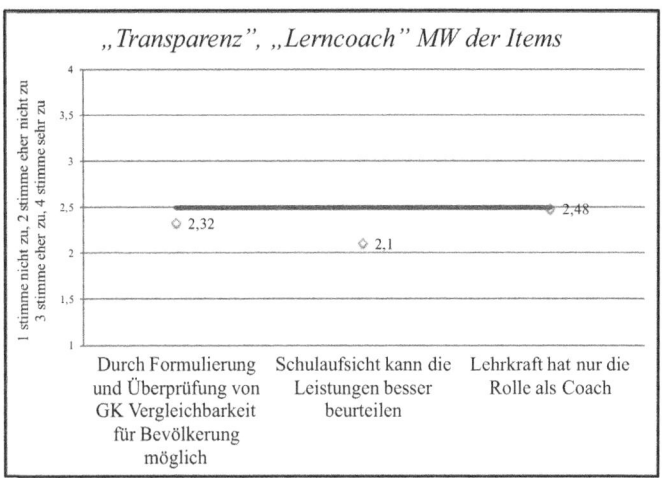

Abbildung 49: Mittelwerte der Items zur „Transparenz" und „Rolle als Lern-coach". Anmerkung: genaue Formulierung der Items siehe Tabelle 10.

Die Formulierung der Items in Tabelle 10 wurde aus dem Originalfragebogen übernommen. Es bildeten sich vier Komponenten mit einer Gesamtvarianz-aufklärung von insgesamt ca. 59 % (22 %, 16 %, 11 %, 10 %), die mit „Druck von außen", „Druck im Unterricht", „Transparenz" und „Rolle Lerncoach" zusammen-gefasst wurden. Sowohl die Trennschärfekoeffizienten als auch die Reliabilitäten liegen im unteren Bereich und lassen nur sehr vorsichtige Interpretationen der Skalen zu. Zum Überblick sind in Abbildung 47 und 48 alle Mittelwerte der Items zum Thema „Druck" dargestellt. Die Abschnitte „Transparenz" und „Lerncoach" wurden in einem Diagramm in Abbildung 49 zusammengefasst; 2,5 stellt die Mitte der vierstufigen Antwortskala dar.

5.3.2 Assessment – Analyse

5.3.2.1 Leistungsbeurteilungspraxis

Für diese Arbeit wird ein Konzept von Anika Bürgermeister (Bürgermeister 2012), (Bürgermeister 2013) übernommen, die aufgrund theoretischer Vor-überlegungen zwischen einer notenzentrierten, einer verbalen und einer partizipativen Leistungsbeurteilung unterscheidet (nähere Ausführungen siehe Kapitel 3).

Dieses Konstrukt, das mit 35 Mathematiklehrkräften der Sekundarstufe I überprüft wurde, ließ sich in ihrer Arbeit empirisch gut abbilden. Sie stellte die Hypothese auf, dass die verschiedenen Formen der Leistungsbeurteilung unterschiedlich oft von Mathematiklehrkräften eingesetzt werden. Sie ging davon aus, dass im Mathematikunterricht eine notenzentrierte Beurteilungspraxis vorherrsche und die partizipative Form der Beurteilung am seltensten sei. Die verbale Rückmeldepraxis liege, so ihre Vermutung, wohl irgendwo dazwischen. Für das vorliegende Projekt wird die theoretisch angenommene Struktur mit Hilfe einer konfirmatorischen Faktorenanalyse getestet (Bühl 2012). Studien haben gezeigt, dass die Summe einzelner Handlungen in Zusammenhang mit Leistungsbeurteilung im Unterricht und daraus resultierende Prozesse einen der bedeutendsten und stärksten Einflussfaktoren auf den Prozess des Lernens insgesamt darstellen (Bürgermeister 2012, 54). Die einzelnen Items beziehen sich daher auf spezifische Beurteilungssituationen im Unterricht. Die Lehrkräfte gaben auf einer sechsstufigen Häufigkeitsskala darüber Auskunft, wie häufig gewisse Handlungen im Zusammenhang mit Leistungsbeurteilung in ihrem Unterricht vorkommen. Die Skala erstreckt sich dabei von sehr selten (1), selten (2), eher selten (3), eher häufig (4), häufig (5) bis sehr häufig (6). Die Items sind denen von Anika Bürgermeister recht ähnlich, aber in den Formulierungen und inhaltlich an österreichische Gegebenheiten angepasst. Auch wurde gegenüber ihrer Arbeit einer sechsteiligen Antwortskala gegenüber einer, von ihr verwendeten, vierteiligen der Vorzug gegeben, um eine genauere Differenzierung zu gewährleisten. Aufbauend auf das Konstrukt von Bürgermeister wurden die Items einer *partizipativen*, einer *notenzentrierten* und einer *verbalen Leistungsbeurteilungspraxis* zugeordnet. Im ersten Fall erfolgt nicht nur eine Einbeziehung der Schülerinnen und Schüler in Beurteilungs- und Dokumentationsprozesse, sondern die Hauptaktivität liegt bei diesen. Dadurch wird es für sie möglich, Leistungsbewertungen auch selbstbestimmt zu erleben. Jene Handlungen, die einer notenzentrierten Praxis zugeschrieben werden, beinhalten einen Vermerk der Bewertungen, wodurch sich für die Lehrkraft die Möglichkeit eröffnet, diese dokumentiert direkt zur Benotung heranziehen zu können. In der verbalen Beurteilungspraxis schließlich steht die verbale Kommunikation im Kontext einer Leistungsbewertung im Zentrum.

Die Tabelle 11 gibt die einzelnen Items mit Trennschärfen und die Reliabilitäten (Cronbachs Alpha) an. Die Ergebnisse decken sich beinahe punktgenau mit den Ergebnissen der Arbeit von Bürgermeister, wobei auch in dieser Untersuchung die Cronbachs Alpha-Werte von „verbale" und „notenzentrierte" Beurteilungspraxis unter ‚70 liegen. In der vorangegangenen Untersuchung war Cronbachs Alpha der „notenzentrierten Praxis" höher als die der „verbalen". Hier ist es umgekehrt. Das in der Untersuchung von Frau Bürgermeister angeführte mögliche Argument für die relativ geringen Werte in

Anbetracht der dortigen sehr kleinen Stichprobe kann in diesem Fall nicht geltend gemacht werden.

Tabelle 11: Trennschärfen und Reliabilitäten der Items bzw. der Skalen zur Erfassung der Beurteilungspraxis

Beurteilungspraxis	r_{it}	Cron-bachs α
partizipativ		.76
Die Schüler/innen bewerten ihre eigene Arbeit anhand von Kriterien, die in der Klasse bekannt sind.	,514	
Die Schüler/innen dokumentieren ihren Lernfortschritt	,543	
Die Schüler/innen bewerten die Arbeit anderer Schüler/innen in der Klasse.	,514	
Die Schüler/innen führen Fehleranalysen durch.	,392	
verbal		.68
Ich bespreche mit den Schüler/innen ihren Lernfortschritt.	,542	
Ich gebe den Schüler/innen verbale Rückmeldungen über ihre mündliche Arbeit im Unterricht.	,445	
Ich gebe den Schüler/innen verbale Rückmeldungen über im Unterricht bearbeitete Aufgaben.	,469	
Ich gebe einzelnen Schüler/innen verbale Rückmeldungen über ihre schriftliche Arbeit im Unterricht.	,372	
**Ich bespreche ausführlich die Ergebnisse einer Schul-arbeit und die aufgetretenen Fehler.	(,264)	
notenzentriert		.64
Ich bewerte die mündliche Arbeit der Schüler/innen(zB +, – ..) und vermerke die Bewertungen.	,428	
Ich bewerte durchgeführte Verbesserungen und vermerke die Bewertungen zur Beurteilung.	,337	
Ich bewerte Hausübungen(zB +, –..) und ziehe die Be-wertung zur Beurteilung heran.	,371	
*Ich vermerke eine Bewertung(zB +, –..) und gebe einen verbalen Kommentar.	,348	

Anmerkungen: Die Formulierung der Items wurde aus dem Originalfragebogen übernommen. Die Reihung entspricht der Höhe der Faktorladungen – Item mit der höchsten Ladung zuerst (siehe). Bei dem mit Stern markiertem Item wurde der Text „Eine/r Ihrer Schüler/innen bearbeitete eine Aufgabe an der Tafel oder in ähnlicher Form vor der Klasse. Welche Art von Rückmeldung geben Sie in solchen Situationen?" an den Anfang gestellt. Das mit zwei Sternen markierte Item wurde aufgrund der geringen Trennschärfe, und da die Reliabilität durch die Entfernung etwas erhöht wurde, entfernt.

Die Trennschärfen erweisen sich als konsistent und akzeptabel bzw. gut (Bortz and Döring 2006). Die Ergebnisse werden daher, behutsam interpretiert, weiter verwendet.

Sie zeigen, dass sich das Konstrukt auch mit Hilfe dieser Untersuchung empirisch gut belegen lässt, aber auch, dass eine genauere Schärfung vor einer eventuellen weiteren Verwendung in Zukunft notwendig scheint.

Die Faktoranalyse wurde durchgeführt und im Sinne einer konfirmatorischen Faktoranalyse die Anzahl der zu extrahierenden Faktoren entsprechend dem Konstrukt (partizipative, verbale und notenzentrierte Beurteilungspraxis) auf 3 gesetzt; bei den Faktorladungen wurden Absolutwerte kleiner als 0,4 unterdrückt. Die rotierende Komponentenmatrix ergibt das in Tabelle 12 dargestellte Bild.

Tabelle 12: Rotierte Komponentenmatrix – Beurteilungspraxis

Beurteilungspraxis			
Item-Überbegriffe (genaue Formulierungen siehe Tabelle 11)	*Rotierte Faktorladungen*		
	partizipativ	*verbal*	*noten-zentriert*
S&S bewerten eigene Arbeit anhand von Kriterien	,773		
S&S dokumentieren Lernfortschritt	,751		
S&S bewerten Arbeit anderer S&S	,622		
S&S führen Fehleranalysen durch	,574		
Lernfortschritt verbal L&L		,775	
Mündliche Arbeit verbal L&L		,684	
Aufgaben im Unterricht verbal L&L		,673	
Schriftliche Arbeit verbal L&L		,609	
Bewertung mündliche Arbeit +– L&L			,720
Verbesserung +– L&L			,656
Bewertung HÜ +– L&L			,626
Einzelarbeit Tafel oder vor Klasse +– und verbal L&L			,619
Prozent der erklärten Gesamtvarianz 50,82	17,83	17,33	15,66

Das Resultat entspricht sehr gut dem zugrunde gelegten Konstrukt. Auch der Anteil der Varianzaufklärung ist für die Einzelfaktoren beinahe gleich. Es treten keinerlei Doppelladungen oder Nebenladungen über 0,4 auf. Das Screeplot (siehe Abbildung 50) weist einen eindeutigen Knick nach drei Faktoren auf, was der Anzahl der vorgegebenen Faktoren bei der Modellbildung entspricht.

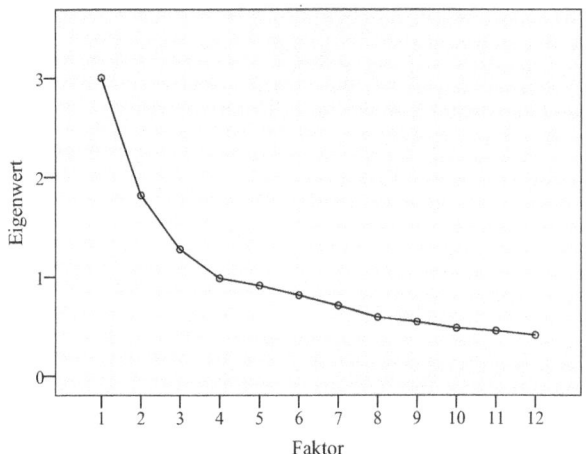

Abbildung 50: Screeplot zur „Leistungsbeurteilungspraxis"

Die inhaltliche Interpretation der Faktoren stimmt vollumfänglich mit der intendierten überein. In der Tabelle in dargelegt, belegen t-Tests für gepaarte Stichproben, dass die Mittelwerte der einzelnen Skalen signifikant unterschiedlich voneinander sind, wodurch eine deskriptive Beschreibung und ein Vergleich der Beurteilungspraktika abgesichert möglich sind (Bürgermeister 2012, 134).

Tabelle 13: Beurteilungspraxis – Test bei gepaarten Stichproben

	Gepaarte Differenzen				
	MW	SD	SE	df	p (2-seitg.)
Paaren 1 partizipativ – notenzentriert	−1,07	1,340	,088	228	,000
Paaren 2 partizipativ – verbal	−1,73	,947	,062	228	,000
Paaren 3 notenzentriert – verbal	−,66	1,205	,079	228	,000

In den Abbildungen 51–53 sind alle Mittelwerte der Items zur Beurteilungspraxis entsprechend der Skalen geordnet dargestellt. 3,5 stellt dabei die Mitte der sechsstufigen Antwortskala dar.

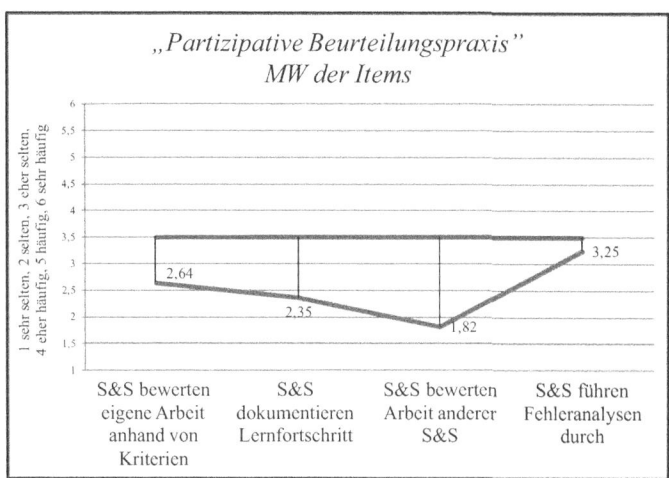

Abbildung 51: Mittelwerte der vier Items der Skala „Partizipative
Beurteilungspraxis". Anmerkung: genaue Formulierungen der
Items siehe Tabelle 11.

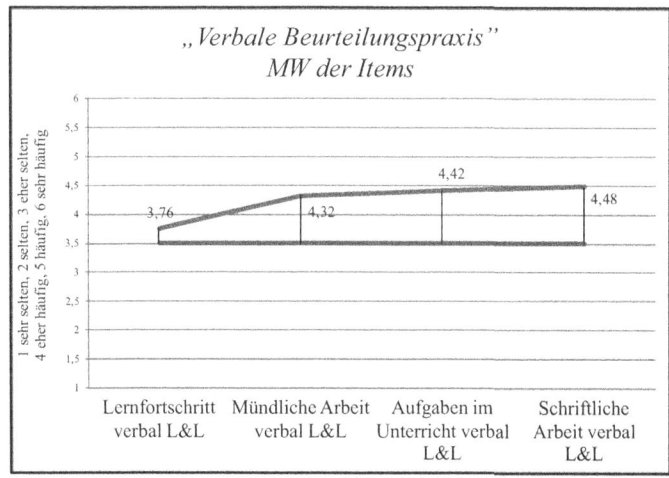

Abbildung 52: Mittelwerte der vier Items der Skala „Verbale
Beurteilungspraxis". Anmerkung: genaue Formulierungen der
Items siehe Tabelle 11.

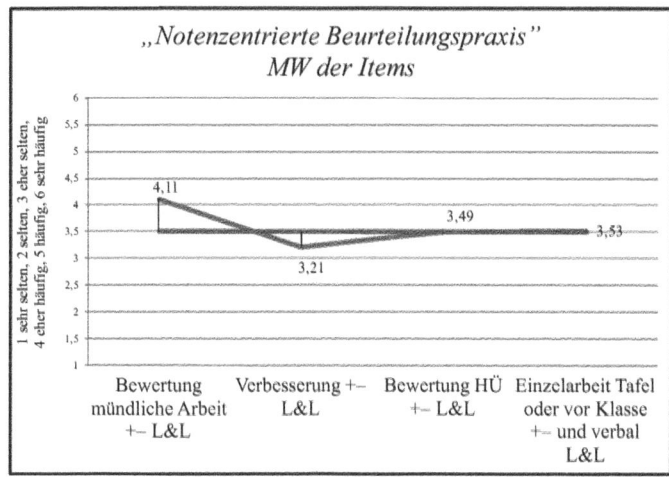

Abbildung 53: Mittelwerte der vier Items der Skala „Notenzentrierte
Beurteilungspraxis". Anmerkung: genaue Formulierungen der
Items siehe Tabelle 11.

Die Frage, ob die Lehrkräfte im Unterricht Kompetenzkontrollen durch-führen
(„Ich bewerte Kompetenzkontrollen (z.B. +, −. ...) und vermerke die
Bewertungen" bzw. „Ich führe Kompetenzkontrollen durch, die ich nicht bewerte
(z.B. +, −, ...)") lieferte Ergebnisse, welche die Abbildungen 54 bis 57 zeigen
(n = 228 bzw. 229). Diese Fragen wurden keiner der drei Beurteilungspraxen
zugeordnet.

Insgesamt gaben ca. 65 % der Lehrkräfte an, notenzentrierte Kompetenzkontrollen im Unterricht eher häufig bis sehr häufig zu verwenden, und ca. 40 %
tun das mit informellen Kompetenzkontrollen, also solchen, die ausschließlich
Informationscharakter haben. Insgesamt 17 % der Lehrkräfte nutzen notenzentrierte und ca. 26 % informelle Kompetenzkontrollen nur sehr selten. Ein
signifikanter Unterschied zwischen den Geschlechtern oder Altersklassen konnte
nicht festgestellt werden. In welchen Phasen des Unterrichts die Kompetenzkontrollen zum Einsatz kommen, wie die konkrete Rückmeldung der Daten an die
Schülerinnen und Schüler erfolgt und welche Rückschlüsse die Lehrkräfte aus den
ermittelten Daten ziehen, war nicht Teil dieser Untersuchung. Vor allem
schriftliche Kontrollen stellen auch in Zusammenhang mit der Leistungsbeurteilungsverordnung einen gewissen Graubereich dar. Da der Rückfluss und
die Interpretation von derartigen Daten insgesamt als Problemfeld identifiziert
wurde (Mertler 2003) wäre dieses Gebiet ein interessanter Punkt für weitere
Forschungsvorhaben.

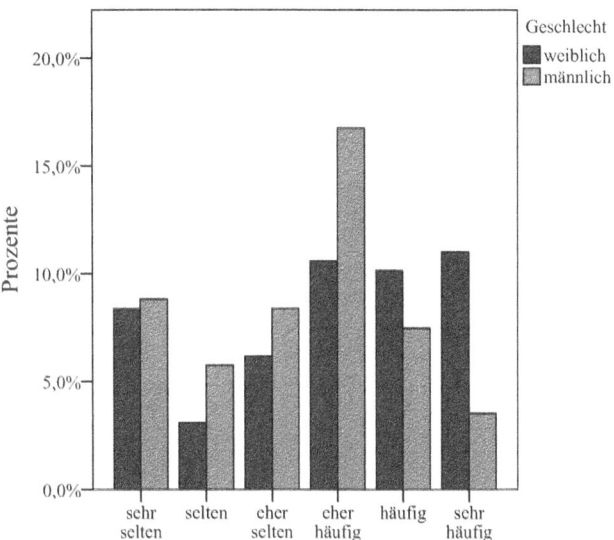

Abbildung 54: Verwendung von bewerteten Kompetenzkontrollen im Unterricht aufgeteilt nach Geschlechtern

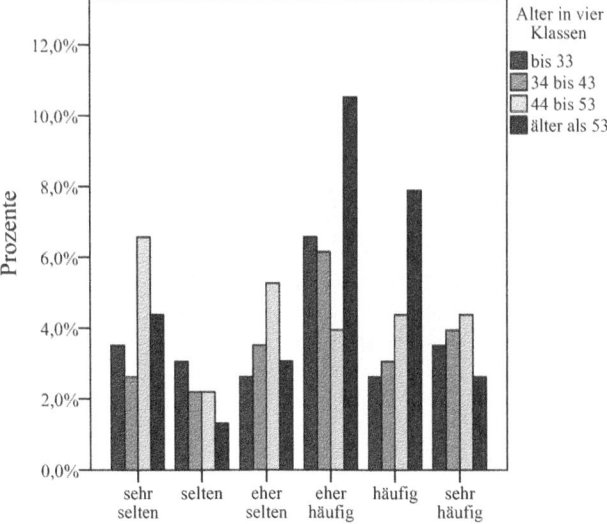

Abbildung 55: Verwendung von bewerteten Kompetenzkontrollen im Unterricht aufgeteilt nach dem Alter der Lehrkräfte

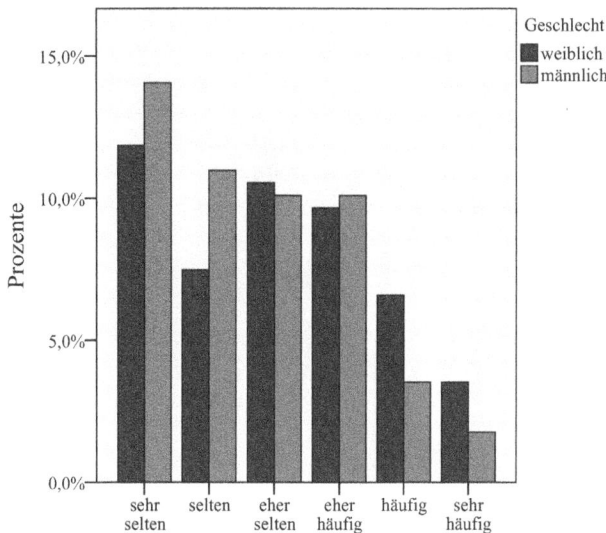

Abbildung 56: Verwendung von informellen Kompetenzkontrollen im Unterricht aufgeteilt nach Geschlechtern

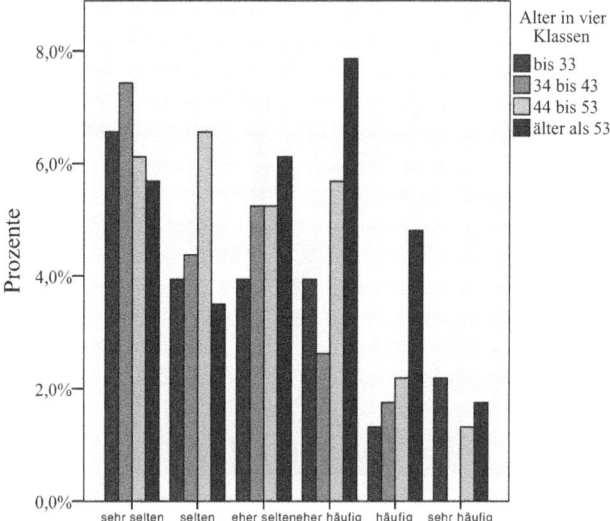

Abbildung 57: Verwendung von informellen Kompetenzkontrollen im Unterricht aufgeteilt nach dem Alter der Lehrkräfte

5.3.2.2 Verwendung von Aufgaben Typ 1

Wie bereits im theoretischen Teil ausgeführt, sind Typ-1-Aufgaben solche, die auf die in einem veröffentlichten Katalog angeführten Grundkompetenzen fokussieren. Die Lösung der Aufgaben darüber erfordert keine über Grundfertigkeiten hinausgehende Eigenständigkeit.[24]

Da dieser Aufgabentyp in der Oberstufe erst im Zuge der Einführung der neuen Reifeprüfung in Erscheinung trat, wird hier der Frage nachgegangen, wie häufig diese völlig neue Art von Aufgaben, die primär für Prüfungen bzw. zur Kontrolle konzipiert sind, von den Lehrkräften in den verschiedenen Bereichen und Phasen des Mathematikunterrichts eingesetzt werden.

Aufgaben spielen im Mathematikunterricht eine entscheidende Rolle und viele fachdidaktische und für die konkrete Unterrichtsarbeit konzipierte Publikationen setzen sich mit möglichen und sinnvollen Aufgaben auseinander. Im Blickpunkt auf einen kompetenzorientierten Unterricht wird vermehrt der Ruf laut, im Unterricht auf eine für den Lernprozess der Schülerinnen und Schüler besser geeignete Aufgabenkultur zu achten. Für eine Weiterentwicklung dieser Kultur sollen mehr „Lernaufgaben" entwickelt und eingesetzt werden (vgl. Abschnitt 3.2.3), die verschiedenen Qualitätskriterien entsprechen und Lernen und Fördern statt Prüfen und Trainieren im Fokus haben (Bruder et al. 2008). Unterricht wird oft ausschließlich als Vorbereitung auf die nächste Klassenarbeit gesehen, was sich auf die Wahl und die Verwendung der Aufgaben auswirkt. Hier wäre eine Verschiebung mit Blickpunkt auf lang- und mittelfristige mathematische Kompetenzen der Schülerinnen und Schüler wünschenswert. Das setzt jedoch das Vorhandensein und die Bereitstellung geeigneter Aufgaben-stellungen in Verbindung mit einer passenden Unterrichtsgestaltung voraus.

Verschiedene Aussagen zur Einsatzmöglichkeit von Typ-1-Aufgaben, beispielsweise „Als Basis für Unterrichtsgespräche zu mathematischen Inhalten verwende ich Aufgaben in der angegebenen Art." wurden den Lehrkräften mit der Bitte, eine passende Häufigkeit anzukreuzen, vorgelegt. Die Möglichkeiten hierfür waren von „sehr selten" (1), „selten" (2), „eher selten" (3), „eher häufig" (4), „häufig" (5) bis „sehr häufig" (6) gestreut. Die Antworten sollten sich laut Anweisung dabei auf den Unterricht in der Klasse, die sich in der höchsten Schulstufe der jeweiligen Lehrkraft befindet, beziehen. Die in den Aussagen vorkommende Phrase „... in der angegebenen Art ..." nimmt Bezug auf drei typische exemplarisch am Fragebogen angegebene Aufgaben vom Typ 1, welche der Illustration und Konkretisierung dienten. Eine davon war etwa eine Multiple-Choice-Aufgabe „2 aus 5" und eine lautete wie in Abbildung 58 angeführt.

---

[24]https://www.bifie.at/node/80. (10.08.2014)

Aufgabe Typ 1:

Gegeben ist der Graph einer Exponentialfunktion f mit f(x) = a·b^x (mit a, b ∈ R+).

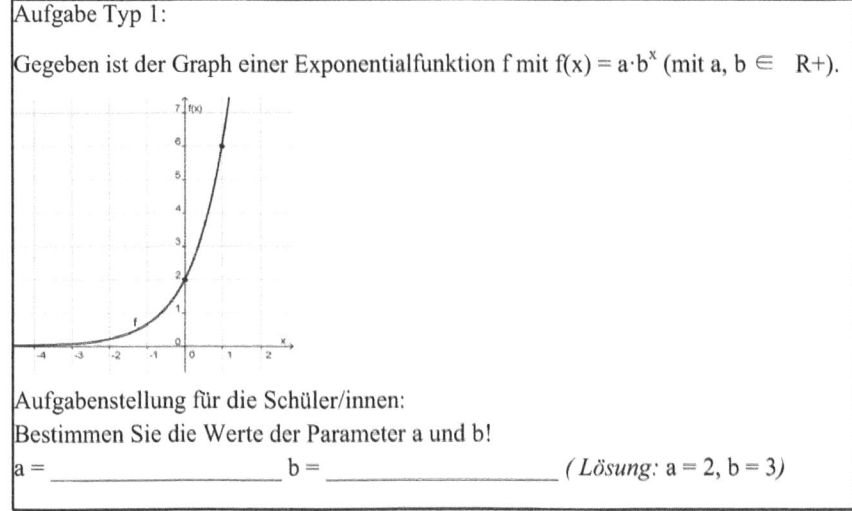

Aufgabenstellung für die Schüler/innen:
Bestimmen Sie die Werte der Parameter a und b!
a = _____ b = _____ *(Lösung:* a = 2, b = 3*)*

Abbildung 58: Prototypische Typ-1-Aufgabenstellung zur Illustration

Aufgrund des Fehlens jeglicher passender Voruntersuchungen wurden die Daten einer explorativen Faktorenanalyse unterzogen.

Das Kaiser-Meyer-Olkin-Maß von 0,88 indizierte eine sehr gute Eignung der Korrelationsmatrix (Eckey et al. 2002). Der Bartlett-Test auf Sphärizität ergibt mit einer Signifikanz von 0,000 die Zurückweisung der Nullhypothese, wonach zwischen den Variablen keine Korrelationen bestehen.

Es ergaben sich drei Faktoren, deren Eigenwert über 1 lag. Die Varianzaufklärung lag bei rund 58 %. Die Ladungen liegen zwischen 0,462 und 0,826. Ladungen unter 0,4 wurden unterdrückt. In Tabelle 14 sind die Werte der rotierenden Komponentenmatrix dargestellt.

Das in Abbildung 59 abgebildete Screeplot weist auf einen Abbruch nach dem zweiten bzw. dritten Faktor hin, was unsere Dreifaktorenlösung bestätigt. Bei Durchsicht der faktorbildenden Items sind Zusammenhänge leicht zu erkennen. Die genauen Formulierungen der Items kann man der Tabelle 15 entnehmen.

Der erste Faktor beschreibt Unterrichtsvorgänge, die der Kompetenzentwicklung bzw. dem Lernen dienen. Selbstentdeckendes Lernen, Demonstration von Lösungswegen, Sozialformen wie Gruppen- und Partnerarbeit, Förderung der Reflexionsfähigkeit etc. sind hier die entsprechenden Schlagwörter. Dieser Faktor erhält daher den übergeordneten Begriff „Verwendung zur Kompetenzentwicklung".

Tabelle 14: Tabelle zur rotierten Komponentenmatrix – Verwendung von
Typ-1-Aufgaben

Verwendung von Typ 1 - Aufgaben			
Item-Überbegriffe (genaue Formulierungen	*Rotierte Faktorladungen*		
siehe Tabelle 15)	*1*	*2*	*3*
Für Demonstration schrittweiser Lösungswege	,773		
Als Basis für U-Gesprächezu math. Inhalten	,740		
Zur Förderung der Reflexion über Mathematik	,737		
Für Partnerarbeit in der U-Arbeit	,643		
Für Ergebnissicherung und Systematisierung	,628		
Verwendung für selbständiges entdeckendes Lernen	,621		
Für Gruppenarbeiten in U-Arbeit	,590		
Vorbereitung speziell auf die Formate		,826	
Erstellen ähnlicher Aufgaben wie sRP		,732	
Konzentration des Unterrichts auf ähnliche Aufgaben		,693	
Übungsmaterial viele derartige Aufgaben		,678	
Bei Vorbereit auf eigenen Unterricht		,636	
Hauptsächlich für Kompetenzkontrollen		,541	
Für Einzelarbeit im Unterricht	,503	,537	
Verwendung für HÜ	,421	,462	
Anregung zu selbständigem Üben			,737
Hinweis auf Quellen mit ähnlichen Aufgaben		,418	,709
Prozent der erklärten Gesamtvarianz 57,80	17,83	23,18	10,46

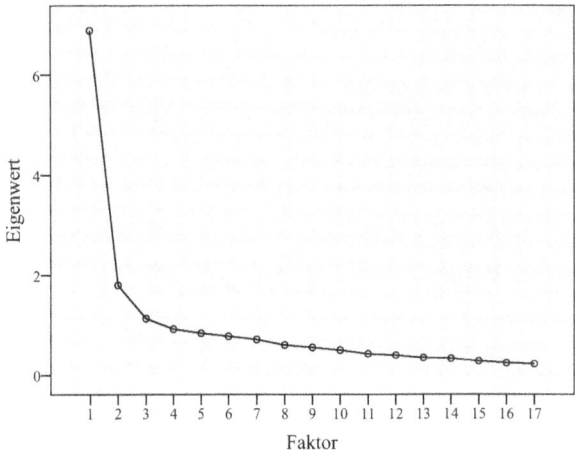

Abbildung 59: Screeplot zur „Verwendung von Typ-1-Aufgaben"

Der zweite Faktor sammelt Items, die für das Üben allgemein, speziell jedoch für das Trainieren der Aufgaben stehen. Die Items beschreiben Situationen einer Konzentration auf die speziellen Aufgabenformate, die sich zugleich mit Übungen und Kontrollen (Übungsmaterial und Kompetenzkontrollen mit vielen derartigen Aufgaben) auseinandersetzt, zugleich aber auch starken Einfluss auf den Gesamtunterricht („…bereite die Schüler/innen speziell …vor.", „ …konzentriere meinen Unterricht auf …", „Bei der Vorbereitung auf meinen Unterricht…", …) zeigt. Die Kurzbezeichnung für den zweiten Faktor sei daher „Training". Die vorliegenden Doppelladungen lassen sich sehr sinnvoll interpretieren. So laden die beiden Items „Für Einzelarbeit im U" und „Verwendung für HÜ" stärker auf den Faktor „Training" aber auch auf den Faktor „Verwendung zur Kompetenzentwicklung", was einleuchtend ist. Aus diesem Grund und auf Basis der guten Trennschärfen und Maße für die interne Konsistenz (Tabellen 15) wird von einer Entfernung der Items abgesehen (Bühl 2012).

Der Faktor 3 trägt wesentlich weniger zur Varianzaufklärung bei und besteht auch nur aus zwei Items. Für ihn wird die Kurzbezeichnung „Anregung zum selbstständigen Üben" gewählt.

Die Tabellen 15 und 16 zeigen die Trennschärfen und Reliabilitäten der Items bzw. der Skalen zur Erfassung der Verwendung von Typ-1-Aufgaben im Unterricht. Trennschärfen und Reliabilitäten (Cronbachs Alpha) der ersten beiden Faktoren sind ausgezeichnet. Aufgrund der geringen Anzahl der Items des dritten Faktors von zwei sind Cronbachs Alpha und die Trennschärfen natürlich deutlich geringer.

Tabelle 15: Teil 1 – Trennschärfen und Reliabilitäten der Items bzw. der Skalen zur Erfassung der Verwendung von Typ-1-Aufgaben im Unterricht

Verwendung von Typ 1 - Aufgaben	r_{it}	Cron-bachs α
Zur Kompetenzentwicklung		.871
Um Schüler/innen schrittweise Lösungswege zu demonstrieren, verwende ich Aufgaben in der angegebenen Art.	,609	
Als Basis für Unterrichtsgespräche zu mathematischen Inhalten verwende ich Aufgaben in der angegebenen Art.	,661	
Um das Reflektieren über Mathematik zu fördern, verwende ich Aufgaben in der angegebenen Art.	,696	
In der Unterrichtsarbeit für Partnerarbeiten verwende ich Aufgaben in der angegebenen Art.	,640	
Um Wissen und Ergebnisse im Unterricht zu sichern und zu systematisieren, nutze ich Aufgaben in der angegebenen Art.	,623	
Als Basis für selbständiges entdeckendes Lernen verwende ich Aufgaben in der angegebenen Art.	,544	
In der Unterrichtsarbeit für Gruppenarbeiten verwende ich Aufgaben in der angegebenen Art.	,601	
*In der Unterrichtsarbeit für Einzelarbeiten verwende ich Aufgaben in der angegebenen Art.	,576	
*Ich verwende Aufgaben in der angegebenen Art für HÜ.	,509	
Training		.864
Ich bereite die Schüler/innen speziell auf die Aufgabenformate bei der sRP vor.	,722	
Ich erstelle für die Schüler/innen Aufgaben, die den Aufgaben bei der sRP ähnlich sind.	,561	
Ich konzentriere meinen Unterricht auf Aufgaben, von denen ich weiß, dass sie den Aufgaben der sRP ähnlich sind.	,616	
Ich verwende Übungsmaterial, das viele Aufgaben in der angegebenen Art enthält.	,709	
Bei der Vorbereitung auf meinen Unterricht berücksichtige ich Aufgaben in der angegebenen Art.	,628	
Meine Kompetenzkontrollen enthalten hauptsächlich Aufgaben in der angegebenen Art.	,513	
*In der Unterrichtsarbeit für Einzelarbeiten verwende ich Aufgaben in der angegebenen Art.	,604	
*Ich verwende Aufgaben in der angegebenen Art für HÜ.	,540	

Tabelle 16: Teil 2 – Trennschärfen und Reliabilitäten der Items bzw. der Skalen zur Erfassung der Verwendung von Typ-1-Aufgaben im Unterricht

Verwendung von Typ 1 - Aufgaben	r_{it}	Cron-bachs α
Anregung zum selbständigen Üben		.625
Für eine gute Vorbereitung auf die sRP rege ich meine Schüler/innen dazu an, Aufgaben der angegebenen Art selbständig zu Hause zu üben.	,454	
Ich weise die Schüler/innen auf Quellen mit Aufgaben ähnlich der Aufgaben bei der sRP hin.	,454	

Anmerkungen (Tabelle 15 und 16): Die Formulierung der Items wurde aus dem Original-fragebogen übernommen. Die Reihung entspricht der Höhe der Faktorladungen – Item mit der höchsten Ladung zuerst (siehe Tabelle 14). Die zwei mit Stern gekennzeichneten Items mit Doppelladungen lassen sich bei beiden Faktoren sehr sinnvoll interpretieren.

Da die beiden Faktoren „Training" und „zur Kompetenzentwicklung" sowohl für die Beantwortung der Forschungsfrage als auch für die Überprüfung der Hypothese sehr geeignet und ausreichend scheinen, werden die Items des dritten Faktors in Folge nur deskriptiv mit ausgewertet, ohne dass dem Faktor insgesamt große Bedeutung zugemessen wird. Ein Kolmogorov-Smirnov-Anpassungstest zeigt mit einer asymptotischen Signifikanz (2-seitig) eine gute Anpassung der Faktoren an die Normalverteilung. Eine Ausnahme stellt naturgemäß (nur zwei Items) der errechnete dritte Faktor „Anregung zum selbstständigen Üben" dar, was aber, wie oben erläutert, für weitere Betrachtungen nicht ins Gewicht fällt. Ein t-Test für gepaarte Stichproben (siehe Tabelle 17) bescheinigt den Mittelwerten der einzelnen Skalen einen signifikanten Unterschied. Dies sichert zusätzlich eine Verwendung der Skalen und eine Interpretation der Ergebnisse.

Tabelle 17: Verwendung von Typ-1-Aufgaben – Test bei gepaarten Stichproben

	Gepaarte Differenzen				
	MW	SD	SE	df	p (2-seitg.)
Paaren 1　z. Kompetenzentw. – Training	–,50	,727	,048	228	,000
Paaren 2　Training – selbstst. Üben	–,20	1,006	,067	228	,004
Paaren 3　selbstst. Ü – Kompetenzentw.	,73	1,079	,072	228	,000

In den Abbildungen 59–60 sind alle Mittelwerte der Items zur Verwendung von Aufgaben Typ 1 in Diagrammen zusammengefasst.

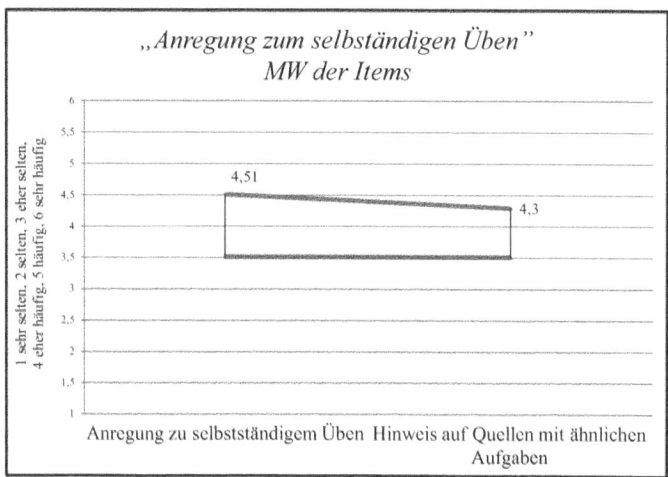

Abbildung 60: Mittelwerte der beiden Items zu Typ-1-Aufgaben: „Anregung zum selbstständigen Üben". Anmerkung: genaue Formulierungen der Items siehe Tabellen 15 und 16.

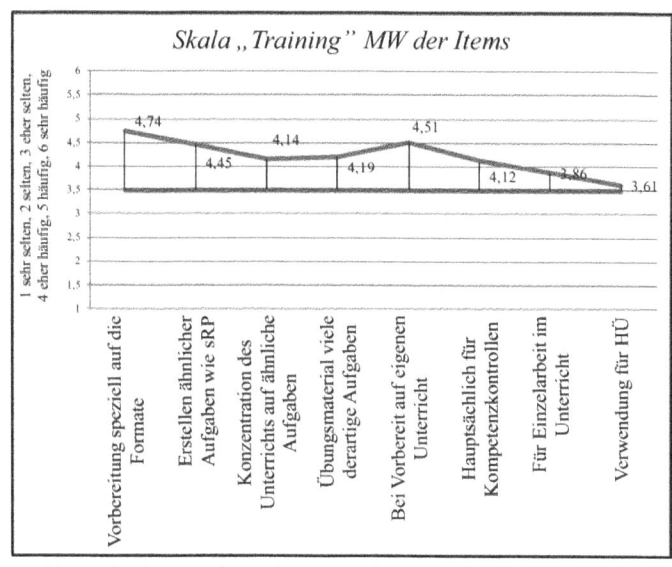

Abbildung 61: Mittelwerte der acht Items der Skala „Training". Anmerkung: genaue Formulierungen der Items siehe Tabellen 15 und 16.

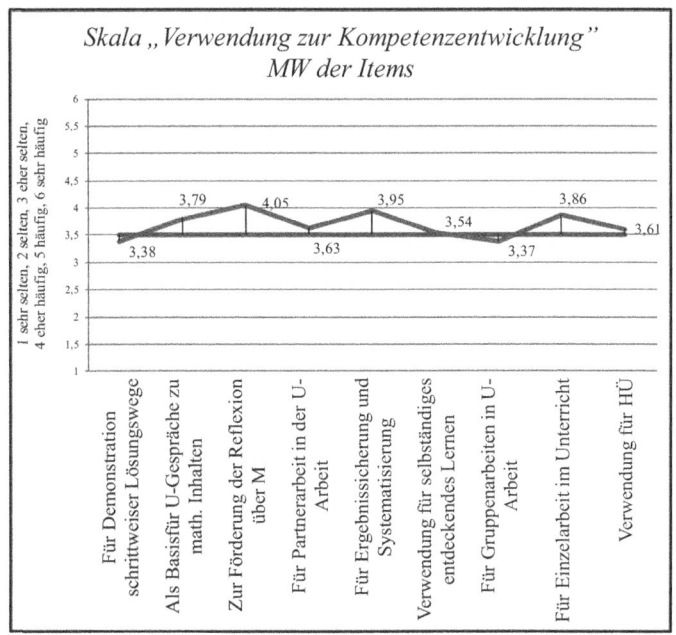

Abbildung 62: Mittelwerte der neun Items der Skala „Verwendung zur Kompetenzentwicklung". Anmerkung: genaue Formulierungen der Items siehe Tabellen 15 und 16.

Wie deutlich zu erkennen, liegen in allen drei untersuchten Bereichen, die Häufigkeiten der Verwendung meist deutlich über der Mitte der sechsstufigen Antwortskala von 3,5.

5.3.3 Kooperation – Analyse

Nach Gräsel (Gräsel et al. 2006) kann bei Lehrkräften zwischen verschiedenen Formen der Kooperation, nämlich *Austausch, Arbeitsteilige Kooperation* und *Kokonstruktion*, unterschieden werden. Hintergründe und Ausführungen zu den verschiedenen Formen findet man in Kapitel 2. Vorangegangene Untersuchungen zeigten, dass für befragte Lehrkräfte ein Verständnis von Kooperation als Austausch bei weitem dominierte (Gräsel et al. 2006, 214). Aus organisations-soziologischer Sicht hängen Arbeitsteilung und Koordination zusammen. Je stärker arbeitsteilig eine Struktur gebaut ist, desto höher wird der Aufwand der Koordination (Kuper & Kapelle 2012, 43).

Befunde der Implementations- und Transferforschung belegen, dass die Kokonstruktion, mit den notwendigen reflexiven Elementen, als Form der Zusammenarbeit durch einfache Intervention nicht angeregt werden kann. (Gräsel et al. 2006).

Andere Ergebnisse lassen den Schluss zu, dass generell eine Förderung kollegialer Zusammenarbeit nur sehr bedingt durch reformorientierte Bemühung von Seiten der Politik, wie sie etwa neue Prüfungsmodalitäten darstellen, zu erreichen ist. Längsschnittliche Untersuchungen bestärken die Vermutung einer relativen Stabilität der Intensität der Kooperation in einem Bereich über die Zeit (Appius 2012).

Kooperation ist ein grundlegendes Merkmal professioneller Lerngemeinschaften. Die positiven Effekte von professionellen Lerngemeinschaften (PLG) beschränken sich dabei, wie erste empirische Befunde zeigen, nicht nur auf die methodischen Komponenten und die Lehrenden-Lernenden Beziehung (Bonsen & Rolff 2006, 168–169).

Laut Altrichter (Altrichter et al. 2011, 219) entsteht berufliche Kompetenz im Umgang mit den BerufskollegInnen und KlientInnen einer spezifischen Praxisgemeinschaft, in deren Transaktion Kompetenz ausgeformt, praktiziert, rückgespiegelt und weiterentwickelt wird. Das bedeutet insgesamt, dass sich Kooperation in der Entwicklung und im Ausbau der beruflichen Kompetenz, in der Arbeitszufriedenheit und Motivation der Mathematiklehrkräfte und in weiterer Folge auch in den Leistungen der Schülerinnen und Schüler niederschlägt. Dabei ist aber eine kokonstruktive Kooperation mit einer Zunahme der beruflichen Belastung verbunden und führt nicht unbedingt zu einer Abnahme der Arbeitsunzufriedenheit (Fussangel et al. 2010), (Appius 2012). Gemeinsame Ziele sind eine wichtige Voraussetzung zur Bereitschaft für Kooperation. Die Bewältigung der neuen zentralen Reifeprüfung Mathematik könnte ein derartiges gemeinsames Ziel darstellen.

Bisherige Untersuchungen zur Kooperation wurden meist fachunabhängig geführt. Mit Hilfe der gewonnenen Daten soll untersucht werden, ob sich die verschiedenen Formen der Kooperation für Mathematiklehrkräfte der Oberstufe überhaupt abbilden lassen und wenn, wie intensiv diese in Hinblick auf Häufigkeit stattfinden. Aufgrund bisheriger Forschungen ist zu erwarten, dass die niederschwellige Form eines „Austausches" relativ häufig anzutreffen ist, während die höherschwelligen Formen auch in der Implementierungsphase der neuen Reifeprüfung nicht in hohem Maße gepflegt werden. Da andere Untersuchungen auf Unterschiede des Kooperationsverhaltens bezüglich des Geschlechts oder des Alters hindeuteten, wird auch diesem Umstand besonderer Augenmerk geschenkt.

Der spezielle Katalog von siebzehn Items zum Bereich Kooperation wurde einer explorativen Faktorenanalyse unterzogen. Die Items beinhalten Aussagen in der Form „Ich tausche mit meinen M-Kolleg/innen Unterrichtsmaterialien für die

Oberstufe aus," oder „Ich bereite gemeinsam mit meinen M-Kolleg/innen Oberstufenunterricht vor," verknüpft mit der Bitte, die Häufigkeit der jeweiligen Handlungen anzugeben.

Die Antwortskala reicht von „nie", „sehr selten", „selten", „eher selten" über „eher häufig", „häufig" bis „sehr häufig". Die Antwortmöglichkeit „nie" war nach der Erprobungsphase des Fragebogens aufgrund einiger unabhängiger Rückmeldungen von Kolleginnen und Kollegen konkret nur bei dieser Fragenbatterie eingefügt worden. Eine Faktorenanalyse belegt mit KMO = 0,851 eine sehr gute Eignung der Daten der Stichprobe für eine Faktorenanalyse. Die Signifikanz nach Bartlett ist 0,000. Die Auswertung mittels Hauptkomponenten-analyse ergibt vier Faktoren mit einem Eigenwert über eins. Die erklärte Gesamtvarianz liegt insgesamt bei 67,13 %. Auch das Screeplot weist einen deutlichen Abbruch nach dem vierten Faktor auf.

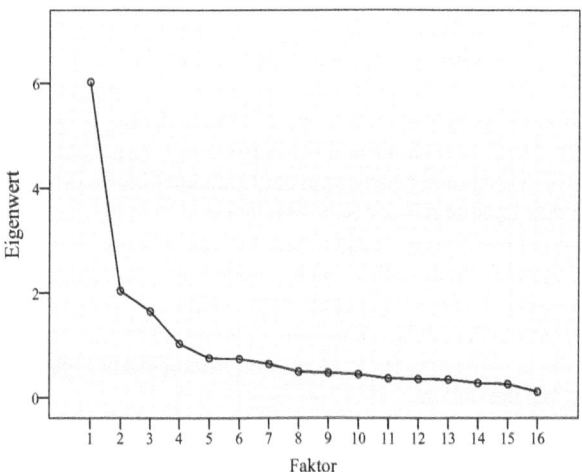

Abbildung 63: Screeplot zur „Kooperation"

Die Tabelle 18 zeigt die rotierten Faktorlösungen zur „Kooperation". Der genaue Wortlaut der Aussagen im Fragebogen findet sich in Tabelle 20. Die Items wurden entsprechend ihren Faktorladungen absteigend sortiert. Insgesamt vier Items wiesen Doppelladungen über 0,4 auf. Gesamt ergab die Analyse vier gut interpretierbare Faktoren, welche sich auf eindeutige Weise den Aspekten *Austausch, arbeitsteilige Kooperation und kokonstruktive Form* zuordnen lassen. Die Faktoren spiegeln das theoretische Modell von Fussangel und Gräsel nicht nur wider sondern differenzieren es feiner.

Tabelle 18: Rotierte Komponentenmatrix – Kooperation

Kooperation				
Item-Überbegriffe	*Rotierte Faktorladungen*			
	1	2	3	4
Gemeinsame Vorbereitung Unterricht	,790			
Erstellung gemeinsamer SA in Parallelklassen	,731			
Unterstützung Korrektur SA durch M-Koll.	,729			
Erstellung gemeinsamer Übungs/Arbeitsblätter mit M-Koll.	,713			
Erprobung fachdidaktischer Konzepte mit M-Koll.	,692		,412	
Kritische/konstruktive Bewertung eigener U-Bestandteile durch M-Koll.	,577			
Mitteilung und fachbezog. Infos an M-Koll.		,840		
Austausch Unterrichtsmaterialien		,662		
Verständigung über m. Inhalte mit M-Koll.	,454	,646		
Rat zu fachbezogenen Problemen bei M-Koll.		,626		
Am Laufenden-Halten über arbeitsrelevanter Themen mit M-Koll.		,615	,438	
Austausch über problem. Arbeitshalt. der S&S			,826	
Austausch über Probleme mit S&S im Unterr.			,809	
Rat bei Unsicherheiten im Unterricht			,559	
Hospitationen von M-Koll.				,953
Hospitationen bei M-Koll.				,945
Mit meinen M-Kolleg/innen diskutiere ich über die Qualität von neuen didaktischen Methoden.*	,418*		,457*	
Prozent der erklärten Gesamtvarianz 67,13	23,1	16,7	14,5	12,7

Anmerkungen: Extraktionsmethode – Hauptkomponentenanalyse. Rotationsmethode – Varimax mit Kaiser-Normalisierung. Es werden nur Faktorladungen > .4 dargestellt. Die Faktorenanzahl wurde nicht vorgegeben. Es traten drei gut interpretierbare Nebenladungen auf. Das Item mit Stern war aufgrund der schwer zuordenbaren Doppelladung entfernt worden. Bartlett-Test auf Sphärizität: $\chi^2(120) = 1799.799$

Das Item „Mit meinen M-Kolleg/innen diskutiere ich über die Qualität von neuen didaktischen Methoden" war nach einem ersten Durchgang aufgrund einer nicht optimal interpretierbaren Doppelladung auf den Faktoren 1 und 3 mit 0,418 bzw. mit 0,457 eleminiert worden. Drei weitere Items weisen Nebenladungen über 0,4 auf. Abgesehen von einer guten Erklärbarkeit der Ergebnisse bescheinigen weitere Untersuchungen sehr gute Trennschärfen (siehe Tabelle 21). Die entsprechenden Items bleiben daher als Teil der Skala und für weitere Verwendungen erhalten.

Betrachtet man die Inhalte der Items des ersten Faktors, sieht man die starke Verbindung und die sehr gute Übereinstimmung zum theoretischen Gliederungs-aspekt „Arbeitsteilige Kooperation". Auf den ersten Blick könnte vermutet werden, dass einige der Items wie etwa „Ich lasse eigene Unterrichtsbestandteile von M-Kolleg/innen kritisch und konstruktiv bewerten" auch schon kokonstruktive Bestandteile aufweisen. Bei näherer Durchleuchtung der Arbeits-bedingungen und -hintergründe von Mathematik-Lehrkräften an der Oberstufe in Verbindung mit der Auswertung der Daten des vierten Faktors wird jedoch schnell klar, dass das nur höchstens ansatzweise der Fall sein kann. Für eine kokonstruktive Form ist nicht nur eine „produktorientierte" Zielstellung, sondern auch eine „Abstimmung in Hinblick auf den Arbeitsprozess" erforderlich (Gräsel et al. 2006, 211).

Diese Form beinhaltet einen stark reflexiven Anteil und erfordert im Vergleich zu den anderen Kooperationsformen gegenseitiges Vertrauen und die Schaffung der Möglichkeit zur Umsetzung (Fussangel & Gräsel 2012). *Kokonstruktive Prozesse* erfordern die Auseinandersetzung mit implizitem Wissen und eine gewisse Metaebene über der Unterrichtsebene, um personengebundenes Wissen und Erfahrung von der direkten Arbeitssituation abzukoppeln und für zu verändernde Prozesse nutzbar zu machen. An den AHS-Standorden gibt es keine Strukturen, die von der direkten Arbeitssituation abgekoppelt sind und *kokonstruktive Kooperationsformen* begünstigen. Auf die offene Frage, ob an den Schulen systematisch und geplant Meetings stattfinden und welcher Art diese Meetings sind, gaben ca. 14 % an, dass das bei ihnen nicht der Fall ist, 80 % antworteten mit „Ja" und ca. 6 % vermerkten, Meetings nur gelegentlich und nicht fixiert bei Bedarf abzuhalten. Von denen, die bejahten, Meetings systematisch und geplant abzuhalten, gaben rund 40 % keine Auskunft über die Art, 45 % nannten Fachgruppenkonferenzen als Art der Meetings, ca. 5 % Arbeitsgruppen und die restlichen Nennungen verteilten sich auf „Planungsgespräche", „Schilf-Veranstaltungen", „Nachmittags-/Abendtreffen", „Jahrgangmeetings", „Aus-tausch von Infos". Von derselben Gruppe der Lehrkräfte, die systematisch und geplant Meetings abhalten, machten 17 % keine Angabe über die Anzahl der Meetings, ca. 24 % gaben an, ein- bis zweimal jährlich solche abzuhalten; ca. 35 % tun das drei bis viermal jährlich, ca. 10 % fünf bis sechsmal, 8 % ungefähr monatlich und ca. 6 % öfter.

Die Anzahl der jährlichen geplanten Treffen variiert also recht stark von Schule zu Schule. Etwa genauso viele Lehrkräfte treffen sich nie geplant wie sich andere monatlich oder sogar öfter treffen (jeweils 14 %). Mehr als die Hälfte der Lehrkräfte trifft sich zwischen ein- und zweimal pro Semester und zwar hauptsächlich in Form einer Fachgruppensitzung.

Aus vielen informellen, nicht dokumentierten Gesprächen und aus eigener Erfahrung der Autorin kann mit ziemlicher Sicherheit behauptet werden, dass sich die Themen dieser Treffen in den Jahren um den Untersuchungszeitpunkt hauptsächlich mit der neuen Reifeprüfung befassen. Dabei geht es praktisch ausschließlich um einen Informationsaustausch und um die Bewältigung von notwendigen Arbeiten, wie sie etwa die Erstellung von Themengebieten oder Aufgabenstellungen für die mündliche Reifeprüfung darstellen. Für die Bearbeitung didaktischer und methodischer Fragestellungen den Unterricht betreffend sind derartige Treffen in der deutlichen Mehrheit der Fälle nicht konzipiert.

Unterrichtsstrukturen in der Oberstufe lassen kaum Raum und Zeit, um etwa gemeinsam neue Inhalte zu erschließen oder gemeinsame Standards für den Mathematikunterricht zu entwickeln. Team-teaching ist nicht vorgesehen. Auch die Angaben bezüglich der Meetings lassen Analysen und kokonstruktive Elemente sehr unwahrscheinlich erscheinen. Die Auswertung des vierten Faktors „kollegiale Hospitation" macht außerdem eindeutig klar, dass die für einen höheren reflektiven Anteil förderlichen Unterrichtsbeobachtungen de facto nicht stattfinden. Daraus kann insgesamt gefolgert werden, dass Kooperationen mit Fachkolleginnen und Kollegen etwa mit dem Ziel, Unterrichtsbestandteile konstruktiv und kritisch bewerten zu lassen, einer Ergänzung der eigenen Unterrichtsarbeit dienen. Somit können sie wieder einer *arbeitsteiligen Kooperation* zugeordnet werden.

Die Frage, ob Schularbeiten in Parallelklassen in Kooperation systematisch und geplant stattfinden, ergab folgende Ergebnisse (siehe Tabelle 19). Diese Frage war gemeinsam mit anderen offenen oder halboffenen Antwortformaten am Ende des Fragebogens gestellt worden.

Speziell hier sieht man deutlich den Einfluss, den die Einführung einer neuen Form der Reifeprüfung auf arbeitsteilige Prozesse, wie es die gemeinsame Erstellung von Schularbeiten in Parallelklassen darstellt, ausübt. In den Maturaklassen, in denen die Jugendlichen zum Untersuchungszeitpunkt noch nach alter Form maturierten, liegt der Anteil der Lehrkräfte, die gemeinsam Schularbeiten erstellen, unter einem Drittel. Wenn selbst da, wo in den meisten Fällen eine gemeinsam erstellte schriftliche Reifeprüfung am Ende des Unterrichtsjahres bevorsteht, der Anteil nicht höher ist, ist klar davon auszugehen, dass der Anteil früher, ohne zentrale Reifeprüfung, in den darunterliegenden Jahrgängen sehr gering war.

Tabelle 19: Gemeinsame Schularbeiten in Parallelklassen

gemeinsame Schularbeiten N=232	9. Schulst.	10. Schulst.	11. Schulst.	12. Schulst.
nein	53,9%	54,3%	46,6%	66,4%
ja	42,7%	42,7%	50,4%	30,6%
k. A.	3,4%	3,0%	3,0%	3%

In der 11. Schulstufe sieht man sehr schön den Sprung. In dieser Stufe, die zum Untersuchungszeitpunkt der erste Jahrgang ist, der flächendeckend nach der neuen zentralen Form maturieren wird, steigt der Anteil der Lehrkräfte mit gemeinsamen Schularbeiten in Parallelklassen plötzlich auf knapp über die Hälfte. Danach in der 9. und 10. Schulstufe pendelt sich der Wert konstant ein. Der Prozentsatz ist mit ca. 43 Prozent zwar unter dem Wert der 11. Klasse, aber noch immer deutlich höher als selbst im Maturaklassenjahrgang mit alter Form. Rund 20 % der Lehrpersonen, die in Langformen unterrichten, gaben an, dass an ihrer Schule in der Unterstufe teilweise Schularbeiten gemeinsam parallel durchgeführt werden. Dieses Nebenergebnis ist aber wenig aufschlussreich. Es kann nicht ausgeschlossen werden, dass manche Lehrkräfte die Untersuchung insgesamt nur auf die Oberstufe bezogen und daher über die Unterstufe keine Auskunft gaben. In den Tabelle 21 und 22 sind die Trennschärfen aller Items der einzelnen Faktoren dargestellt. Die Alphakoeffizienten stellen sehr gute bis ausgezeichnete Werte dar. Auch die Anpassungen der Faktoren an die Normalverteilung sind mit Ausnahme des über den Mittelwert der Mittelwerte der beiden Items gerechneten Faktors „Kollegiale Hospitationen" gut bis zufriedenstellend. T–Tests für gepaarte Stichproben unterstreichen die Mittelwertsunterschiede der einzelnen Skalen.

Tabelle 20: Kooperation – Test bei gepaarten Differenzen

	Gepaarte Differenzen df = 231			
	MW	SD	SE	p (2-seitg.)
Paaren 1 gem. Planung/Organisation – reiner Austausch fachbezogen	−1,69	,911	,060	,000
Paaren 2 reiner Austausch fachbezogen – Austausch pädagog. Belange	1,18	,793	,052	,000
Paaren 3 gem. Planung/Organisation – Austausch pädagog. Belange	− ,51	,990	,065	,000

Tabelle 21: Teil 1 – Trennschärfen und Reliabilitäten der Items bzw. der Skalen zur Kooperation von Lehrkräften

Kooperation	r_{it}	Cronbachs α
Arbeitsteilige Kooperation		.86
Ich bereite gemeinsam mit meinen M-Kolleg/innen Oberstufenunterricht vor.	,741	
Ich erstelle in Parallelklassen der Oberstufe gemeinsam mit meinen M-Kolleg/innen Schularbeiten.	,628	
Meine M-Kolleg/-innen unterstützen mich bei der Korrektur von Schularbeiten.	,635	
Mit M-Fachgruppenmitgliedern erstelle ich gemeinsam Übungs- oder Arbeitsblätter.	,649	
Ich erprobe mit M-Fachgruppenmitgliedern fachdidaktische Konzepte.	,620	
Ich lasse eigene Unterrichtsbestandteile von M-Kolleg/innen kritisch und konstruktiv bewerten.	,587	
Ich verständige mich mit meinen M-Kolleg/innen über die Inhalte des Mathematikunterrichts der Oberstufe.*	,558	
Fachbezogener Austausch N = 228		.81
Wichtige fachbezogene Informationen teile ich meinen M-Kolleg/innen mit.	,700	
Ich tausche mit meinen M-Kolleg/innen Unterrichtsmaterialien für die Oberstufe aus.	,624	
Ich verständige mich mit meinen M-Kolleg/innen über die Inhalte des Mathematikunterrichts der Oberstufe.	,586	
Bei fachbezogenen Fragen und Problemen ersuche ich um den Rat von den M-Kolleg/innen.	,589	
Ich halte mich mit M-Fachgruppenmitgliedern über arbeitsrelevante Themen auf dem Laufenden.	,539	
Kollegiale Hospitationen N = 230		.94
Fachgruppenmitglieder führen bei mir Unterrichtshospitationen durch.	,778	
Ich besuche den Unterricht von Fachgruppenmitgliedern.	,778	

Anmerkungen: Die Formulierung der Items wurde aus dem Originalfragebogen übernommen. Die Reihung entspricht der Höhe der Faktorladungen – das Item mit der höchsten Ladung zuerst. Item mit Stern: gut interpretierbare Nebenladungen über 0,4.

Tabelle 22: Teil 2 – Trennschärfen und Reliabilitäten der Items bzw. der Skalen
zur Kooperation von Lehrkräften

Kooperation	r_{it}	Cron-bachs α
Austausch zu pädagogischen Belangen N = 228		.77
Ich tausche mich mit meinen Kolleg/innen über problematische Arbeitshaltungen von Schüler/innen aus.	,573	
Mit den M-Kolleg/innen unterhalte ich mich über Probleme, die ich mit einzelnen Schüler/-innen im M-Unterricht der Oberstufe habe.	,611	
Bei Unsicherheiten bezüglich meines Unterrichts ersuche ich die Rückmeldung von M-Fachgruppenmitgliedern.	,531	
Ich halte mich mit M-Fachgruppenmitgliedern über arbeitsrelevante Themen auf dem Laufenden.*	,484	
Ich lasse eigene Unterrichtsbestandteile von M-Kolleg/innen kritisch und konstruktiv bewerten.*	,520	

*Anmerkungen: Die Formulierung der Items wurde aus dem Originalfragebogen
übernommen. Die Reihung entspricht der Höhe der Faktorladungen – das Item mit der
höchsten Ladung zuerst. Stern: gut interpretierbare Nebenladungen über 0,4.*

Die Trennschärfen der Items aller Faktoren sind hoch, was bedeutet, dass die Items
als sehr gute Indikatoren des angezielten Konstrukts angesehen werden können.

Wir wollen nun die einzelnen Items der Skalen extra betrachten und
vergleichen, wobei wir mit der Skala der „arbeitsteiligen Kooperation" beginnen.
Wie aus Abbildung 64 ersichtlich, sind es vor allem die Erstellung von
Schularbeiten und Arbeitsblättern und die Abstimmung bezüglich mathematischer
Inhalte, die häufig zum Einsatz kommen. Die gemeinsame Vorbereitung von
Unterricht oder die Erprobung fachdidaktischer Konzepte kommt schon eher
selten vor, ebenso wie die Unterstützung bei Korrekturen von Schularbeiten. Das
heißt, innerhalb der arbeitsteiligen Prozesse wird den niederschwelligeren Formen
deutlich der Vorzug gegeben. Insgesamt pendeln die Mittelwerte der einzelnen
Items um den Mittelwert 3 der siebenstufigen Antwortskala von nie (0) bis sehr
häufig (6). In diesem Zusammenhang soll auch nicht außer Acht gelassen werden,
dass die gemeinsame Erstellung von Schularbeiten an vielen Standorten nicht
freiwillig erfolgt. Im Zuge der Einführung der neuen Reifeprüfung regen die
Direktionen die Fachgruppen zu einem derartigen Vorgehen an bzw. verlangen
ein solches. Auf diese Art und Weise werden die Lehrkräfte „gezwungen", sich
bezüglich der Länge, Inhalte und Form der Schularbeiten selbst abzusprechen und
sich auf gemeinsame Aufgabenstellungen zu einigen. Das zieht aber wiederum

automatisch eine Absprache über die Inhalte, Gewichtung und Reihenfolge des im Unterricht bearbeiteten Lehrstoffes nach sich. Dies garantiert in stärkerem Maß als bisher einheitliche Ziele.

Gerade in Schulformen mit wenigen Mathematikstunden bleiben dadurch aber auch noch weniger Raum und Zeit für individuelle Schwerpunktsetzungen und Projekte. Gebiete, die nicht Teil der schriftlichen Reifeprüfung, aber Teil des Lehrplanes sind, werden zwar gestreift, aber wohl nicht einmal exemplarisch vertieft.

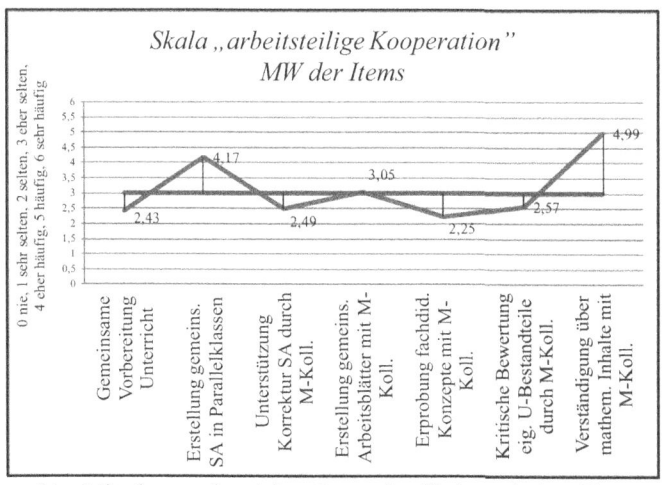

Abbildung 64: Mittelwerte der sieben Items der Skala „arbeitsteilige Kooperation". Anmerkung: genaue Formulierung der Items siehe Tabellen 21 und 22.

„Austausch" wird in hohem Maße betrieben. Wie in Kapitel 4 erörtert, sind Lehrkräfte eigenaktiv und an der Erhaltung der eigenen Strukturen interessiert. Durch *förderliche Kommunikation* ist gewährleistet, dass die Mathematik-Lehrkräfte Daten, Informationen und Gespräche zur Selbstreflexion nutzen und dadurch Theorien über das eigene Handeln entwickeln können.

Wie aus der Erhebung ersichtlich ist, kann im Austausch mit Fachkolleginnen und Fachkollegen zwischen einem Austausch im Bezug auf eher fachliche Belange (fachbezogene Infos und Probleme, Materialien, Inhalte, Neuerungen) und pädagogische Belange (Arbeitshaltungen von Schülerinnen und Schülern, Probleme mit Schülerinnen und Schülern, Unsicherheiten der Lehrkräfte im Unterricht, arbeitsrelevante Themen) unterschieden werden (siehe Abbildung 65 und Abbildung 66).

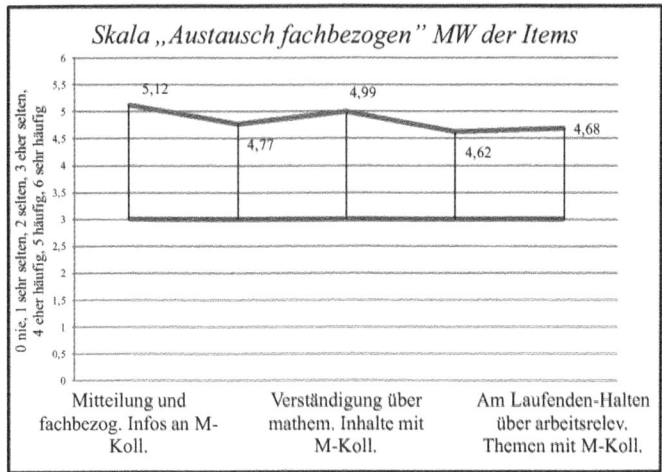

Abbildung 65: Mittelwerte der fünf Items der Skala „fachbezogener Austausch"

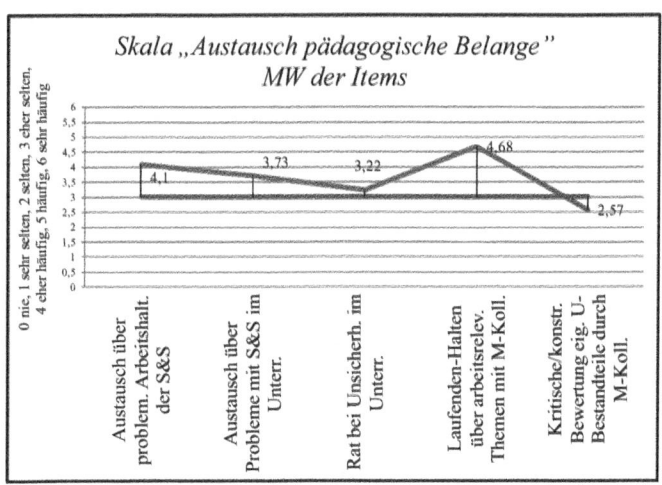

Abbildung 66: Mittelwerte der fünf Items der Skala „Austausch zu
pädagogischen Belangen"

Die Existenz der Skalen zum *Austausch* bestätigen einerseits das Konstrukt von
Gräsel und Fussangel, zeigen aber auch, dass die Kooperation zwischen
Fachkolleginnen und Fachkollegen feinere, stärker differenzierte Strukturen als

die in der gesamten Kollegenschaft einnimmt. Nicht die Fachgruppe schlechthin handelt, sondern nur die einzelnen Akteure können konkrete Handlungen tätigen. Die Gemeinsamkeiten dieser Handlungen bzw. die Unterschiede in den Handlungen einzelner Teilgruppen zu identifizieren, kann dazu betragen, Einzelpersonen und -gruppen zu stärken und trotzdem die Einzelschule und das Gesamtsystem „Schule" nicht aus den Augen zu verlieren.

Dieses Spannungsfeld, oder besser gesagt Zusammenspiel, zwischen individueller Handlung und dem Verstehen von Bildungssystemen stellt *die* Herausforderung in der Bildungsforschung schlechthin dar. Dabei sind Theorien

> *Fenster zur Welt*, die die Aufmerksamkeit auf spezifische Phänomene lenken und sie uns so erst bewusstmachen (Fend 2006, 123).

Der Mittelwert der Skala „fachbezogener Austausch" von ca. 4,84 zeigt gegenüber einem auch hohen, aber deutlich geringerem Gesamtmittelwert von ca. 3,66 der Skala „Austausch zu pädagogischen Belangen", dass ein fachlicher Austausch häufig, zu anderen beruflichen Belangen hingegen nur eher häufig stattfindet.

Kollegiale Unterrichtsbeobachtungen bei anderen Kolleginnen und Kollegen sollten nicht nur der Lehramtsausbildung vorbehalten, sondern auch fester Bestandteil für die permanente Weiterentwicklung und Professionalisierung im Berufsleben von Lehrerinnen und Lehrern sein (Holzäpfel et al. 2011). Sie dienen sowohl der Diagnose und Förderung der persönlichen, fachlichen, methodisch-didaktischen als auch pädagogischen Professionalisierung des Besuchers bzw. der Besucherin als auch der bzw. des Besuchten. Ein Vorhandensein eines derartigen Besuches vorausgesetzt, kann eine Qualitätsverbesserung auch in diesem Fall nur durch eine *förderlicher Kommunikation* gewährleistet werden. Dazu gehört konkret auch das Wissen um und die Einhaltung von Feedbackregeln.

Wie das vorliegende Projekt zeigt, ist die Einhaltung oder Etablierung einer entsprechenden Kommunikationskultur derzeit in der Sekundarstufe II für das Fach Mathematik eher zweitrangig, kann aufgrund der vorliegenden Daten doch eindeutig gesagt werden, dass derartige kollegiale Hospitationen praktisch nicht statt finden (siehe Abbildung 67). Von den verwertbaren Daten von 230 Lehrkräften geben nur fünf der Lehrkräfte an häufig oder sehr häufig Besuch von anderen Lehrkräften zu erhalten und nur vier Kolleginnen oder Kollegen, häufig oder sehr häufig Unterricht anderer zu besuchen. Demgegenüber stehen 134 bzw. 144, die Derartiges nie tun. Der Mittelwert der Gesamtskala „kollegiale Hospitationen" liegt bei 0,89. Bei der siebenteiligen Antwortskala (nie (0) bis sehr häufig (6)) liegt das knapp unter sehr selten. Berücksichtigt man noch den Umstand, dass etliche Kolleginnen und Kollegen in Zusammenarbeit mit den Universitäten als Mentorinnen und Mentoren für das Fach Mathematik tätig sind und daher gelegentlich von Schulpraktikantinnen und -praktikanten im Unterricht besucht werden und deren Unterricht besuchen müssen, dann gibt es so etwas wie „kollegiale Hospitation" in der Oberstufe der AHS im Fach Mathematik zum Messzeitpunkt praktisch nicht.

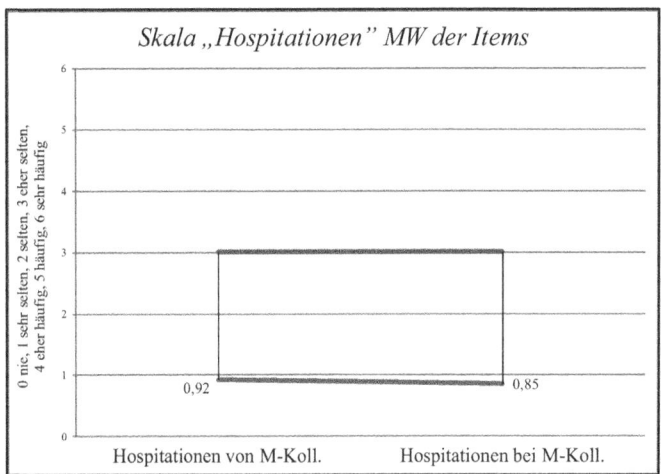

Abbildung 67: Mittelwerte der zwei Items der Skala „kollegiale Hospitationen". Anmerkung: genaue Formulierung der Items siehe Tabelle 21.

5.3.4 Einstellungen – Ergebnisse

5.3.4.1 Qualitätsverbesserung – Ergebnisse

Bezogen auf die Grundhypothese werden die folgenden Einwände (Nullhypothese) formuliert:

- Die neue schriftliche Reifeprüfung Mathematik ist für die Mathematik- Fach-lehrkräfte der AHS Oberstufe ein geeignetes Mittel zur Qualitätsverbesse-rung.

Dazu wurde im ersten Schritt eine explorative Faktorenanalyse mit den unter formulierten Items zur Erfassung der Einstellung im Bezug auf eine Qualitätsverbesserung in SPSS 21 ausgeführt. Die Faktoranalyse erfolgte ohne Vorgaben und die Ergebnisse der Einfaktorlösung (siehe Tabelle 23) machen deutlich, dass sich das theoretisch angenommene Konstrukt empirisch gut belegen lässt.

Tabelle 23: Explorativen Faktoranalyse zur Erfassung der Einstellung der Lehrkräfte zur neuen schriftlichen Reifeprüfung bezüglich einer Qualitätsverbesserung

Einstellungen – Qualitätsverbesserung Cronbachs $\alpha = .924$	
Item-Überbegriffe *(genaue Formulierungen siehe Tabelle 9)*	*Faktorladungen*
Längerfristig verfügbare mathematische Fähigkeiten	,824
Handlungswissen- und Können verbessern	,816
Beitrag zur flexiblen Nutzung von Grundwissen	,804
Kompetenzerwerb verbessert	,801
Qualitätsentwicklung wird vorangetrieben	,793
Beitrag zu grundlegenden Fähigkeiten	,740
Beitrag zu gesellschaftlich relevanten Fähigkeiten	,721
Studierfähigkeit allgemein verbessert	,718
Besserer Beitrag zu Reflexionswissen	,700
Auskunft über erworbenes Wissen und Können	,683
Studierfähigkeit facheinschlägig verbessert	,634
rModeerscheinung*	,625

Anmerkungen: Extraktionsmethode – Hauptkomponentenanalyse. Rotationsmethode – Varimax mit Kaiser-Normalisierung. Es werden nur Faktorladungen >.4 dargestellt. Die Faktorenanzahl wurde nicht vorgegeben. Item mit Stern wurde umcodiert – Bartlett-Test auf Sphärizität: $\chi^2(66) = 1581.624, p < .000$.

Die durchgeführte explorative Faktorenanalyse diente der Überprüfung der zugrunde liegenden Struktur.Tabelle 24 zeigt nun die deskriptiven Statistiken für die Ergebnisse. Die unter dem Skalenmittelwert liegenden Wertungen können als Ablehnung, die darüber liegenden Wertungen als Zustimmung zu den Aussagen gewertet werden (vgl. Freudenthaler & Specht 2006, Beer 2007).

Zahlreiche statistische Verfahren setzen voraus, dass die zu untersuchenden Daten in der Grundgesamtheit normalverteilt sind (Bühl 2012). Ein Kolmogorov-Smirnov-Anpassungstest zeigt mit einer asymptotischen Signifikanz (2-seitig) von 0,423184 eine gute Anpassung des errechneten Faktors an die Normalverteilung. Im Anschluss wurde ein t-Test durchgeführt.

Tabelle 24: Deskriptive Statistiken des Faktors „Qualitätsverbesserung"

Einstellungen – Qualitätsverbesserung Faktor: MW 2,175 Varianz ,788 $\alpha = .924$				
Item-Überbegriffe	MW	SD	Lineare Abweichung von der Mitte 2,5 = $\frac{x_i - 2,5}{1,5}$	
			MW	SD
Längerfristig verfügbare mathematische Fähigkeiten	2,19	,938	– ,21	,625
Handlungswissen- und Können verbessern	2,08	,873	– ,28	,577
Beitrag zur flexiblen Nutzung von Grundwissen	2,28	,901	– ,15	,600
Kompetenzerwerb verbessert	2,39	,886	– ,07	,590
Qualitätsentwicklung wird vorangetrieben	2,28	,914	– ,15	,609
Beitrag zu grundlegenden Fähigkeiten	2,48	,949	– ,01	,632
Beitrag zu gesellschaftlich relevanten Fähigkeiten	1,99	,860	– ,34	,573
Studierfähigkeit allgemein verbessert	1,77	,831	– ,49	,554
Besserer Beitrag zu Reflexionswissen	2,54	,915	,03	,610
Auskunft über erworbenes Wissen und Können	2,01	,792	– ,33	,528
Studierfähigkeit facheinschlägig verbessert	1,65	,798	– ,57	,532
rModeerscheinung*	2,45	,966	– ,03	,644

*Anmerkungen: Antwortformat der Items: (1) „stimme nicht zu" bis (4) „stimme sehr zu",
Das mit Stern markierte Item wurde umcodiert.*

Mit dem Einstichproben-t-Test kann man überprüfen, ob ein aus einer gegebenen Stichprobe gewonnener Mittelwert sich von einem vorgegebenen Testwert unterscheidet. Dabei soll stets die Frage geklärt werden, ob auftretende

Unterschiede sich mit zufälligen Schwankungen erklären lassen oder überzufällig, heißt signifikant, sind (Bühl 2012). Der Mittelwert der Skala „Qualitäts-verbesserung durch die Reform" beträgt 2,1756 (Antwortmöglichkeiten von stimme nicht zu (1) bis stimme sehr zu (4)) bei einer Standardabweichung von 0,6538 und einem Standardfehler des Mittelwertes von 0,04293.

	Testwert = 2.5					
					95% Konfidenzintervall der Differenz	
	T	df	Sig. (2-seitig)	Mittlere Differenz	Untere	Obere
Faktor Qualitäts-verbesserung durch die Reform - MW	-7,55	230	,000	-,3253968	-,410324	-,240470

Abbildung 68: t-Test bei einer Stichprobe „Qualitätsverbesserung"

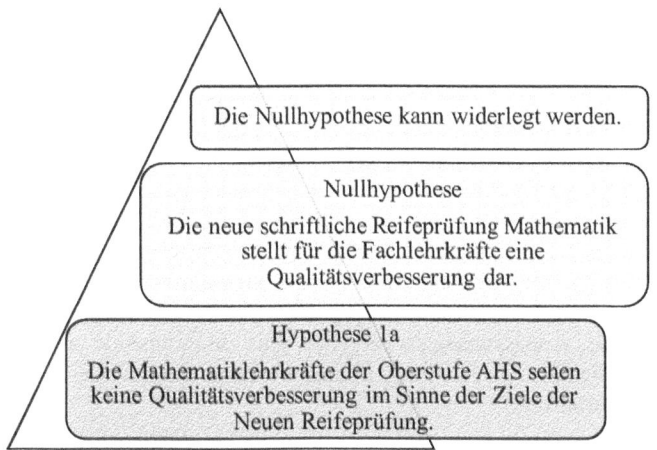

Abbildung 69: Zusammenfassung – Einstellungen bezüglich einer Qualitätsverbesserung

Wie in Abbildung 68 dargelegt gibt es signifikante Unterschiede zwischen der durch Mittelwerte gebildeten Skala „Qualitätsverbesserung" zum Mittelwert des Antwortformats der Items von 2,5 (stimme nicht zu (1) bis stimme sehr zu (4)). Die Nullhypothese „Die neue schriftliche Reifeprüfung Mathematik stellt für die Fachlehrkräfte eine Qualitätsverbesserung dar" kann mit einer Signifikanz < .000 widerlegt werden.

Durch die Zuweisung von Scores an die einzelnen Probanden ist es möglich Gruppen mit unterschiedlichen Merkmalsausprägungen zu identifizieren und zur Grundgesamtheit in Beziehung zu setzen. Signifikante, das heißt durch den Zufall nicht mehr erklärbare Unterschiede, können interpretiert werden.

Bei den durchgeführten Mittelwertsvergleichen von je nach Voraussetzungen zweier oder mehrerer unabhängiger Stichproben stellte sich heraus, dass die Ausprägungen der unabhängigen Variablen Geschlecht, Altersklassen, Erfahrung, Region, Zweitfach oder unterrichtete Schulstufen keine signifikanten Einstellungsunterschiede hinsichtlich des Faktors Qualitätsverbesserung zu Tage brachten.

Die unterschiedlichen Selbsteinschätzungen im Hinblick auf die fachdidaktisch-methodische Kompetenz, die in Kapitel 5.2 beschrieben sind, zeigen jedoch signifikante Mittelwertsunterschiede der Einstellung bezüglich einer Qualitätsverbesserung hinsichtlich der unabhängigen Variablen „WissenWunsch" und „KönnenRat". Die Lehrkräfte hatten bei „Wissen Wunsch" die Möglichkeit, aus zehn vorgegebenen Punkten aus fachdidaktischen Bereichen beliebig viele auszuwählen, zu denen sie gerne mehr wissen möchten. Bei „Können Rat" gab es die Möglichkeit aus vierzehn Punkten beliebig viele zu wählen, bei denen die Lehrkräfte gerne Rat/Unterstützung für ihre Lehrtätigkeit hätten. Nähere Beschreibung der Ergebnisse findet man in Kapitel 5.2.

Um Unterschiedsvergleiche zu ermöglichen, wurden die Variablen um-kodiert und Klassen gebildet. Bei „Wissen Wunsch" und „Können Rat" waren das je zwei Klassen. Zur ersten Klasse gehörten jene Lehrkräfte, die jeweils keinen oder nur einen Punkt angekreuzt hatten. Zur zweiten Klasse gehörten jeweils alle anderen, also die, die zwei oder mehr Punkte angekreuzt hatten.

In Tabelle 25 sind die absoluten Häufigkeiten der einzelnen Gruppen ausgewiesen. Entsprechende Anpassungstests zeigten eine hinreichende Anpassung aller Gruppen an die Normalverteilung. Ebenso bestätigt der Levene-Test eine Homo-genität der Varianzen.

Tabelle 25: Klasseneinteilung der fachdidaktischen Bereiche, bei denen die Lehrkräfte gerne mehr wüssten oder sich Rat/Unterstützung in ihrer Unterrichtsarbeit wünschten mit jeweiliger Ankreuzhäufigkeit

	Wissen Wunsch (von 10 möglichen)	N	Können Rat (von 14 möglichen)	N
Qualitäts-verbesserung	0 oder 1	67	0 oder 1	103
	> 1	154	> 1	118

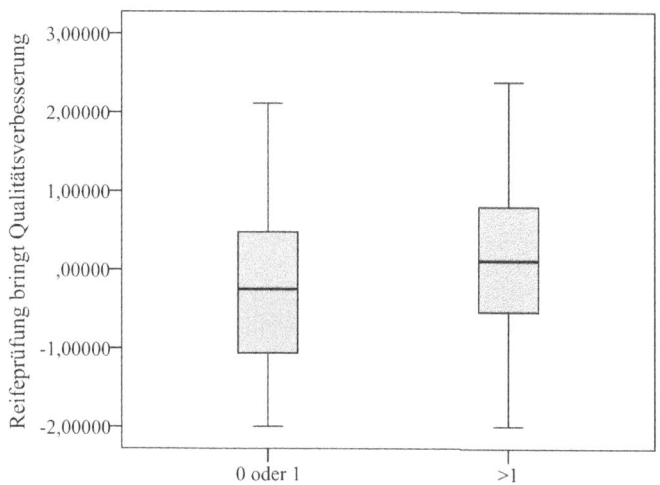

Wunsch nach mehr Wissen - Anzahl der angekreuzten
Bereiche (aus 10)

Abbildung 70: 0 oder 1 angekreuzt – Qualitätsverb. MW –0,241 SD 1,081,
größerer Wunsch (>1) – Qualitätsverb. MW 0,107 SD 0,959

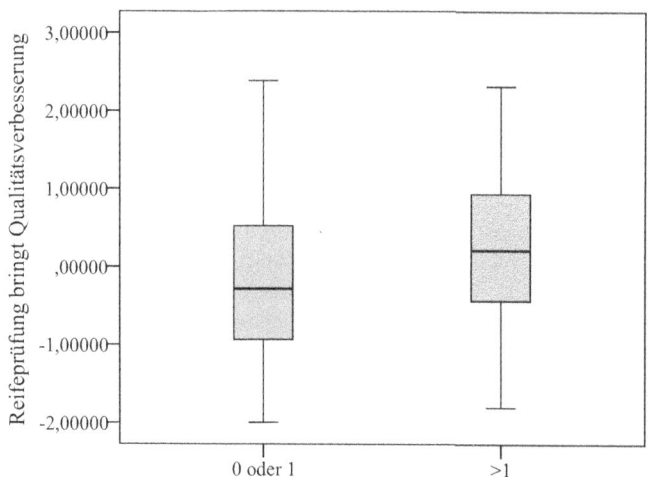

Wunsch nach Rat/Unterstützung in der U-Arbeit -
Anzahl der angekreuzten Bereiche (aus 14)

Abbildung 71: 0 oder 1 angekreuzt – Qualitätsverb. MW –0,114 SD 1,014,
größerer Wunsch (>1) – Qualitätsverb. MW 0,223 SD 0,964

Ein t-Test für Mittelwertgleichheit lieferte für die unabhängige Variable „Wissen Wunsch" mit einer Signifikanz (2-seitig) von 0,018 und die unabhängige Variable „Können Rat" mit einer Signifikanz (2-seitig) von 0,003, dass sich die beiden Gruppen jeweils in ihrer Einstellung signifikant unterscheiden. In Abbildung 70 und Abbildung 71 sind für Vergleichszwecke Boxplots zur z-skalierten (MW des Faktors 2,175 = 0)) Skala „Qualitätsverbesserung" mit einer Gruppenunterteilung, wie oben beschrieben, dargestellt. Eine positive Zahl bedeutet gegenüber dem Mittelwert der Skala „Qualitätsverbesserung" eine höhere Zustimmung, eine negative eine stärkere Ablehnung.

▪ Zusammenfassend kann also gesagt werden, dass die Mathematiklehrkräfte der AHS-Oberstufe in der neuen Reform keine Verbesserung im Sinne der Ziele der Reform sehen. Hinsichtlich der Einstellung zur neuen Reifeprüfung gibt es zwei Gruppen, welche sich signifikant unterscheiden. Jene Lehrkräfte, die nur in einem oder keinem von zehn angegebenen unterrichtsrelevanten Gebieten mehr wissen wollen bzw. die nur in sehr wenigen von vierzehn angegebenen Bereichen Rat/Unterstützung in ihrer Unterrichtsarbeit möchten, sehen in der neuen schriftlichen Reifeprüfung noch weniger eine Qualitätsverbesserung als ihre Kolleginnen oder Kollegen.

5.3.4.2   Druck – Ergebnisse

Wie in Abschnitt 5.3.1.2 dargelegt, sollte eine explorative Faktorenanalalyse dazu dienen, geeignete Skalen zum Thema Druck von Mathematiklehrkräften durch die neue schriftliche Reifeprüfung zu bilden. Wie die Tabelle 26 verdeutlicht, lieferte die explorative Datenanalyse mit Hilfe von SPSS21 recht vielversprechende gut interpretierbare Ergebnisse. Nebenladungen über 0,4 traten nicht auf. Die Reliabilitäten hatten gezeigt, dass die Faktoren zwar für Vergleiche herangezogen werden können, die recht geringen Trennschärfen (siehe Tabelle 10) führten aber zur Entscheidung, die Skalen für diese Untersuchung nicht für Hypothesentests weiter zu verwenden und die Ergebnisse nur insgesamt vorsichtig zu interpretieren. Auffällige im Kontext schlüssige Ergebnisse von Einzelitems (siehe Tabelle 27) wurden in Folge genauer untersucht. Ob ihres hohen Mittelwertes sticht die Variable „wenig Zeit für Bereiche außerhalb der neuen RP" besonders heraus. Das Balkendiagramm in der Abbildung 72 zeigt die Häufigkeiten der Antworten zur zugehörigen Aussage „Ich habe wenig Zeit, mathematische Bereiche zu lehren, die nicht bei der sRP abgebildet werden". Insgesamt 88,3 % der 231 Lehrkräfte, welche diese Aussage bewerteten, stimmten ihr eher zu oder sehr zu. Der Umstand, dass das Gefühl unter Zeitdruck zu stehen bei Mathematiklehrkräften der Oberstufe sehr stark ausgeprägt ist, wird durch den Umstand verstärkt, dass acht von dreißig Lehrkräften, die am Ende des Frage-bogens Anmerkungen hinzufügten, dieses Problem anführten (vergl. Abschnitt 5.3.3). Die Lehrkräfte spüren den Druck von Seiten der Eltern in etwas höherem Maß als von Seiten der Leitung oder der Öffentlichkeit. Über 70 % der Lehrpersonen stimmen der Vermutung (eher) zu, dass es viele Lehrkräfte gibt, die Wege und Mittel für ein gutes Abschneiden ihrer Schüler/innen bei der neuen schriftlichen Reife-prüfung finden werden, ohne dass sich die Qualität ihres Unterrichts verbessert.

Tabelle 26: Daten zur rotierten Komponentenmatrix – Druck

Einstellungen – Druck				
Item-Überbegriffe (genaue Formulierungen siehe Tabelle 10)	*Rotierte Faktorladungen*			
	Druck außen	*Druck Unterr.*	*Trans-parenz*	*Lern-coach*
Druck von Seiten der Eltern	,771			
Öffentlichkeit übt Druck aus	,645			
Druck von Seiten der Leitung	,607			
Widerspricht eigenen Ideen von gu-tem Unterricht		,728		
Lehrkräfte finden Wege ohne Un-terrichtsverbesserung		,728		
Befürchtung, Verantwortliche ver-binden Ergebnisse mit Qualität		,530		
Wenig Zeit für Bereiche außerhalb der RP		,448		
Durch Formulierung und Überprü-fung von GK für Bevölkerung ver-gleichbarer			,850	
Schulaufsicht kann die Leistungen besser beurteilen			,675	
Lehrkraft sieht sich als Lerncoach				,921
Prozent der erklärten Gesamtvari-anz 58,66	21,78	16,09	10,78	10,01

Anmerkungen: Extraktionsmethode – Hauptkomponentenanalyse. Rotationsmethode – Varimax mit Kaiser-Normalisierung. Es werden nur Faktorladungen >.4 dargestellt. Die Faktorenanzahl wurde nicht vorgegeben. Bartlett-Test auf Sphärizität: $\chi^2(45) =$ 227.351, $p < .000$.

Tabelle 27: Statistische Kennwerte für die Items zur Erfassung des Drucks auf die Lehrkräfte

Einstellungen – Druck				
Item-Überbegriffe	*MW*	*SD*	*Lineare Abweichung von der Mitte* $2,5 = \frac{x_i - 2,5}{1,5}$	
			MW	*SD*
Druck außen Faktor: MW 2,317 Varianz 0,877 N = 231 α = .56				
Druck von Seiten der Eltern	2,74	,925	,16	,617
Öffentlichkeit übt Druck aus	2,18	,933	– ,21	,622
Druck von Seiten der Leitung	2,03	,950	– ,31	,634
Druck Unterricht Faktor: MW 2,854 Varianz 0,785 N = 232 α = .56				
Widerspricht eigenen Ideen von gutem Unterricht	2,30	1,009	– ,13	,672
Lehrkräfte finden Wege ohne Unterrichtsverbesserung	2,90	,828	,26	,552
Befürchtung, Verantwortliche verbinden Ergebnisse mit Qualität	2,78	,959	,19	,638
Wenig Zeit für Bereiche außerhalb der RP	3,44	,719	,63	,479
Transparenz Faktor: MW 2,213 Varianz 0,901 N = 231 α = .52				
Durch Formulierung und Überprüfung von GK für Bevölkerung vergleichbarer	2,32	,932	– ,12	,621
Schulaufsicht kann die Leistungen besser beurteilen	2,10	,966	– ,26	,644
Lerncoach N = 230				
Lehrkraft sieht sich als Lerncoach	2,48	,855	– ,01	,570

Anmerkungen: Antwortformat der Items: (1) „stimme nicht zu" bis (4) „stimme sehr zu".

Bei keinem der Items zum Thema Druck konnte die Unabhängigkeit der einzelnen Variablen vom Geschlecht bzw. von den Altersklassen, der Berufserfahrung, der Region, des Zweitfaches, der Kompetenz (vergleiche Ergebnisse der Neben-untersuchung zur Kompetenz der Lehrkräfte – 5.2)) oder der unterrichtenden Schulstufe signifikant widerlegt werden.

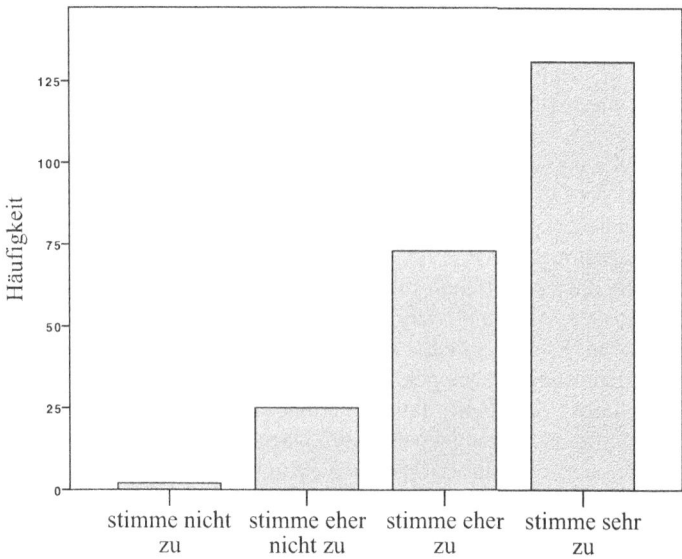

Abbildung 72: Absolute Häufigkeiten zu den Antwortmöglichkeiten des Items „Ich habe wenig Zeit, mathematische Bereiche zu lehren, die nicht bei der sRP abgebildet werden."

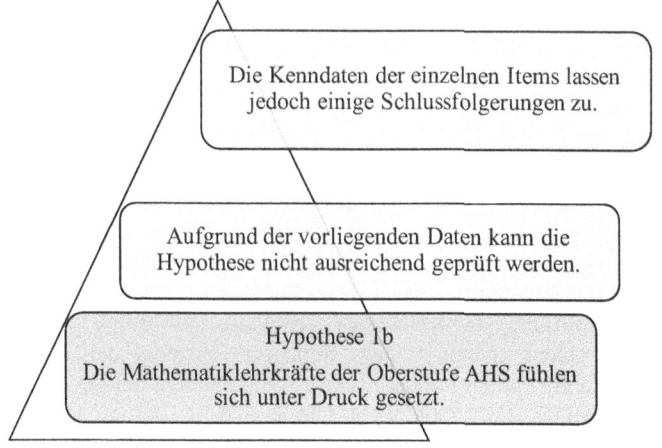

Abbildung 73: Zusammenfassung – Druck auf die Mathematiklehrkräfte

Die Hypothese „Die Mathematiklehrkräfte der Oberstufe AHS fühlen sich unter Druck gesetzt" konnte aufgrund der erhobenen Daten nicht ausreichend geprüft werden. Die deskriptive Auswertung der einzelnen Items lässt jedoch einige Schlussfolgerungen zu.

▪ Der Druck von Seiten der Eltern ist höher als der Druck von Seiten der Leitung oder der Öffentlichkeit, die als eher gering angesehen werden können. Das Thema Zeit, genauer gesagt keine Zeit für außerhalb des Prüfungsstoffes der Reifeprüfung liegende Bereiche, sticht hervor. Auch Anmerkungen der Lehrkräfte auf eine offene Frage am Ende des Fragebogens verstärken den Eindruck, dass Mathematiklehrkräfte der Oberstufe im Unterricht unter Zeitdruck stehen. Es deutet nichts darauf hin, dass die Lehrkräfte sich durch die neue Reifeprüfung gezwungen fühlen, auf eine Art zu unterrichten, die ihren eigenen Ideen von gutem Mathematikunterricht widersprechen. Über 70 % der Lehrkräfte vermuten jedoch, dass Lehrpersonen Schülerinnen und Schüler bei der schriftlichen Reifeprüfung zu guten Ergebnissen führen können, ohne dass sich der Unterricht verbessert.

5.3.5   Assessment – Ergebnisse

5.3.5.1   Beurteilungspraxis

Das in Leistungsbeurteilungspraxis (siehe Abschnitt 5.3.2) vorgestellte Konstrukt wurde dafür verwendet, die Hypothese bezüglich der Beurteilungspraxis zu überprüfen.

Der Untersuchungsteil stützte sich dabei auf eine Studie (Bürgermeister 2012), (Bürgermeister 2013), welche ergab, dass die notenzentrierte Unterrichtspraxis häufiger angewandt wird als die partizipative, jedoch entgegen der ursprünglich angenommenen Hypothese dieser Untersuchung seltener als die verbale.

Psychologen, Erziehungswissenschaftler und Fachdidaktiker fordern in höherem Maß selbstregulierendes Lernen für eine verstehensorientierte Form der Leistungsüberprüfung. In Konzepten verankert und durch neurobiologische Befunde begründet, gewinnt eine Selbsteinschätzung der Leistung durch Schülerinnen und Schüler und abseits von Schularbeiten und Tests zunehmend an Bedeutung (Bruder et al. 2008, 183). Die neue Reifeprüfung Mathematik rückt nun die Kompetenzorientierung weiter ins Zentrum. Nun stellte sich die Frage, ob eine partizipative Leistungsbewertung, die in starkem Zusammenhang mit kooperativem Lernen und Selbsteinschätzung der Leistung steht, bereits Einzug in den Mathematikunterricht der AHS-Oberstufe in Österreich gehalten hat.

Die Tabelle 28 zeigt die deskriptive Auswertung der Ergebnisse. Dabei finden die drei durch Mittelwertberechnung gebildeten Skalen zur Leistungsbeurteilungspraxis Verwendung.

Tabelle 28: Tabelle zu statistischen Kennwerten für die Items der Skalen zur Erfassung der Leistungsbeurteilungspraxis

Beurteilungspraxis				
Item-Überbegriffe	*MW*	*SD*	*Lineare Abweichung von der Mitte* $3,5 = \frac{x_i - 3,5}{2,5}$	
			MW	*SD*
partizipativ: MW 2,514 SD 0,870 N = 228 α = .76				
S&S bewerten eigene Arbeit anhand vonKriterien	2,64	1,321	−,34	,529
S&S dokumentieren Lernfortschritt	2,35	1,110	−,46	,444
S&S bewerten Arbeit anderer S&S	1,82	1,097	−,67	,439
S&S führen Fehleranalysen durch	3,25	1,352	−,10	,541
verbal: MW 4,246 SD 0,805 N = 229 α = .68				
Lernfortschritt verbal L&L	3,76	1,174	,10	,470
Mündliche Arbeit verbal L&L	4,32	1,174	,33	,470
Aufgaben im Unterricht verbal L&L	4,42	1,080	,37	,432
Schriftliche Arbeit verbal L&L	4,48	1,099	,39	,439
notenzentriert: MW 3,595 SD 1,12 N = 230 α = .64				
Bewertung mündliche Arbeit +− L&L	4,11	1,456	,25	,582
Verbesserung +− L&L	3,21	1,642	−,12	,657
Bewertung HÜ +− L&L	3,49	1,786	,00	,714
Einzelarbeit Tafel oder vor Klasse +− und verbal L&L	3,53	1,761	,01	,704

Anmerkungen: Antwortformat der Items – (1) „sehr selten" bis (6) „sehr häufig".

Mittelwertvergleiche machen deutlich, dass sich die einzelnen Bewertungspraktiken signifikant voneinander unterscheiden (vgl. Tabelle 13). Die deskriptive
Statistik gibt darüber Auskunft, dass die Mathematiklehrkräfte an AHS Oberstufe
in Österreich verbale und notenzentrierte Leistungsbewertung wesentlich häufiger
zur Leistungsrückmeldung einsetzen, als dies bei der partizipativen Form der Fall
ist. Eine Analyse der vorliegenden Daten zeigt, wie eine ähnlich gelagerte
Untersuchung in der Sekundarstufe I in Deutschland (Bürgermeister 2013), dass
dabei nicht wie erwartet die notenzentrierte Praxis Vorrang hat, sondern die
verbale. Im vorliegenden Fall kommt die notenzentrierte Form jedoch näher, als
das in der Untersuchung in Deutschland der Fall war, an die verbale heran. Gründe
dafür mögen auch in deutlichen Umformulierungen und Adaptierungen der Items
liegen. Diese waren nötig, da die Leistungsbeurteilungsverordnung in Österreich
etwa in der Mitarbeitsbeurteilung im Unterricht z.B. keine Ziffernbenotung zulässt
und auch sonst Unterschiede herrschen.

Der Mittelwert der Skala „Notenzentrierte Beurteilungspraxis" entspricht
ziemlich genau der Mittelwert der sechsstufigen Antwortskala, die sich von sehr
selten (1) bis sehr häufig (6) erstreckt. Auch die Mittelwerte der einzelnen Items
bewegen sich abgesehen von der Häufigkeit der Bewertung mündlicher
Leistungen der Jugendlichen in diesem Bereich. Diese werden mit einem
Mittelwert von 4,11 deutlich häufiger mit Mitarbeitsbewertungen +, − etc.
versehen. Insgesamt ist die Streuung mit einer Standardabweichung von 1,12 in
dieser Form der Beurteilungspraxis am höchsten. Am geringsten ist diese mit 0,80
in der verbalen Form. Die Lehrkräfte geben den Schülerinnen und Schülern in
allen abgefragten Bereichen des Unterrichts eher häufig bis sehr häufig verbale
Rückmeldungen.

Die Rückmeldepraxis ist also in hohem Maße lehrkräftezentriert. Praktiken,
welche die Einschätzung von Arbeiten, sowohl eigener als auch die anderer
Schülerinnen und Schüler von Seiten der Lernenden beinhalten, werden von den
Lehrkräften selten bis eher selten eingesetzt. Jene Form, bei welcher sich
Schülerinnen und Schüler mittels einer Fehleranalyse mit eigenen Fehlern
auseinandersetzen, kommt dabei noch am häufigsten vor. Dabei ist die
Standardabweichung von 1,35 bei diesem Item in dieser Skala am höchsten. Doch
auch hier kreuzten nur 17,9 % der Lehrkräfte an, diese häufig und nur 2,2 %, diese
sehr häufig einzusetzen, währenddessen insgesamt 28,4 % ankreuzten, das sehr
selten bzw. selten zu tun. Wesentlich gravierender fällt das Ergebnis bei den
Aussagen „Die Schüler/innen bewerten ihre eigene Arbeit anhand von Kriterien,
die in der Klasse bekannt sind", „Die Schüler/innen dokumentieren ihren
Lernfortschritt" und „Die Schüler/innen bewerten die Arbeit anderer
Schüler/innen in der Klasse" aus. Bei der ersten Aussage kreuzten nur insgesamt
9,2 %, bei der zweiten Aussage 4,3 % und bei der dritten Aussage 3 % der rund
230 Lehrkräfte an, dass das in ihrem Unterricht häufig oder sehr häufig vorkommt.

- Das bedeutet also: In der Theorie wird der Selbsteinschätzung von Leistung von Seiten der Schülerinnen und Schüler für einen positiven Lernprozess im Rahmen eines kompetenzorientierten Mathematikunterrichts eine sehr bedeutende Rolle zugeschrieben. Die Untersuchungsergebnisse belegen, dass diese in der Implementierungsphase der neuen Reifeprüfung wohl nicht vermehrt Einzug in den Unterricht genommen haben können. Eine „partizipative Leistungsbeurteilung" kommt in der Praxis zum Großteil nur selten oder sogar sehr selten im Mathematikunterricht der Oberstufe zum Einsatz. Diesen Widerspruch aufzuzeigen liegt in der Intention dieser Arbeit. Gründe dafür zu suchen und zu finden, übersteigt ihren Rahmen, soll aber als Anregung für weitere Forschungsarbeiten dienen.

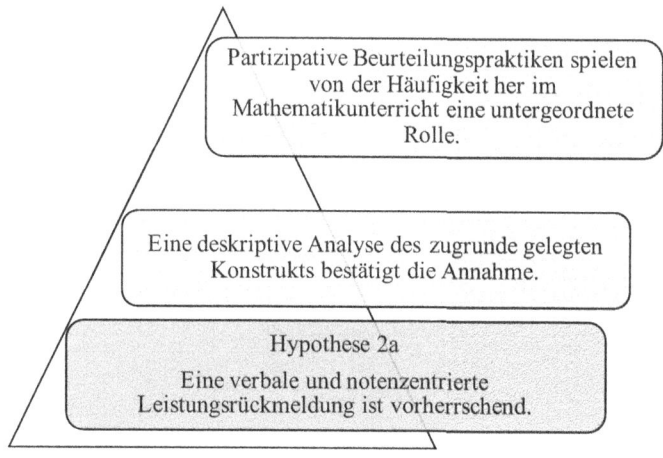

Abbildung 74: Zusammenfassung – Beurteilungspraxis

Um herauszufinden, ob es Gruppen gibt, die sich in ihrer Beurteilungspraxis unterscheiden, und da diverse Tests eine gute Übereinstimmung mit einer Normalverteilung ergaben, wurden Mittelwertvergleiche durchgeführt. Obwohl ursprünglich vermutet, ergaben die Ergebnisse der schon mehrfach zitierten Studie von Anika Bürgermeister keinen Hinweis auf einen Unterschied in der Beurteilungspraxis bezüglich des Alters. Dieser Eindruck wurde durch diese Studie bestätigt. Weder in Bezug auf das Alter noch das Geschlecht, die Erfahrung, die Region, das Zweitfach oder die unterrichtete Schulstufe traten signifikante Mittelwertunterschiede zu Tage. Die Unterteilung der Lehrkräfte nach Kriterien, wie in beschrieben, ergibt hingegen deutliche Unterschiede zwischen Gruppen. Lavene-Tests und Kolmorov-Smirnov-Tests zeigen in allen folgenden Fällen eine passende Eignung für diverse t-Tests.

Die Lehrkräfte hatten bei „Wissen" die Möglichkeit aus zehn vorgegebenen Punkten aus fachdidaktischen Bereichen beliebig viele auszuwählen, zu denen sie gerne mehr wissen möchten. Bei den Skalen „partizipative" und „verbale Beurteilungspraxis" gab es signifikante Unterschiede (p = 0,000 bzw. p = 0,035). In beiden Fällen liefern die A-posteriori-Tests nach Duncan auf dem voreingestellten Niveau (p = 0,05) je zwei homogene Untergruppen. Diejenigen Lehrkräfte, die in der Klasse 7–10 in den meisten der zehn angegebenen Bereiche viel wissen, bildeten je eine eigene homogene Gruppe.

Für die „notenzentrierte Beurteilungspraxis" traten keine signifikanten Unterschiede auf.

In Abbildung 75 sind für alle drei Gruppen (0–4 angekreuzt: n = 56, 5–9 angekreuzt: n = 119, 10–14 angekreuzt: n = 48) links die z-skalierten (MW des Faktors = 0, + größere Häufigkeit, – kleinere Häufigkeit) Werte für die partizipative, rechts für die verbale Beurteilungspraxis eingetragen.

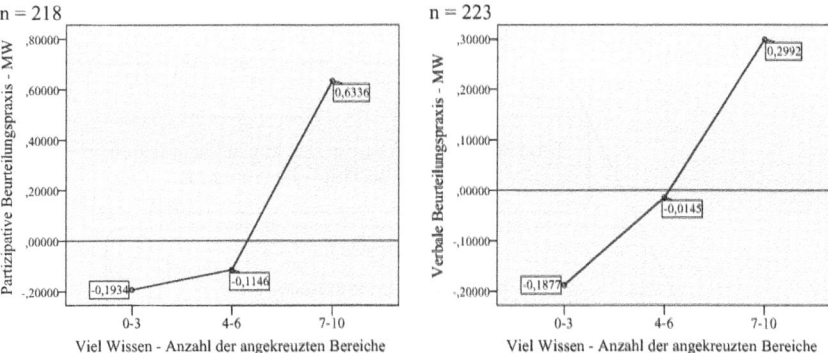

Abbildung 75: Mittelwertunterschiede der Faktoren „partizipative und verbale Beurteilungspraxis" (0 MW der jeweiligen Gesamtskala) bezüglich der Anzahl der angekreuzten Bereiche (von 10) mit viel Wissen (Selbsteinschätzung)

Wie unschwer zu erkennen ist, verwendet jene Gruppe, die laut Selbsteinschätzung in vielen unterrichtsrelevanten Gebieten viel weiß, in höherem Maße partizipative und verbale Leistungsrückmeldungsvarianten als dies die anderen tun.

Ähnliche Ergebnisse liefert auch jene Gruppe, die sich im Unterricht in vielenBereichen sicher fühlt bzw. der nach Selbsteinschätzung viel gelingt. Hier hatten die Lehrkräfte die Möglichkeit aus 14 vorgegebenen Gebieten auszuwählen. Auch hier gab es bei den Skalen „partizipative" und „verbale Beurteilungspraxis" signifikante Unterschiede (p = 0,016 bzw p = 0,000) zwischen den Gruppen. In beiden Fällen liefern die A-posteriori-Tests nach Duncan auf dem voreingestellten Niveau (p = 0,05) ebenfalls je zwei homogene Untergruppen. Diejenigen Lehrkräfte, die sich entsprechend der Klasse 10–14 in den meisten der 14 angegebenen Bereiche im Unterricht sicher fühlen, bildeten je eine eigene homogene Gruppe. Für die „notenzentrierte Beurteilungspraxis" traten ebenfalls keine signifikanten Unterschiede auf.

In Abbildung 76 sind für alle drei Gruppen (0–-1 angekreuzt: n = 63, 4–6 angekreuzt: n = 111, 7–10 angekreuzt: n = 44) links die z-skalierten (MW des Faktors = 0, + größere Häufigkeit, – kleinere Häufigkeit) Werte für die partizipative, rechts für die verbale Beurteilungspraxis eingetragen.

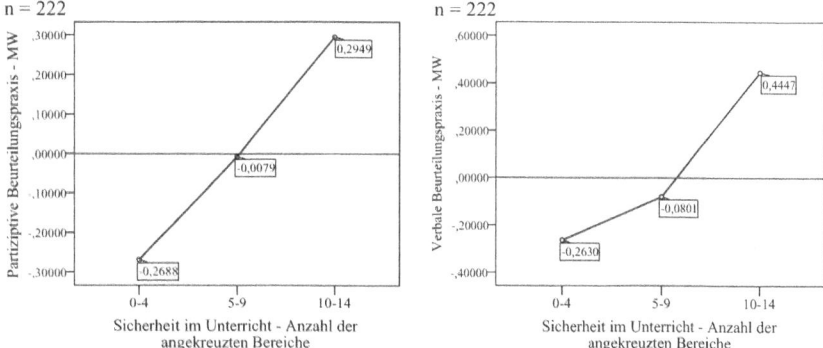

Abbildung 76: Mittelwertunterschiede der Faktoren „partizipative und verbale Beurteilungspraxis" (0 MW der jeweiligen Gesamtskala – partizipativ – MW = 2,52, verbal – MW = 4,24 – Antwortformat der Items – (1) „sehr selten" bis (6) „sehr häufig") bezüglich der Anzahl der angekreuzten Bereiche (von 10) mit viel Sicherheit

Jene Gruppe, die sich laut Selbsteinschätzung in vielen unterrichtsrelevanten Gebieten im Unterricht sicher ist, praktiziert in häufigerem Maße partizipative und verbale Leistungsrückmeldungsvarianten als dies die anderen tun. Ergänzend wurden jetzt aus der Selbsteinschätzung „Können" jene Punkte herausgegriffen, die mit Leistungsbeurteilung, Leistungsförderung und Leistungsrückmeldung in Zusammenhang stehen. Das sind sieben Punkte. Nähere Ausführungen dazu findet man in Kapitel 5.2.4. Eine Einteilung in Klassen und ein Vergleich der Gruppen zeigten signifikante Mittelwertunterschiede in allen drei Faktoren (partizipativ p = 0,008, verbal p = 0,000, notenzentriert p = 0,009). Diejenigen Lehrkräfte, die sich entsprechend der Klasse 5–7 in den meisten der sieben angegebenen Bereiche zur Leistungsbeurteilung im engeren Sinn, Leistungsförderung und Rückmeldung im Unterricht sicher fühlen, bildeten je eine eigene homogene Gruppe für die

„partizipative" und „verbale Beurteilungspraxis". Für die „notenzentrierte Beurteilungspraxis" traten ebenfalls signifikanten Unterschiede auf. Hier wiesen Tests nach Duncan die Klasse 3–4 als eigene homogene Gruppe mit der stärksten Ankreuzhäufigkeit aus.

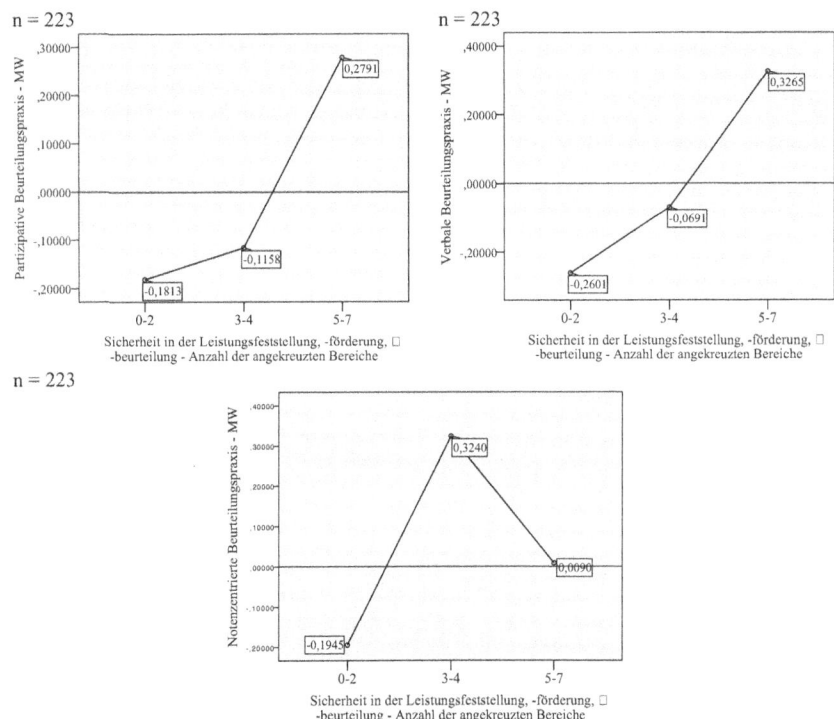

Abbildung 77: Mittelwertunterschiede der Faktoren „partizipative, verbale und notenzentrierte Beurteilungspraxis" (0 MW der jeweiligen Gesamtskala – partizipativ – MW = 2,52, verbal – MW = 4,24, notenzentriert – MW = 3,60, – Antwortformat der Items – (1) „sehr selten" bis (6) „sehr häufig") in Bezug auf die Anzahl der angekreuzten Bereiche zur Leistungsbeurteilung, -förderung und -feststellung... (von 7) mit viel Sicherheit (Selbsteinschätzung)

In Abbildung 77 sind für alle drei Gruppen (0–2 angekreuzt: n = 92, 3–4 angekreuzt: n = 55, 5–7 angekreuzt: n = 76) links die z-skalierten (MW des Faktors = 0, + größere Häufigkeit, – kleinere Häufigkeit) Werte für die partizipative, rechts für die verbale und unterhalb Mitte für dienotenzentrierte Beurteilungspraxis eingetragen. Der Umstand, dass Lehrkräfte, die ihr Können hoch einschätzen, das sind 34 Prozent der Gesamtgruppe, verstärkt zu verbalen und partizipativen Beurteilungs-praktiken greifen, wird hier noch einmal belegt. Lehrkräfte, die sich laut Selbsteinschätzung in wenigen Bereichen der Leistungsbeurteilung im weiteren Sinn sicher sind (ca. 41 %), melden Leistung im Unterricht selbst in der untersuchten Form weder partizipativ noch verbal, aber auch nicht notenzentriert rück. Das lässt den Schluss zu, dass die Rückmeldepraktiken dieser Gruppe indifferent sind. Möglicherweise ziehen diese Lehrkräfte in höherem Maße schriftliche Leistungen wie Schularbeiten zur Beurteilung heran, und die Schülerinnen und Schüler haben daher insgesamt seltener die Möglichkeit, auf andere Leistungsrückmeldungen zurückgreifen zu können. Abbildung 78 fasst die eben beschriebenen Ergebnisse übersichtlich noch einmal bildlich zusammen.

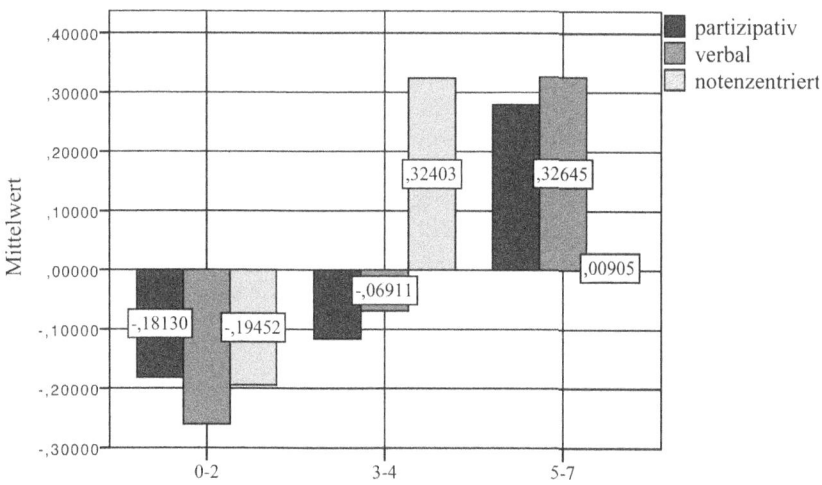

„Können" in Bezug auf Leistungsfeststellung, -förderung
und -beurteilung - Anzahl der angekreuzten Bereiche

Abbildung 78: Balkendiagramm der MW der Faktoren „partizipative, verbale und notenzentrierte Beurteilungspraxis" (0 MW der jeweiligen Gesamtskala – partizipativ – MW = 2,52, verbal – MW = 4,24, notenzentriert – MW = 3,60, – Antwortformat der Items – (1) „sehr selten" bis (6) „sehr häufig") in Abhängigkeit von der Anzahl der angekreuzten Bereiche zur Leistungsbeurteilung, -förderung und -feststellung…(von 7) mit viel Sicherheit

Folgendes Résumé lässt sich ziehen: Insgesamt kommt in der Unterrichtspraxis die verbale Beurteilung am häufigsten und partizipative Formen am seltensten zum Einsatz. Es lassen sich jedoch Gruppen von Lehrkräften ausmachen, die sich in ihrer Beurteilungspraxis unterscheiden.

▪ Mathematiklehrkräfte der AHS-Oberstufe, die nur wenige Bereiche ankreuzten, in denen sie viel wissen, oder diejenigen, die sich nur in wenigen Punkten im Unterricht, speziell auch in denen mit Leistungsbeurteilung in Zusammenhang stehenden, sehr sicher fühlen, wenden signifikant weniger oft partizipative oder verbale Beurteilungspraktiken an, als dies Kolleginnen mit, laut Selbsteinschätzung, viel Wissen und Können tun.

5.3.5.2 Cluster Assessment

Clusteranalysen (SPSS 22) der Daten zur Kompetenz der Mathematik-Lehrkräfte ergeben zwei Cluster, deren Prädiktoren mit recht guter Cluster-Qualität eindeutig dem Gebiet Assessment zugeordnet werden können.

In Abbildung 79 sind die wichtigsten Prädiktoren dargestellt. Die dunklen Säulen entsprechen den Angaben der Mitglieder von Cluster 1 (139 Lehrkräfte) und die hellen Säulen denen von Cluster 2 (82 Personen). Die größere Gruppe der Lehrkräfte, ca. 63 Prozent, haben deutlich weniger oft angekreuzt, sich sicher zu fühlen oder viel zu wissen, wie aus der Grafik sehr deutlich hervorgeht. Die zweite Gruppe von Lehrkräften, ca. 37 Prozent, fühlen sich relativ sicher und wissen viel in den relevanten Bereichen Leistungs-feststellung, -rückmeldung, -beurteilung und Leistungsförderung. Die konträren Eigenschaften der beiden Cluster treten klar zu Tage. Die größere Gruppe nahm insgesamt bei allen Prädiktoren auffällig oft Abstand davon anzukreuzen, sich in den genannten Teilgebieten von Assessment im Unterricht sicher zu fühlen oder viel Wissen zu besitzen. Die zweite Gruppe gibt mehrheitlich an, in den entsprechenden Gebieten gut zu sein und sich auszukennen.

Die Zusatzansichten in Abbildung 80 und Abbildung 81 ermöglichen recht anschaulich einen direkten Cluster-Vergleich. Je größer die eingezeichneten Punkte umso größer die jeweiligen Modalwerte. Bei den größten Kreisen haben 80–93 % der Gruppenmitglieder diese Einschätzung abgegeben, bei den kleinsten Kreisen sind es rund 45 %. Zur Anschauung sei der Bereich „Sicherheit in der Leistungsbeurteilung" exemplarisch herausgegriffen.

In Cluster 1 – als jene Gruppe von Lehrkräften bezeichnet, die in Assessmentbelangen weniger sicher sind – haben 81 % der Gruppenmitglieder nicht angekreuzt über Sicherheit in der Leistungsbeurteilung zu verfügen (siehe

Abbildung 80), während 92 % der Lehrkräfte aus Cluster 2 diesen Punkt ankreuzten (siehe Abbildung 81).

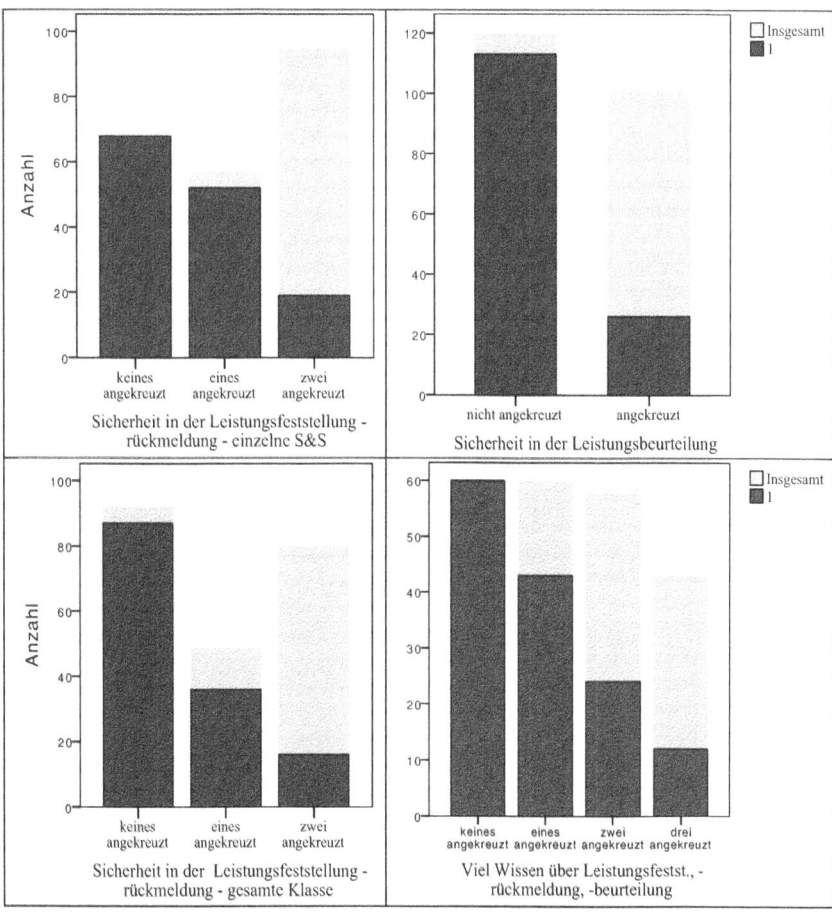

Abbildung 79: Basisinformationen der Cluster „Assessment" – Anzeige der vier wichtigsten Prädiktoren sowie der Zellverteilung. Die Höhe der Balken entspricht den absoluten Häufigkeiten. Die dunklen Balken gehören zu Cluster 1 („Assessment weniger sicher") und die hellen Ergänzungen zu Cluster 2 („Assessment sicher").

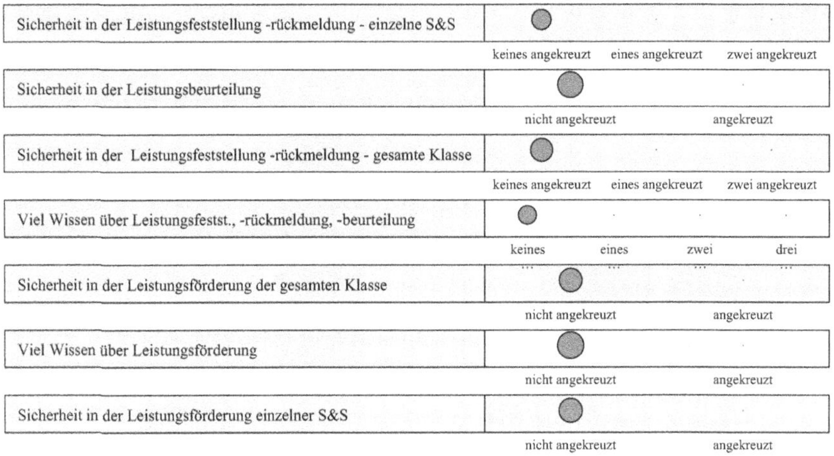

Sicherheit in der Leistungsfeststellung -rückmeldung - einzelne S&S

keines angekreuzt   eines angekreuzt   zwei angekreuzt

Sicherheit in der Leistungsbeurteilung

nicht angekreuzt   angekreuzt

Sicherheit in der Leistungsfeststellung -rückmeldung - gesamte Klasse

keines angekreuzt   eines angekreuzt   zwei angekreuzt

Viel Wissen über Leistungsfestst., -rückmeldung, -beurteilung

keines   eines   zwei   drei

Sicherheit in der Leistungsförderung der gesamten Klasse

nicht angekreuzt   angekreuzt

Viel Wissen über Leistungsförderung

nicht angekreuzt   angekreuzt

Sicherheit in der Leistungsförderung einzelner S&S

nicht angekreuzt   angekreuzt

Abbildung 80: Cluster vergleichende Anzeige mit Modalwert – Cluster 1 – Assessment: weniger sicher

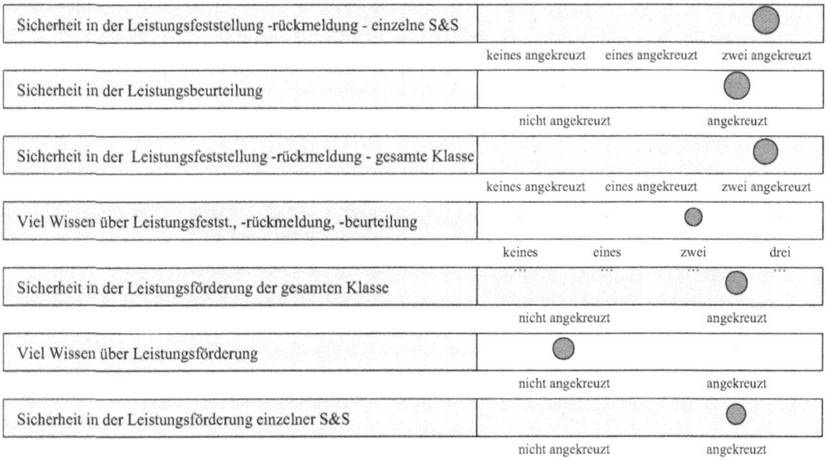

Sicherheit in der Leistungsfeststellung -rückmeldung - einzelne S&S

keines angekreuzt   eines angekreuzt   zwei angekreuzt

Sicherheit in der Leistungsbeurteilung

nicht angekreuzt   angekreuzt

Sicherheit in der Leistungsfeststellung -rückmeldung - gesamte Klasse

keines angekreuzt   eines angekreuzt   zwei angekreuzt

Viel Wissen über Leistungsfestst., -rückmeldung, -beurteilung

keines   eines   zwei   drei

Sicherheit in der Leistungsförderung der gesamten Klasse

nicht angekreuzt   angekreuzt

Viel Wissen über Leistungsförderung

nicht angekreuzt   angekreuzt

Sicherheit in der Leistungsförderung einzelner S&S

nicht angekreuzt   angekreuzt

Abbildung 81: Cluster vergleichende Anzeige mit Modalwert – Cluster 2 – Assessment: sicher

Weitere Tests und Analysen lassen Unterschiede der beiden Gruppen in der Leistungsrückmeldepraxis erkennen. Diese unterscheiden sich vor allem in der partizipativen und verbalen Art einer Leistungsrückmeldung hochsignifikant mit

0,000. Tabelle 29 zeigt die Mittelwerte und Standardabweichungen der einzelnen Formen der Rückmeldepraxis im Cluster-Vergleich.

Tabelle 29: Rückmeldepraxis im Cluster-Vergleich

Cluster	H		*Leistungsrückmeldepraxis*		
			parti-zipativ	*verbal*	*noten-zentriert*
„Assessment weniger sicher"	139	MW	2,36	4,09	3,48
		SD	0,83	0,80	1,09
„Assessment sicher"	82	MW	2,80	4,51	3,77
		SD	0,84	0,65	1,15
gesamt	221	MW	2,51	4,25	3,59

Zusammenfassend lässt sich sagen:

- Es gibt zwei Gruppen von Lehrkräften im Unterrichtsfach Mathematik: eine Gruppe, die in etwa ein Drittel der Mathematik-Lehrpersonen umfasst, die sich im Assessment sicher fühlen und eine zweite konträre Gruppe, bei denen das deutlich weniger der Fall ist. Der bereits gewonnene Eindruck, dass Sicherheit und Wissen im Bereich Assessment die Verwendung partizipativer und verbaler Leistungsrückmeldeformen begünstigen, wird eindringlich bestätigt.

5.3.6 Verwendung von Aufgaben Typ-1 – Ergebnisse

Wie in Abschnitt 3.2.3 ausführlich dargelegt, erfüllen Aufgaben im Mathematikunterricht verschiedene Funktionen. Der Umgang mit Aufgaben und ein adäquater Einsatz derselben stellt für Mathematiklehrkräfte eine besondere Herausforderung dar, ist für einen Kompetenzzuwachs der Schülerinnen und Schüler im Fach jedoch von entscheidender Rolle. Typ 1-Aufgaben etwa sind primär Prüfungs- bzw. Kontrollaufgaben, die der Kompetenzmessung von einzelnen mathematischen Grundkompetenzen dienen.

Zur Erfassung der Verwendung von Typ-1-Aufgaben ergab eine explorative Faktorenanalyse (siehe Unterkapitel Assessment im vorigen Kapitel) drei Faktoren, die mit „Verwendung zur Kompetenzentwicklung", „Training" und „Verwendung zum selbstständigen Üben" betitelt wurden. Diverse Tests (siehe ebenfalls Abschnitt Assessment des vorigen Kapitels) ergaben vor allem bei den ersten beiden Faktoren sehr gute Werte für die Skalen, sodass diese beiden für diverse Hypothesentests zur Beantwortung der Forschungsfrage und Überprüfung der Hypothese herangezogen werden. Der dritte Faktor trägt deutlich weniger zur Varianzaufklärung bei und beinhaltet nur zwei Items. Er wird bei Vergleichen und zur Ergänzung mit berücksichtigt und dabei deskriptiv mit ausgewertet.

Die Ergebnisse der Faktorenanalyse belegen die theoretisch angenommene Vermutung, dass sich in der Verwendung von Aufgaben im Unterricht, hier speziell Aufgaben vom Typ 1, eindeutig unterschiedliche, gut interpretierbare und abgesicherte Aspekte identifizieren lassen.

Die Aufgaben erfüllen eine Funktion, die dem Kompetenzerwerb und Kompetenzzuwachs im Fach Mathematik dient, und eine andere, welche den Nutzen einer Kontrolle und die konkrete Vorbereitung auf Prüfungen im Zentrum hat. Außerdem werden die Aufgaben als Anregung zum selbstständigen Üben der Schülerinnen und Schüler verwendet (siehe Abbildung 82).

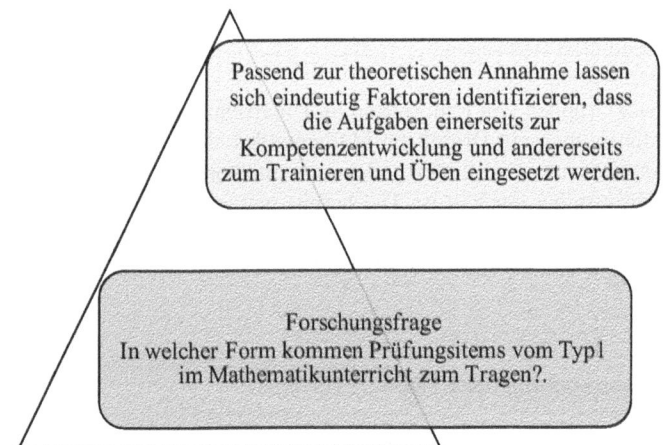

Abbildung 82: Zusammenfassung – Form der Verwendung von Typ-1-Aufgaben

Auf Grundlage der drei durch Mittelwertberechnung gebildeten Skalen zur Verwendung von Aufgaben Typ 1 im Unterricht – „Verwendung zur Kompetenzentwicklung", „Training" und „Verwendung zum selbstständigen Üben" – zeigen die Tabellen 30 und 31 die deskriptive Auswertung der Ergebnisse. In allen Bereichen fällt der sehr häufige Einsatz dieser Art von Überprüfungsaufgaben sofort ins Auge. Dieser beschränkt sich nicht nur auf Unterrichtsbelange, welche der Sicherung des Unterrichtsertrages, der Übung und der Vorbereitung auf Klassenarbeiten dienen, sondern erstreckt sich in Gebiete der Reflexion und Kommunikation über Mathematik.

Tabelle 30: Teil 1 – Statistische Kennwerte für die Items der Skalen zur Erfassung der Verwendung von Aufgaben Typ-1

Verwendung von Aufgaben Typ-1				
Item-Überbegriffe (genaue Formulierungen siehe Tabelle 15)	*MW*	*SD*	*Lineare Abweichung von der Mitte 3,5* $= \frac{x_i - 3,5}{2,5}$	
			MW	*SD*
Zur Kompetenzentwicklung: MW 3,69 Varianz 1,826 N = 224 α = .87				
Zur Demonstration schrittweiser Lösungswege	3,38	1,428	-,06	,575
Als Basis für U-Gespräche zu math. Inhalten	3,79	1,313	,12	,535
Zur Förder. der Reflexion über M.	4,05	1,306	,22	,528
Für Partnerarbeit in der U-Arbeit	3,63	1,414	,05	,568
Für Ergebnissicherung und Systematisierung	3,95	1,289	,18	,525
Verwendung für selbständiges entdeckendes Lernen	3,54	1,378	,00	,558
Für Gruppenarbeiten in U-Arbeit	3,37	1,401	-,06	,565
Für Einzelarbeit im Unterricht	3,86	1,279	,14	,518
Verwendung für HÜ	3,61	1,345	,04	,539
Training: MW 4,20 Varianz 1,605 N = 229 α = .86				
Vorber. speziell auf die Formate	4,74	1,206	,50	,481
Erstellen ähnlicher Aufg. wie sRP	4,45	1,285	,38	,526
Konzentr. d. Unterrichts auf ähnliche Aufg.	4,14	1,198	,26	,480
Übungsmaterial mit vielen derartigen Aufgaben	4,19	1,251	,27	,512
Bei Vorbereit auf eig. Unterricht	4,51	1,119	,40	,463
Haupts. für Kompetenzkontrollen	4,12	1,434	,24	,582
Für Einzelarbeit im Unterricht	3,86	1,277	,14	,518
Verwendung für HÜ	3,61	1,342	,04	,539

Tabelle 31: Teil 2 – Statistische Kennwerte für die Items der Skalen zur
Erfassung der Verwendung von Aufgaben Typ-1

Verwendung von Aufgaben Typ-1			*Lineare Abweichung von der Mitte 3,5 = $\frac{x_i - 3,5}{2,5}$*	
Item-Überbegriffe	*MW*	*SD*	*MW*	*SD*
Zum selbstständigen Üben: MW 4,41 Varianz 1,705 N = 227 α = .63				
Anregung zu selbständigem Üben	4,30	1,286	,32	,515
Hinweis auf Quellen mit ähnlichen Aufgaben	4,51	1,325	,40	,530

Anmerkungen: Antwortformat der Items (1) „sehr selten" bis (6) „sehr häufig"

Ein t-Test weist signifikante Unterschiede der durch Mittelwertberechnung
gebildeten Skalen der Faktoren „zur Kompetenzentwicklung" und „zum Training"
zum Mittelwert der Antwortskala von 3,5 (sehr selten (1) bis sehr häufig (6)) aus.
Das heißt die Abweichung vom Mittelwert der Antwortskala ist mit einer
Signifikanz kleiner als 0,018 bzw. 0,0001 überzufällig.

	Testwert = 3.5					
					95% Konfidenzintervall der Differenz	
				Mittlere		
	T	df	Sig. (2-seitig)	Differenz	Untere	Obere
Skala Kompetenz entwicklung - Typ 1 MW	2,406	228	,017	,15538	,0281	,2826
Skala Training - Typ 1 MW	11,176	228	,000	,69362	,5713	,8159

Abbildung 83: t-Test bei einer Stichprobe „zur Kompetenzentwicklung" und
„zum Training"

Zur besseren Differenzierung und zum Überblick stellt die Tabelle 32 die
prozentuellen Ankreuzhäufigkeiten aller Items der Kathegorie „Verwendung von
Typ-1-Aufgaben" dar.

Aufgaben vom Typ-1 sind, wie schon mehrfach in dieser Arbeit erwähnt und
näher ausgeführt, vom Konzept her Prüfungs- und Testaufgaben, die primär einer
Kompetenzkontrolle dienen. Man konnte davon ausgehen, dass diese Art von
Aufgaben für Übungs- und Kontrollzwecke häufig im Unterricht genutzt werden.

Tabelle 32: Prozentuellen Ankreuzhäufigkeiten zur Verwendung von Typ-1-Aufgaben

Item-Überbegriffe (genaue Formulierungen siehe Tabelle 11)	sehr selten in %	selten in %	eher selten in %	eher häufig in %	häufig in %	sehr häufig in %
Zur Kompetenzentwicklung						
Zur Demonstration schrittweiser Lösungswege	12,3	15,0	24,7	25,1	15,4	7,0
Als Basis für U-Gespräche zu mathem. Inhalten	6,6	10,1	18,9	33,3	21,9	8,8
Zur Förder. der Reflexion über Mathematik	6,6	7,0	16,3	31,7	26,4	12,8
Für Partnerarbeit in der Unterrichtsarbeit	9,7	11,9	23,0	26,5	19,5	9,3
Für Ergebnissicherung	4,9	8,4	19,5	31,0	25,2	10,6
Verwendung für selbst. entdeckendes Lernen	11,0	11,8	26,3	24,6	19,7	6,6
Für Gruppenarbeiten	11,9	15,9	23,9	24,8	17,7	5,3
Für Einzelarbeit im U.	5,7	7,5	22,8	32,5	21,9	9,2
Verwendung für HÜ	7,0	14,1	26,0	25,6	19,4	7,9
Training						
Vorbereitung speziell auf die Formate	2,6	2,6	7,0	24,6	31,2	32,0
Erstellen ähnlicher Aufgaben wie sRP	3,5	4,4	11,8	26,2	30,1	23,6
Konzentr. des Unterrichts auf ähnliche Aufgaben	3,1	5,7	15,4	38,2	23,7	14,0
Übungsmaterial mit vielen derartigen Aufgaben	2,2	9,2	12,7	33,8	25,4	16,2
Bei Vorbereit auf eig. U.	1,8	2,2	12,3	30,4	32,6	20,3
Hauptsächlich für Kompetenzkontrollen	7,5	5,3	17,2	24,7	26,9	18,1
Für Einzelarbeit im U.	5,7	7,5	22,8	32,5	21,9	9,2
Verwendung für HÜ	7,0	14,1	26,0	25,6	19,4	7,9
Zum selbstständigen Üben						
Anregung zu selbständigem Üben	4,0	4,8	14,1	30,4	27,3	19,4
Hinweis auf Quellen mit ähnlichen Aufgaben	3,1	5,7	11,9	23,3	28,6	27,3

Es ist nicht verwunderlich, dass dieser Aufgabentyp, der bei der Bewältigung der
Zentralmatura eine große Bedeutung hat, im „Training" und in der
Kompetenzkontrolle gerade in der Implementierungsphase eine große Rolle spielt.
Das Ausmaß des Einsatzes überrascht jedoch. Nur durchschnittlich etwa zehn
Prozent der Lehrkräfte geben an „selten" oder „sehr selten" zu „trainieren",
während durchschnittlich über 40 Prozent sagen, das gesamt „häufig" oder „sehr
häufig" zu tun.

Gegen die Erwartung werden diese Art Aufgaben, wie die Daten und
Ergebnisse klar belegen, jedoch auch häufig zur Kompetenzentwicklung
eingesetzt. Ein entsprechender Hypothesentest und die deskriptive Auswertung
machen deutlich (siehe Abbildung 83 und Tabelle 32), dass Lehrkräfte diese mehr
oder weniger reinen Prüfungsaufgaben im Unterricht auch teilweise massiv zum
Kompetenzerwerb verwenden.

Aufgaben von Typ 1 erfordern zur Lösung keine über Grundfertigkeiten
hinausgehende Eigenständigkeit und sind insgesamt nur wenig oder gar nicht
geeignet oder dafür konzipiert, die Handlungskompetenz „Argumentieren und
Begründen" und die Komplexitätsstufe „Einsetzen von Reflexionswissen,
Reflektieren" abzubilden. Umso erstaunlicher ist es, dass 39,2 % der Lehrkräfte
selbst bei der Aussage „Um das Reflektieren über Mathematik zu fördern,
verwende ich Aufgaben in der angegebenen Art" und 26,3 % der Lehrkräfte bei
der Aussage „Als Basis für selbständiges entdeckendes Lernen verwende ich
Aufgaben in der angegebenen Art" angeben, das insgesamt „häufig" oder sehr
häufig zu tun.

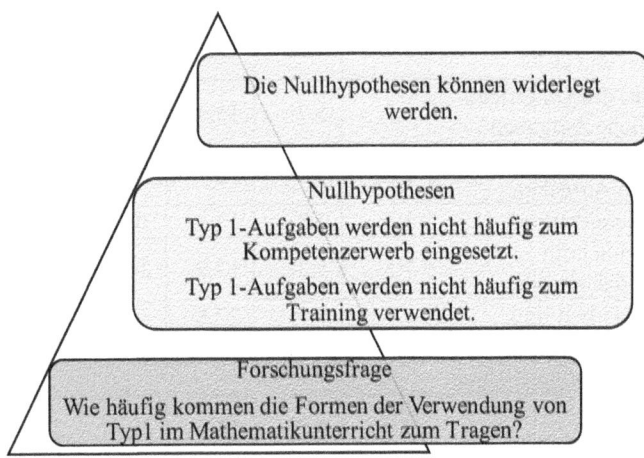

Abbildung 84: Zusammenfassung – Häufigkeit der Formen der Verwendung
von Typ 1–Aufgaben

- Aufgaben von Typ-1 bilden also im Mathematikunterricht der Oberstufe sowohl im Aufbau von Kompetenzen als auch in ihrer Kontrolle für die Lehrkräfte eine tragende Säule. Diverse Vergleiche der Mittelwerte haben gezeigt, dass die Ausprägungen der unabhängigen Variablen – Geschlecht, Altersklassen, Erfahrung, Region, Zweitfach oder die Selbsteinschätzung bezüglich Kompetenz – keine signifikanten Unterschiede hinsichtlich der Häufigkeit der Verwendung von den Aufgaben ergaben.

5.3.6.1 Teaching-to-the-test

Der Faktor „Training" zeigt zwar deutlich, dass die neuen Aufgabenformate häufig zum Trainieren und Üben eingesetzt werden; das allein kann aber bestenfalls als mögliches Indiz für „Teaching to the test" angesehen werden.

Das Einzelitem „Ich konzentriere meinen Unterricht auf Aufgaben, von denen ich weiß, dass sie den Aufgaben der sRP ähnlich sind" zeigt deutlicher, wie stark auf das Ergebnis hingearbeitet wird. Über 75 Prozent der Lehrkräfte geben an, dass das bei ihnen eher häufig bis sehr häufig der Fall ist, und nur 8,8 Prozent geben an, dass sie das gesamt sehr selten oder selten tun. Es lässt sich kein signifikanter Unterschied zwischen den Schulstufen ausmachen. Das deutet klar darauf hin, dass auch die Lehrkräfte in den unteren Stufen ihren Unterricht schon auf die Aufgaben bei der Reifeprüfung ausrichten.

Um ein weiteres Indiz ausmachen zu können, gab es zwischen den Fragen zur Verwendung von Aufgaben ein Item „Mathematische Inhalte, die nicht Teil der schriftlichen Reifeprüfung Mathematik sein werden, behandle ich trotzdem im Unterricht". Eine Kreuztabelle mit Chi-Quadrat-Test weist Unterschiede zwischen den beiden Gruppen „12.Schulstufe ja" und „12.Schulstufe nein", wie in Tabelle 33 und Abbildung 85 dargelegt, aus.

Tabelle 33: Kreuztabelle – Inhalte außerhalb der schriftlichen Reifeprüfung werden gelehrt – Unterricht in 12. Schulstufe (noch ohne neue Reifeprüfung) ja/nein

		Inhalte, die nicht Teil der schriftlichen RP sind, werden gelehrt.						
		sehr selten	*selten*	*eher selten*	*eher häufig*	*häufig*	*sehr häufig*	*Gesamt*
Stufe 12	*ja*	8	15	39	35	26	9	132
	nein	1	14	14	27	29	11	96
Gesamt		9	29	53	62	55	20	228

	Wert	df	Asymptotische Signifikanz (2-seitig)
Chi-Quadrat nach Pearson	$13,35^a$	5	,021
Likelihood-Quotient	14,197	5	,014
Zusammenhang linear-mit-linear	6,297	1	,013
Anzahl der gültigen Fälle	228		

a. 1 Zellen (8,3%) haben eine erwartete Häufigkeit kleiner 5.
Die minimale erwartete Häufigkeit ist 3,79.

Abbildung 85: Chi-Quadrat-Tests zur Kreuztabelle – Inhalte außerhalb der schriftlichen Reifeprüfung werden gelehrt – Unterricht in 12. Schulstufe (noch ohne neue Reifeprüfung) ja/nein

46,6 Prozent der Lehrkräfte, deren höchste Schulstufe keine zwölfte ist, lehren gesamt eher selten bis sehr selten Inhalte, die nicht Teil der schriftlichen Reifeprüfung sRP sind, während das nur 30,2 Prozent der anderen tun. Nur 26,3 Prozent der ersten Gruppe lehren Inhalte außerhalb der schriftlichen Reifeprüfung gesamt häufig oder sehr häufig, wohingegen 41,7 Prozent der Lehrkräfte mit Klassen ohne neue Zentralmatura sich im Unterricht häufig oder sehr häufig Inhalten außerhalb der schriftlichen Reifeprüfung widmen.

Ergänzend soll erwähnt werden, dass die eine oder andere an der Befragung teilnehmende Lehrkraft in einer 8. Klasse mit vorgezogener Zentralmatura unterrichten könnte, was auf Grund der zugesicherten Anonymität nicht gänzlich herausgefiltert werden konnte. In ganz Österreich nahmen 2014 jedoch nur dreizehn Schulen am Schulversuch „Mathematik Zentralmatura 2014" teil, zwei davon in der Steiermark. Von neun der dreizehn Schulen kann mit Sicherheit gesagt werden, dass sie nicht an der Befragung teilnahmen. Es kann jedoch auch ziemlich sicher davon ausgegangen werden, dass eine Herausarbeitung der betroffenen Schulen den Effekt eher verstärken würde.

Ein ebenfalls durchgeführter U-Test bestätigt den Hinweis auf einen signifikanten Unterschied zwischen den Gruppen 12. Schulstufe „ja" oder „nein". Mit einer Signifikanz p = 0,009 zeigt sich ein Unterschied hinsichtlich der gelehrten Inhalte außerhalb der schriftlichen Reifeprüfung.

Die Lehrkräfte, die 2013/14 nicht in einer Abschlussklasse unterrichteten, also auf alle Fälle von der neuen Reifeprüfung betroffen sind, haben mit dem Rang

105,47 im Schnitt signifikant niedrigere Werte als die Lehrkräfte, die 2013/14 als Bezugsklasse eine Abschlussklasse, die höchstwahrscheinlich noch in der alten Maturaform abschloss, hatten. Der Rang der letztgenannten Gruppe beträgt 128,20.

Wenig überraschend zeigten U-tests auch Mittelwertunterschiede der beiden Items bei der „Anregung zum selbstständigen Üben" und zwar bei den Gruppen 11. Schulstufe „ja" oder „nein". Die Schülerinnen und Schüler der 11. Schulstufe und damit auch ihre Lehrkräfte waren zum Untersuchungszeitpunkt erstmalig von einer flächendeckenden Durchführung der Zentralmatura in Mathematik betroffen. Bei der Aussage „Für eine gute Vorbereitung auf die sRP rege ich meine Schüler/innen dazu an, Aufgaben der angegebenen Art selbstständig zu Hause zu üben" und bei der Aussage „Ich weise die Schüler/innen auf Quellen mit Aufgaben ähnlich der Aufgaben bei der sRP hin" gab es Unterschiede. Mit einem mittleren Rang von 102,53 bei der ersten Aussage bzw. 101,64 bei der zweiten, ist der Rang der Lehrkräfte, die keine 11. Schulstufe unterrichten, signifikant geringer (p = 0,001), als das mit einem Rang von 128,57 bzw. 129,70 bei der anderen Gruppe gegeben ist.

Auch das kann nur als eher kleines Indiz gewertet werden. Nimmt man noch die Tatsache dazu, dass die neue Art der Aufgaben Typ 1 nicht intendiert auch häufig zum Kompetenzerwerb eingesetzt wird, dann verdichten sich die Anzeichen für "Teaching-to-the-test Effekte allerdings deutlich.

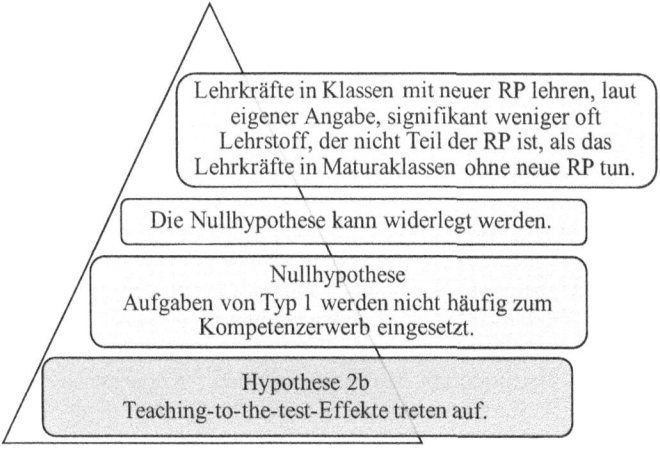

Abbildung 86: Zusammenfassung – Teaching-to-the-test-Effekte

5.3.7 Kooperation – Ergebnisse

Die Daten belegen, dass sich in der Kooperation von Mathematik-Lehrkräften verschiedene Formen identifizieren lassen. Neben Kooperation zu arbeitsteiligen Prozessen lassen sich zwei unterschiedliche Arten des Austausches ausmachen: einerseits der Austausch der fachbezogen auf Mathematik fokussiert, und andererseits der Austausch, der vordergründig pädagogische Belange beinhaltet. Als kokonstruktive Form der Kooperation ließen sich die beiden Items zur kollegialen Hospitation eindeutig zuordnen.

Das bestätigt insgesamt die theoretische Annahme von Gräsel (Gräsel et al. 2006) der Existenz von verschiedenen Formen der Kooperation. Die beiden deutlich unterschiedlichen Aspekte des Austausches zeigen aber auch, dass die Zusammenarbeit innerhalb einer Fachgruppe noch differenzierter zu sehen ist.

Die Mittelwerte der Items zur *arbeitsteiligen Kooperation* schwanken um die Mitte der Antwortskala, die sich von „nie (0)" bis „sehr häufig (6)" erstreckt. Auch der Skalenmittelwert von 3,14 liegt zwischen eher selten (3) und eher häufig (4).

Bei Betrachtung der Einzelitems (siehe Tabelle 34 und 35) fällt auf, dass die Kooperationsarten, die der eigenen Praxis nahekommen, wie etwa eine gemeinsame Vorbereitung des Unterrichts, die gemeinsame Erprobung fachdidaktischer Konzepte oder eine kritische und konstruktive Bewertung eigener Unterrichtsbestandteile durch die Fachkollegenschaft, deutlich seltener und auch insgesamt selten vorkommen. Diese Zurückhaltung und sinkende Bereitschaft zur kollegialen Kommunikation bei steigender Nähe zur konkreten, eigenen Praxis wird auch schon von Lehramtsstudierenden bestätigt (Rothland 2012, 202) und setzt sich in der Praxis aktiver im vorliegenden Fall Mathematik-Lehrkräfte fort. Besonders auffällig ist dieser Umstand bei kollegialen Hospitationen, die praktisch nicht stattfinden.

Vorangegangene Projekte zeigen, dass eine Thematisierung notwendiger Reformprozesse, ein paar entsprechende Fortbildungen und schulübergreifende Initiativen nicht ausreichen, um derartige Kooperationsprozesse innerhalb einer Schule in Gang zu setzen. Hierzu bedarf es flankierender Maßnahmen und der Schaffung geeigneter struktureller Rahmenbedingungen, um auch die Ko-Konstruktion und die Reflexion von Unterricht entscheidend zu fördern (Killus & Gottmann 2012, 164). Aus der Praxis heraus kann sich eine Vielzahl von unterschiedlich akzentuierten Möglichkeiten einer Kooperation im Zuge einer professionellen Weiterentwicklung der Lehrkräfte bilden, deren Theoriebildung sicher noch lange nicht abgeschlossen ist.

Austausch von Material und Informationen erfolgt einerseits fachbezogen, andererseits zu pädagogischen Belangen. Die durchgeführte Faktorenanalyse und paarweise t-Tests weisen diese beiden Formen als unterschiedlich aus (vgl. Abschnitt 5.3.3).

Tabelle 34: Teil 1 – Statistische Daten der Items der Skalen zur Kooperation von Mathematik-Lehrkräften

Kooperation				
Item-Überbegriffe (genaue Formulierungen siehe Tabelle 21)	*MW*	*SD*	*Lineare Abweichung von der Mitte $3 = \frac{x_i - 3}{3}$*	
			MW	*SD*
Arbeitsteilige Kooperation: MW 3,14 Varianz 1,080 N = 230 α = ,86				
Gemeinsame Vorbereitung Unterricht	2,44	1,702	–,19	,567
Erstellung gemeinsamer SA in Parallelklassen	4,16	1,872	,39	,623
Unterstützung Korrektur SA durch M-Koll.	2,50	1,798	–,17	,599
Erstellung gemeinsamer Übungs- blätter mit M-Koll.	3,04	1,719	,02	,572
Erprobung fachdidaktischer Konzepte mit M-Koll.	2,24	1,439	–,25	,480
Kritische Bewertung eigener U-Bestandteile durch M-Koll.	2,58	1,486	–,14	,496
Verständigung über m. Inhalte mit M-Koll.	4,99	1,114	,66	,370
Fachbezogener Austausch: MW 4,84 Varianz 0,043 N = 228 α = ,81				
Mitteilung und fachbezog. Infos an M-Koll.	5,12	,935	,71	,311
Austausch Unterrichtsmaterialien	4,78	1,241	,59	,413
Verständigung über mathe- matische Inhalte mit M-Koll.	4,98	1,114	,66	,370
Rat zu fachbezogenen Problemen bei M-Koll.	4,62	1,240	,54	,414
Am Laufenden-Halten über arbeitsrelevanter Themen mit M- Koll.	4,69	1,135	,56	,377

Tabelle 35: Teil 2 – Statistische Daten der Items der Skalen zur Kooperation von Mathematik-Lehrkräften

Kooperation				
Item-Überbegriffe (genaue Formulierungen siehe Tabelle 21)	*MW*	*SD*	*Lineare Abweichung von der Mitte 3 = $\frac{x_i-3}{3}$*	
			MW	*SD*
Austausch zu pädagog. Belangen: MW 3,68 Varianz 0,652 N = 228 α = .77				
Austausch über problematische Arbeitshaltung der S&S	4,13	1,193	,37	,404
Austausch über Probleme mit S&S im Unterricht	3,73	1,374	,24	,460
Rat bei Unsicherheiten im Unterricht	3,24	1,670	,07	,560
Am Laufenden-Halten über arbeitsrelev. Themen mit M-Koll.	4,69	1,135	,56	,377
Kritische Bewertung eigener U-Bestandteile durch M-Koll.	2,58	1,486	–,14	,496
Kollegiale Hospitationen: MW 0,88 Varianz 0,002 N = 228 α = .94				
Hospitationen von M-Koll.	,92	1,334	–,69	,448
Hospitationen bei M-Koll.	,85	1,338	–,72	,446

Anmerkungen: Antwortformat der Items (0) „nie" bis (6) „sehr häufig".

Die durch die Mittelwerte der Items gebildeten Skalen „fachbezogener Austausch" und „Austausch zu pädagogischen Belangen" tragen mit ca. 17 bzw. 15 Prozent ähnlich viel zur Varianzaufklärung bei. Bei beiden Skalen kann die Annahme einer Normalverteilung nicht verworfen werden. Die Cronbachs Alpha sind mit 0,81 bzw. 0,77 sehr gute Werte.

Bei beiden Formen ist die Frequenz in der Einführungsphase der neuen Reifeprüfung sehr hoch, wobei der fachliche Austausch deutlich überwiegt. Durch steigende Arbeitsbelastung und nicht zuletzt auch durch Verordnung verliert Zusammenarbeit zunehmend die Möglichkeit der Freiwilligkeit und wird zur beruflichen Notwendigkeit. Das mag als weiteres Indiz dafür gelten, dass die soziale Orientierung als Einflussfaktor für das Zustandekommen von Kooperation der Lehrkräfte an Bedeutung verliert (Pröbstel & Soltau 2011, 59).

Zur Beantwortung der Hypothese, dass Kooperation in Form von Austausch von Materialien und Informationen in dieser Phase der Einführung sehr hoch ist, wurde ein t-Test zu Rate gezogen (siehe Abbildung 87). Dabei kristallisieren sich in jedem Fall signifikante Unterschiede zwischen den durch Mittelwerte gebildeten Skalen „fachbezogener Austausch" und „Austausch zu pädagogischen Belangen" zum Mittelwert des Antwortformats der Items von 3 (nie (0) bis sehr häufig (6)) heraus.

		Testwert = 3			
				95% Konfidenzintervall der Differenz	
	t	Sig. (2-seitig)	Mittelwertdifferenz	Unterer	Oberer
Skala - fachbezogener Austausch MW	32,658	,000	83412	1,7235	1,9448
Skala - Austausch zu pädagogischen Belangen MW	9,856	,000	65639	,5252	,7876

Abbildung 87: t-Test bei einer Stichprobe „fachbezogener Austausch" und „Austausch zu pädagogischen Belangen"

Die Nullhypothese: „Es herrscht kein reger Austausch" kann widerlegt werden. Im Schulalltag ist Austausch verhältnismäßig einfach umzusetzen und dieser beschränkt daher die Autonomie der Mathematik-Lehrkräfte kaum. Insofern ist das Ergebnis grundsätzlich wenig überraschend und deckt sich mit bisherigen Befunden. Neu ist hingegen die Erkenntnis, dass eindeutig zwischen fachlichem Austausch und Austausch zu eher pädagogischen Herausforderungen unterschieden werden kann. Außerdem fällt die große Häufigkeit, mit der die Austauschhandlungen durchgeführt werden, auf, wobei der fachliche Austausch den pädagogischen an Häufigkeit noch deutlich übertrifft.

Betrachten wir jeweils die beiden Items mit den höchsten Faktorladungen der beiden Skalen! Im Falle der Skala „fachbezogener Austausch" sind das die Aussagen: „Wichtige fachbezogene Informationen teile ich meinen M-Kolleg/innen mit" und „Ich tausche mit meinen M-Kolleg/innen Unterrichtsmaterialien für die Oberstufe aus" Im Falle der Skala „Austausch zu pädagogischen Belangen" sind das die Aussagen: „Ich tausche mich mit meinen Kolleg/innen über problematische Arbeitshaltungen von Schüler/innen aus" und „Mit den M-Kolleg/innen unterhalte ich mich über Probleme, die ich mit einzelnen Schüler/-innen im M-Unterricht der Oberstufe habe". Bei der der Mitteilung fachbezogener Infos gibt von 231 Personen, die antworteten, nur eine Person an, das nie zu tun, und niemand, das selten oder sehr selten zu machen, wohingegen etwas über drei Viertel der Befragten antworten, das häufig oder sehr häufig zu tun. Auch beim Austausch von Unterrichtsmaterialien sagen nur etwa sechs Prozent der Mathematik-Oberstufenlehrkräfte, nie bis selten Unterrichts-materialien auszutauschen, aber etwas über 60 Prozent geben an, häufig oder sehr häufig Materialien auszutauschen. Ein Austausch über problematische Arbeitshaltungen hingegen erfolgt bei etwa 12 Prozent nie bis selten und „nur" bei ca. 41 Prozent häufig oder sehr häufig. Ungefähr jeder Vierte gibt sogar an, nie bis selten mit Fachkolleginnen oder -kollegen über Probleme mit einzelnen Schülerinnen und Schülern zu sprechen. Etwa 31 Prozent tun das allerdings häufig oder sehr häufig. Bei Mittelwertvergleichen von je nach Merkmal zwei oder mehreren unabhängigen Stichproben stellte sich heraus, dass die Ausprägungen der unabhängigen Variablen Geschlecht, Altersklassen, Erfahrung, Zweitfach oder die Selbsteinschätzung des Wissens und Könnens keine signifikanten Unterschiede der einzelnen Gruppen im Bezug auf die Kooperation zeigten.

Etliche Tests deuteten vorerst auf Unterschiede bei der Skala „fachbezogener Austausch" zwischen den beiden Gruppen: Lehrkraft unterrichtet in „12. Schulstufe ja" und „12. Schulstufe nein" hin. Auch schienen sich die steirischen Lehrkräfte in der arbeitsteiligen Kooperationsform von den Lehrkräften aus den Bundesländern zu unterscheiden. Tiefergehende Analysen und Prüfungen von nötigen Voraussetzungen zeigten jedoch, dass derartige Aussagen auf Basis der vorliegenden Daten nicht aufrechtzuerhalten sind.

Einzig bei der Einzelaussage „Ich erstelle in Parallelklassen der Oberstufe gemeinsam mit meinen M-Kolleg/innen Schularbeiten" weist ein Chi-Quadrat-Test einen signifikanten Unterschied für die Gruppe der Lehrkräfte aus der Steiermark gegenüber denen aus den Bundesländern aus. Beinahe jede zweite steirische Mathematik-Lehrperson kreuzte an, das häufig oder sehr häufig zu tun, während es in der Gruppe der Lehrpersonen aus den anderen Bundesländern nur etwa 38 % sind. Dieser Umstand scheint jedoch durch die verschiedenen Anregungen im Zuge der Einführung der standardisierten Form der Reifeprüfung von Seiten der unterschiedlichen Schulaufsichtsorgane gut erklärbar.

- Resümierend kann gesagt werden, dass Mathematik-Lehrkräfte in konkrete Unterrichtsbestandteile und Unterrichtsprozesse, ausgenommen den eigenen Unterricht, so gut wie keinen Einblick erhalten und dieser für sie in der Im-plementierungsphase der neuen Reifeprüfung weiterhin eine „Black Box" darstellt. Damit gekoppelt sinkt die Möglichkeit, eigenen Unterricht einer kri-tischen Überprüfung zu unterziehen mit der Nähe zur Praxis. Austauschtätig-keiten können in solche mit Affinität zum Fach Mathematik und solche mit Schwerpunkt auf pädagogische Belange unterteilt werden. Beide Formen werden in der Implementierungsphase zur neuen Reifeprüfung signifikant

häufig genutzt, wobei die Häufigkeiten der Kooperation beim „fachbezogenen Austausch" deutlich höher sind.

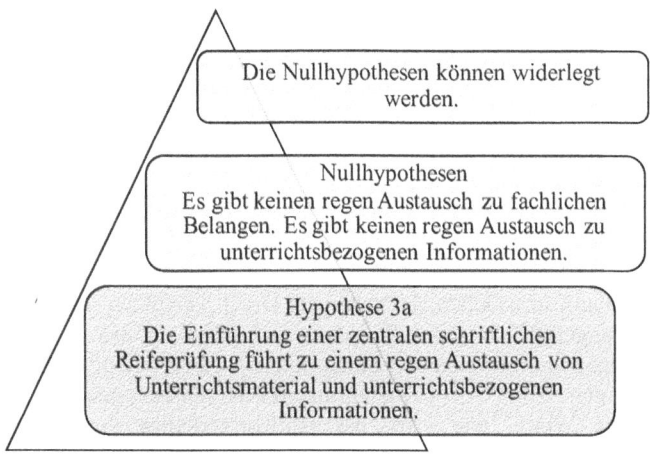

Abbildung 88: Zusammenfassung – Austausch

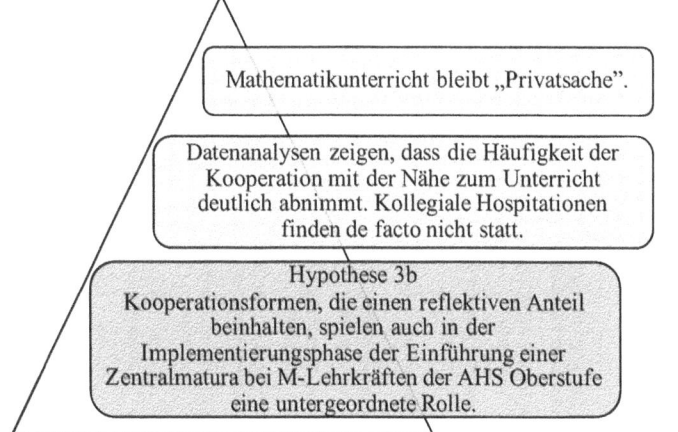

Abbildung 89: Zusammenfassung – Kooperationsformen mit reflektiven
Anteilen

5.3.8 Überblicksgrafiken

Dieser folgende letzte Abschnitt der Präsentation der Untersuchungsergebnisse dient der abschließenden graphischen Veranschaulichung und Gegenüberstellung der Resultate der einzelnen Diskussionspunkte. Entsprechend der ermittelten Zuordnung der Items zu den einzelnen Skalen gruppiert und auf die jeweilige Mitte der Antwortskalen normiert, ermöglichen die Graphiken den Blick auf Einzelergebnisse, ohne den Vergleich mit weiteren Ergebnissen und das Gesamtbild aus den Augen zu verlieren. Wie in der gesamten Arbeit soll auch hier die Reihenfolge *Einstellungen, Assessment* und *Kooperation* Beibehaltung finden. Die Abbildungen 90 bis 92 zeigen das Antwortverhalten der Lehrkräfte hinsichtlich Aussagen zur Qualitätsverbesserung durch die neue Reifeprüfung bzw. zeigen auf, in welchen Bereichen sie Druck verspüren. Die Diagramme in den Abbildungen 93, 94 sowie 95 geben Aufschluss darüber, welche Aussagen einer partizipativen, verbalen oder notenzentrierten Beurteilungspraxis zugeordnet werden konnten. Hier, wie bei allen anderen Graphiken, zeigen die den Items zugeordneten Werte, wie stark das Antwortverhalten vom Mittelwert der Antwortskala abweicht.

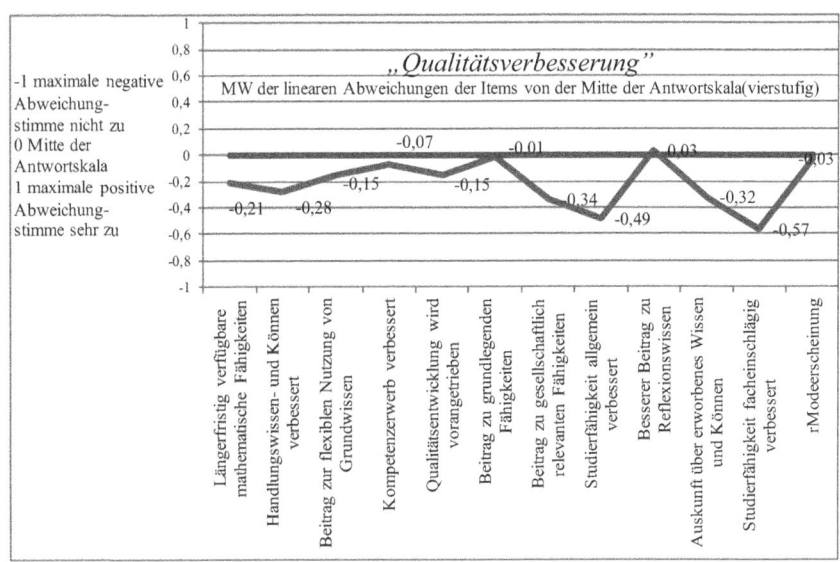

Abbildung 90: Lineare Abweichungen der Items der Skala „Qualitätsverbesserung". Anmerkung: genaue Formulierung der Items
siehe Tabelle 9.

Die Abbildungen 96 bis 98 stellen dar, wie es in der Unterrichtspraxis um die Verwendung von Aufgaben Typ 1, welche Prüfungsitems zu einzelnen Grundkompetenzen abbilden sollen, bestellt ist. Von Grafik 99 bis Grafik 102 schließlich steht die Kooperation der Mathematiklehrkräfte im Fokus.

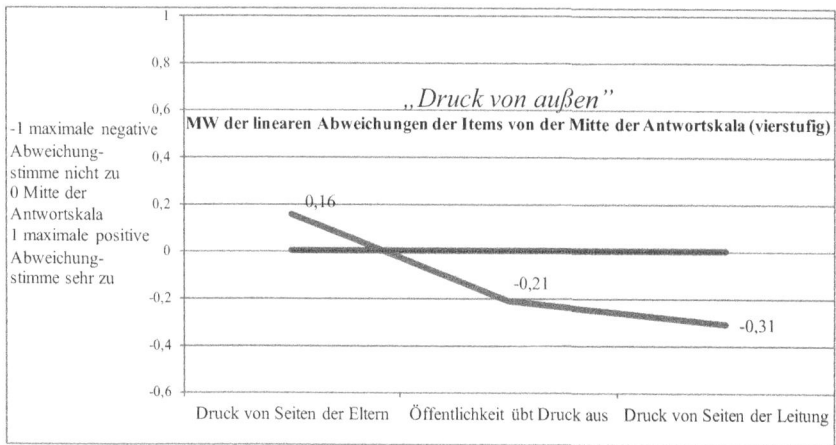

Abbildung 91: Lineare Abweichungen der Items zum „Druck von außen"

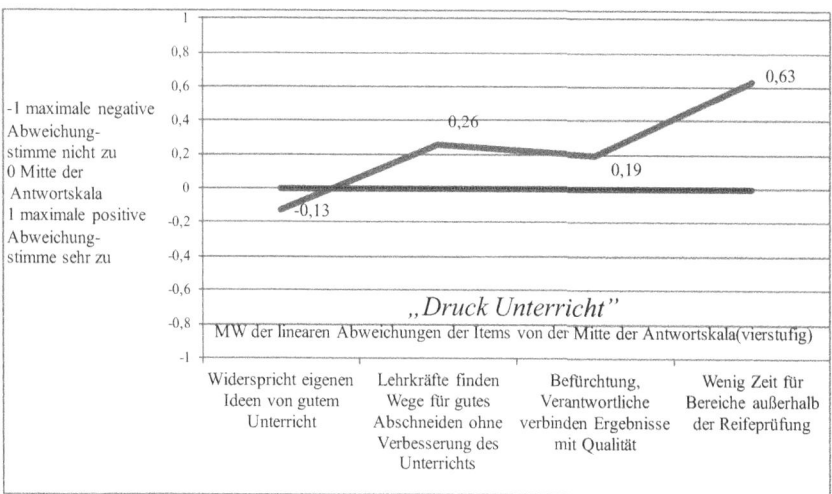

Abbildung 92: Lineare Abweichungen der Items zum „Druck auf d. Unterricht".
Anmerkung: genaue Formulierungen der Items siehe Tabelle 10.

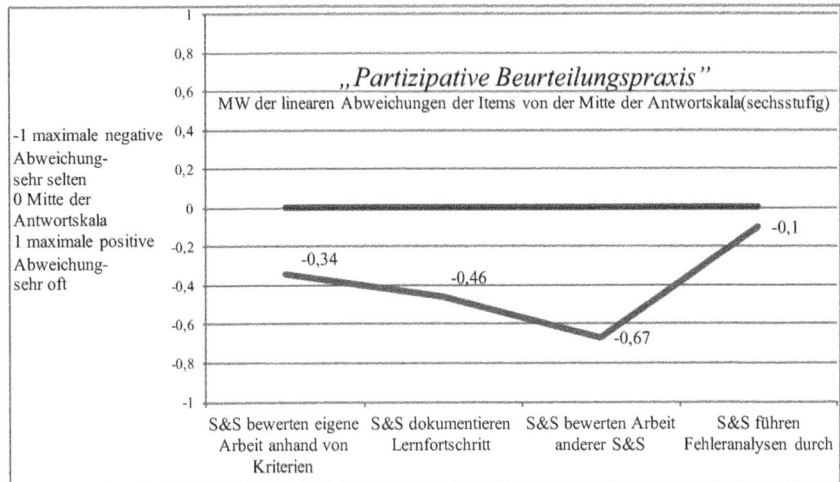

Abbildung 93: Lineare Abweichungen der Items zur „Partizipativen Beurteilungspraxis"

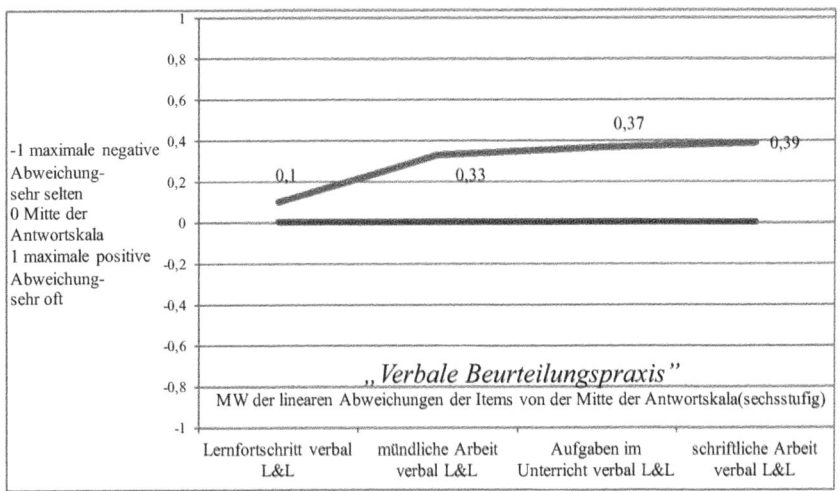

Abbildung 94: Lineare Abweichungen der Items zur „verbalen Beurteilungspraxis". Anmerkung: genaue Formulierungen der Items siehe Tabelle 11.

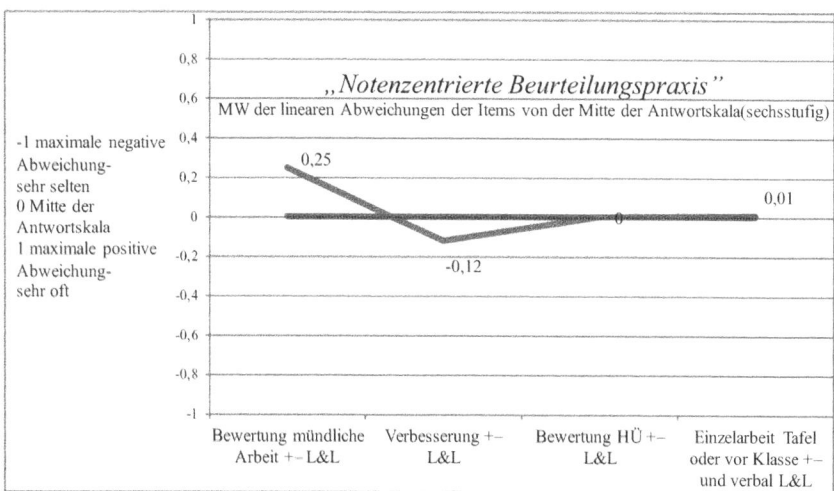

Abbildung 95: Lineare Abweichungen der Items zur „notenzentrierten Beurteilungspraxis"

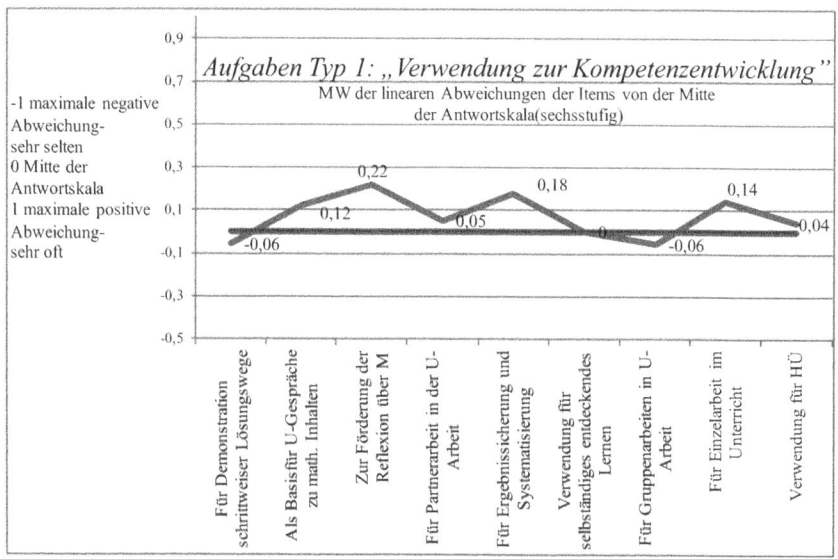

Abbildung 96: Lineare Abweichungen der Items der Skala Typ 1-Aufgaben: „Verwendung zur Kompetenzentwicklung". Anmerkung: genaue Formulierungen der Items siehe Tabelle 15.

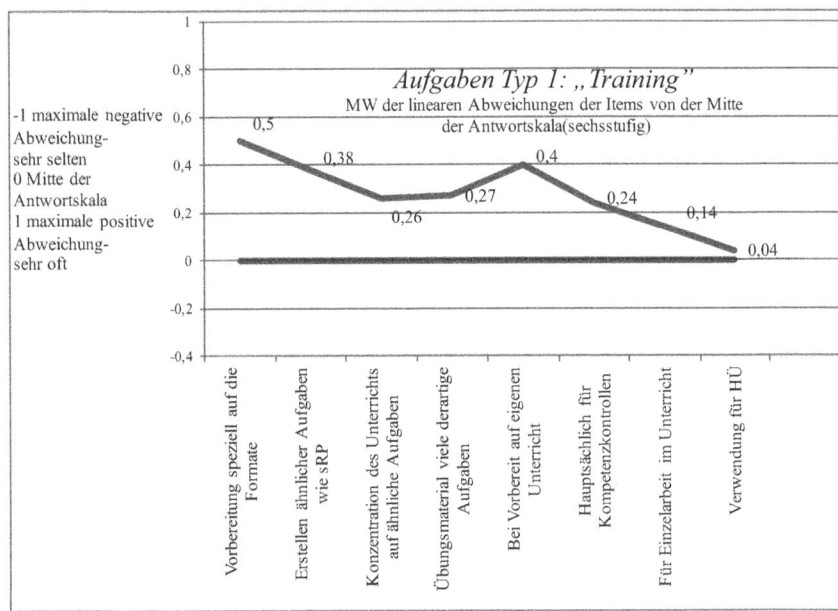

Abbildung 97: Lineare Abweichungen der Items der Skala Typ 1-Aufgaben: „Training"

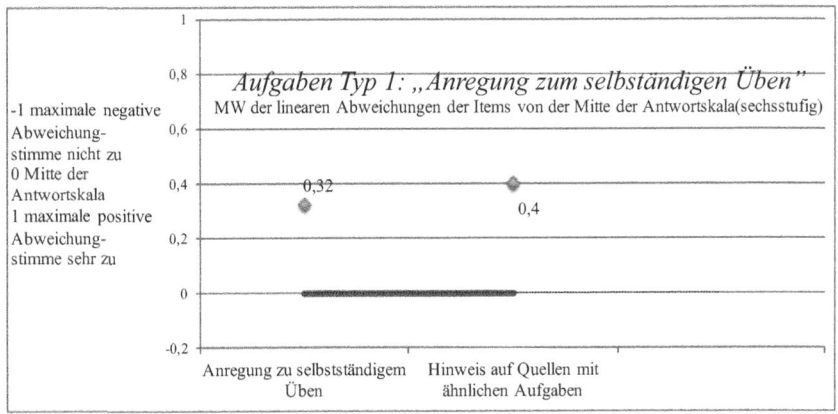

Abbildung 98: Lineare Abweichungen der Items der Skala Typ 1-Aufgaben: „Anregung zum selbstständigen Üben". Anmerkung: genaue Formulierung der Items siehe Tabelle 15.

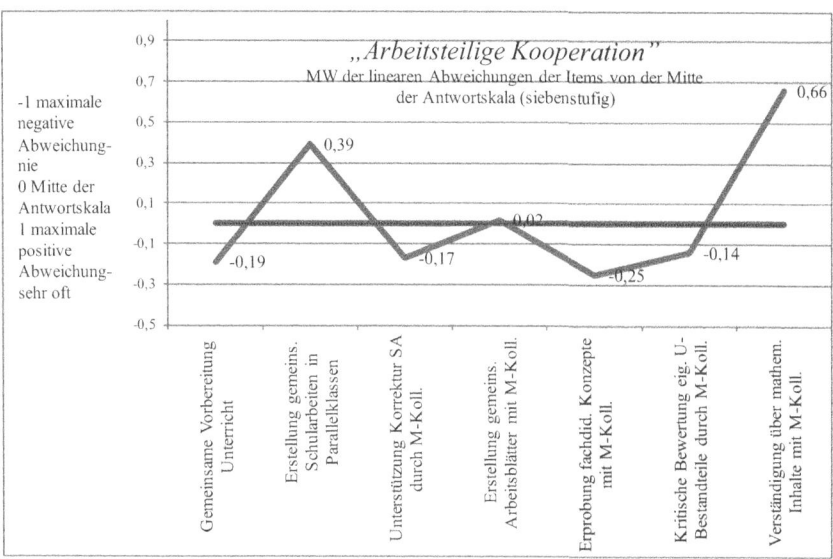

Abbildung 99: Lineare Abweichungen der Items der Skala „arbeitsteilige Kooperation"

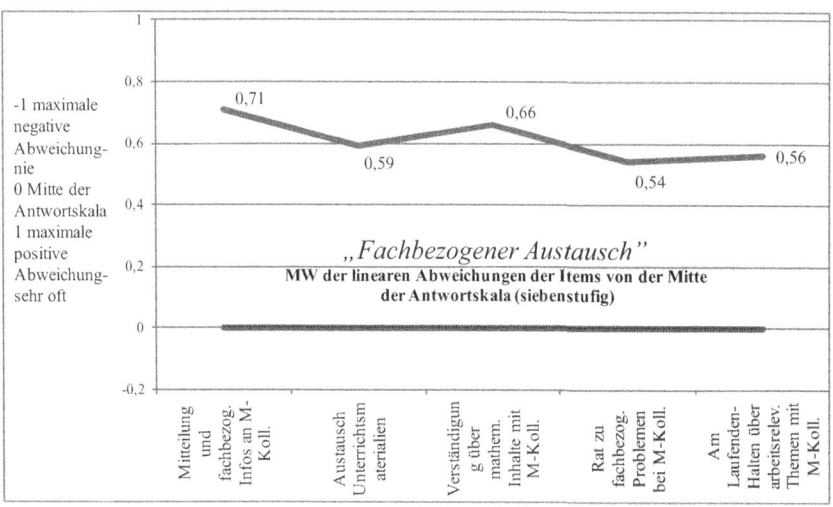

Abbildung 100: Lineare Abweichungen der Items der Skala „fachbezogener Austausch". Anmerkung: genaue Formulierung der Items siehe Tabelle 21.

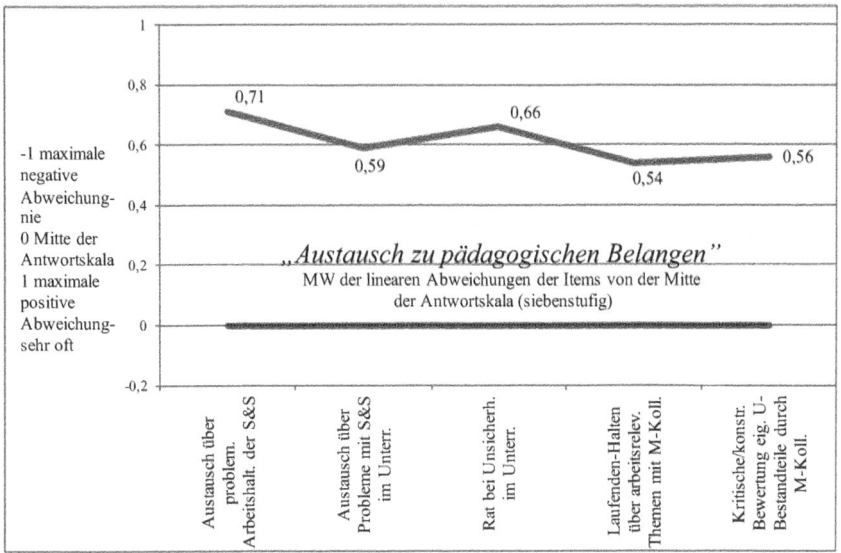

Abbildung 101: Lineare Abweichungen der Items der Skala „Austausch zu
pädagogischen Belangen". Anmerkung: genaue Formulierung
der Items siehe Tabelle 21.

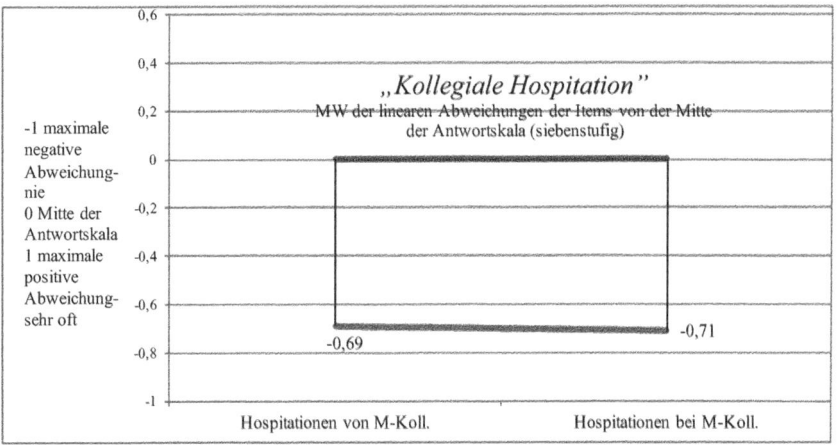

Abbildung 102: Lineare Abweichungen der Items der Skala „kollegiale
Hospitationen". Anmerkung: genaue Formulierung der Items
siehe Tabelle 22.

6 Résumé und Ausblick

Das vorliegende Projekt stellte es sich zur Aufgabe herauszufinden, was neue Innovationen, im konkreten Fall die Einführung einer standardisierten zentralen schriftlichen Reifeprüfung im Fach Mathematik, für die alltägliche Unterrichtspraxis in den Schulen bedeuten. Da die Mathematik-Lehrkräfte über viele Jahre tätig bleiben, als „Motor" des Unterrichtsgeschehens angesehen werden können und passende Lernumgebungen schaffen, lagen sie im Zentrum des Forschungsinteresses.

Ein Mensch, speziell ein erwachsener, zeigt eine deutliche Tendenz, die Identität gegen allzu heftige Schwankungen zu schützen (Greve 2000) und verfügt daher in der Regel über ein recht stabiles Selbstkonzept. Daher durchlaufen neue Informationen eine Art Filter, die das herausfiltern, was zum bisherigen Selbstkonzept passt, anderes wird umgedeutet, negiert oder unter Umständen abgewertet. Neben dieser relativen Stabilität führen Veränderungen auch zu einer Anpassung des Selbst in einer Art „Entwicklungsdynamik des Selbst" (Greve 2000, 99). Es kann davon ausgegangen werden, dass die Mathematik-Lehrkräfte in ihrem zukünftigen Verhalten stark auf ihre Einstellungen und ihr Verhalten in der Implementationsphase aufbauen und sich daran orientieren.

Ein qualitätsvoller Mathematikunterricht braucht Lehrkräfte, die eine positive Beziehung zu Mathematik haben und sich mit den Unterrichtszielen und den Zielen der Intervention identifizieren können. Die Einstellungen zur neuen Form der Reifeprüfung haben einen Einfluss sowohl auf die Motivation der Lehrkräfte als auch auf ihr Lehren. Die Ergebnisse der vorliegenden Untersuchung belegen eindeutig, dass die Mathematik-Lehrkräfte der AHS-Oberstufe zum Messzeitpunkt für den Mathematikunterricht durch die neue Form der Reifeprüfung keine Qualitätsverbesserung im Sinne der Ziele der Reform sehen. Diese Einstellung gegenüber der neuen Reifeprüfung zeigt keine Unterschiede bezüglich der Variablen Geschlecht, Alter, Unterrichtserfahrung, Region, Zweitfach oder unterrichtete Schulstufen der Lehrkräfte. Bei deskriptiver Betrachtung der Einzelitems ist die Ablehnung der Aussage, dass durch die Reform die facheinschlägige und allgemeine Studierfähigkeit verbessert werde, besonders auffällig. Die Frage, ob sich die Mathematik-Lehrkräfte durch die neue Form unter Druck gesetzt fühlen, konnte durch diese Untersuchung nicht eindeutig beantwortet werden. Mangelnde Zeitressourcen scheinen aber eine gewisse Belastung darzustellen.

Die vorliegende Untersuchung belegt, dass die Selbsteinschätzung des eigenen *Wissens und Könnens* einen Einfluss auf das Antwortverhalten der Mathematiklehrkräfte hat. Lehrkräfte, die nur wenige Punkte ankreuzten, in denen sie sich Rat und Unterstützung wünschten bzw. die nur in wenigen Bereichen mehr wissen möchten, sehen in der neuen Reform in noch geringerem Maße eine Qualitätsverbesserung, als das ihre Kolleginnen und Kollegen tun.

Viele Forschungsergebnisse der letzten Jahre heben die positive Wirkung von *Assessment for learning* hervor. Die weiteren Forschungsvorhaben zielen daher nicht nur darauf ab, die Effektivität und Qualitätsverbesserung zu belegen, als vielmehr Wege aufzuzeigen, wie man den Lernprozess stärker in den Fokus von Assessment bringen kann. Die Leistungen der Schülerinnen und Schüler in Verbindung mit einer geeigneten Fehler- und Rückmeldekultur für deren Lernprozesse zu nutzen soll als *Leistungsbegleitung* gesehen werden.

Unterrichtsprozesse sind sehr vielschichtig und komplex. Lehrkräfte, in unserem Fall für das Fach Mathematik, müssen die Chance erhalten, auf wissenschaftlichen Erkenntnissen basierende Konzepte kennen zu lernen, erproben und ihren Bedürfnissen und Unterrichtsbedingungen entsprechend adaptieren zu können. Hinsichtlich der Beurteilungs- bzw. Leistungs-rückmeldepraxis wurde mit Hilfe dieser Untersuchung festgestellt, dass sich die Untersuchungsergebnisse vorangegangener Studien bestätigen, wonach die „partizipative" Form einer Leistungsrückmeldung im Unterricht nur eine sehr untergeordnete Rolle spielt. Sowohl diese Form der Rückmeldung als auch die tonangebende „verbale" Rückmeldepraxis wenden Lehrkräfte mit laut Selbsteinschätzung mehr Wissen und Sicherheit im Unterricht signifikant öfter an, als dies ihre Kolleginnen und Kollegen tun. Insgesamt (verbal, notenzentriert und partizipativ) ist die Häufigkeit der Rückmeldung und Bewertung von Leistungen in der Gruppe der Lehrkräfte, die sich nur in sehr wenigen Bereichen der Leistungsbeurteilung im weiteren Sinn sicher fühlt, deutlich geringer als bei den anderen. Daraus kann geschlossen werden, dass deren Schülerinnen und Schüler weniger Informationen über ihren Leistungsstand und ihre Lernfortschritte erhalten. Wir wollen in diesem Zusammenhang von einer geringeren *Leistungsbegleitung* sprechen.

Allgemein fällt auf, dass sich eine Gruppe von Mathematik-Lehrkräften herauskristallisiert, die sich im Bereich Assessment kompetent fühlt. Diese Gruppe ist es auch, die signifikant öfter auf Handlungen setzt, die eindeutig *Assessment for learning* zuzuordnen sind. Die genannte Gruppe ist die deutlich kleinere, umfasst nur etwa ein gutes Drittel der Fachschaft und der Unterschied zum anderen Teil der Fachgruppe tritt sehr deutlich zu Tage. Das bestätigt die Ergebnisse vorangegangener Untersuchungen, wonach sich Mathematik-Lehrkräfte mehrheitlich in diesen Gebieten nicht sicher fühlen und nicht in ausreichendem Maß über nötiges Wissen und Fähigkeiten verfügen, um formatives Assessment betreiben zu können.

Fachdidaktiker und Bildungswissenschaftler heben im Zuge eines kompetenzorientierten Unterrichts die Bedeutung einer prozessorientierten Feedbackkultur und die Forcierung von partizipativen Formen im Speziellen immer öfter positiv hervor. Die Daten belegen, dass die „gelebte" Praxis dem Wunsch widerspricht, weisen aber zugleich deutlich auf einen Lösungsansatz hin. Eine adäquate Vermittlung von Wissen im Bereich Assessment gepaart mit einer Verstärkung des Selbstvertrauens der Lehrkräfte in assessment-bezogenen Belangen stellt einen solchen dar. Hierbei und im Hinblick auf das gesamte Reformbestreben bleiben noch viele Fragen offen, wie mathematische Inhalte und Handlungen im Unterricht transportiert und zugänglich gemacht werden. Das mathematische Denken von den jungen Leuten darf dabei aber nicht im Hintergrund bleiben. Im Sinne eines kompetenzorientierten Unterrichts müssen Lehrerinnen und Lehrer stärkeren Augenmerk auf differenziertes und individuelles Fördern und Diagnostizieren legen. Die eigenaktive Rolle der Schülerinnen und Schüler ist dabei ein entscheidender Faktor, um nachhaltiges Wissen und Können zu gewährleisten.

Bei Leistungsrückmeldungen und im Mathematikunterricht generell kommen „Aufgaben" eine entscheidende, wenn nicht überhaupt eine der größten Bedeutungen zu. Grob eingeteilt gibt es für den Unterricht Aufgabenstellungen, die gut für den Aufbau von Kompetenzen geeignet sind, also „Lernaufgaben" und solche, die von Konzeption und Einsatz her auf eine Kompetenzüberprüfung abzielen, in dieser Arbeit zusammengefasst als „Überprüfungsaufgaben" bezeichnet. Bei der Zentralmatura kommt ein für die Lehrkräfte neues Format von Prüfungsaufgaben zum Einsatz. Diese sogenannten Aufgaben Typ 1 haben jeweils primär einen speziellen inhaltlichen Aspekt im Blick und erfordern zur Lösung nur Grundfertigkeiten ohne die spezielle Notwendigkeit einer Vernetzung derselben.

Die vorliegende Untersuchung ergab, dass sich abgesichert zwei Dimensionen der Nutzung von solchen Aufgaben im Unterricht ausmachen lassen: sehr gut zum theoretischen Modell passend eine Dimension der Verwendung zum „Kompetenzaufbau" und eine Dimension, die mit „Training" überschrieben wird. Speziell Prüfungs-Aufgaben vom Typ 1 sind insgesamt wenig und für manche Bereiche wie etwa „Argumentieren und Begründen" oder „Reflektieren" sehr wenig geeignet, mathematische Kompetenzen aufzubauen und zu entwickeln. Die Ergebnisse dieser Untersuchung belegen jedoch klar, dass die Mathematik-lehrkräfte der AHS-Oberstufe derartige Aufgaben häufig im Unterricht zur Kompetenzentwicklung insgesamt und auch in den genannten Bereichen einsetzen. Diesem Umstand sollte in der weiteren Entwicklung des Mathematikunterrichts Rechnung getragen werden. Mögliche Reaktionen könnten etwa in einem stärkeren, sinnvollen Einbau derartiger Prüfungsaufgaben in gute „Lernaufgaben" oder in einer stärkeren Sensibilisierung der Lehrkräfte im *Prozessorientierten Lehren und Lehren* liegen.

Bei der Entwicklung und dem Einsatz kompetenzorientierter Aufgaben und dem Aufbau einer adäquaten Rückmeldekultur sowie einer förderlichen Leistungsbegleitung stehen wir in der Fachdidaktik erst am Anfang und gerade diese Gebiete benötigen wohl noch viele weitere Forschungen und Überlegungen. Obwohl die Belege für ein massives Training in der Implementationsphase einer neuen Prüfungsform nicht wirklich überraschen, stimmt die Intensität des Trainings verbunden mit dem Anzeichen eines Verlustes von mathematischen Inhalten doch etwas nachdenklich. Die Gefahr eines sich entwickelnden Marktes für Aufgabenbatterien und deren systematische Abarbeitung besteht durchaus und muss sorgsam im Blick behalten werden.

In Zeiten geringer Ressourcen für den Bildungsbereich einerseits und wachsender Herausforderungen und Belastungen für die Lehrkräfte andererseits kann in der Zusammenarbeit und in professionellen Lerngemeinschaften eine mögliche Entlastung und Bereicherung für die Beteiligten und das System insgesamt liegen. Man kann sogar weiter gehen und sagen, dass eine gemeinsame Erprobung von Konzepten und *förderliche Kommunikation* (vgl. Abschnitt 4.1) eine unverzichtbare Quelle bieten, um Innovationen gut in die komplizierte Struktur eines Klassenunterrichts implementieren zu können.

Das theoretische, von Fussangel und Gräsel (Gräsel et al. 2006), (Fussangel & Gräsel 2012) entwickelte Konstrukt ergibt eine Aufspaltung der Kooperation in die Dimensionen *Austausch, arbeitsteilige Kooperation* und *kokonstruktive Kooperation*. Durch die Analyse der erhobenen Daten konnte dieses theoretische Konstrukt bestätigt werden. Es zeigte sich sogar, dass sich der *Austausch* innerhalb der Fachgruppe Mathematik weiter differenzieren lässt. Innerhalb der Fachgruppe kann zwischen einem *fachbezogenen Austausch* und einem Austausch, der als *Austausch zu pädagogischen Belangen* interpretiert wurde, unterschieden werden. Dieser neue Aspekt lässt sich möglicherweise auch auf andere Fachgruppen ausdehnen. In der untersuchten Phase ist der Austausch generell sehr hoch. Das Kooperationsverhalten sinkt jedoch deutlich mit der Näherung zum eigenen Unterricht, was sich mit bisherigen wissenschaftlichen Erkenntnissen deckt. So kann man etwa auf Basis der erhobenen Daten behaupten, dass kollegiale Hospitationen de facto nur äußerst selten stattfinden. Ohne flankierende Maßnahmen und der Schaffung geeigneter struktureller Rahmenbedingungen für Ko-Konstruktion und die Reflexion von Unterricht kann nicht erwartet werden, dass sich daran in Zukunft etwas ändert.

Eine wie auch immer geartete Bevormundung der Lehrkräfte oder anderer Beteiligter ist, wie an dieser Stelle abschließend ausdrücklich betont werden soll, kontraproduktiv und abzulehnen. Im Gegensatz zur Vermittlung von Faktenwissen verlangt eine nachhaltige Änderung der Unterrichtspraxis Zeit. Die Lehrkräfte brauchen die Möglichkeit, neue Ideen in ihre bestehenden Routinen zu integrieren. Dazu bedarf es wiederum einer guten Zusammenarbeit zwischen Bildungspolitik, Bildungswissenschaft und Praktikern sowie innerhalb der Gruppen. Aus- Fort- und Weiterbildung sowie Praxis können ineinandergreifen und Möglichkeiten der Entwicklung bieten.

Das vorliegende Buch mag dazu beitragen, eine fundierte Grundlage zu bilden, auf deren Basis die Kommunikation von in Unterrichts- und Schulentwicklung involvierten Personen gefördert wird. Bei allen Differenzen und unterschiedlichen Interessen besteht die Möglichkeit, das gemeinsame Ziel „gute mathematische Bildung" in den Vordergrund zu stellen.

Mathematik ist wunderbar! Unterricht ist herausfordernd und komplex und Reformen nur so gut, wie sie in der Praxis wirksam werden. Große Chancen liegen in der Aus- und Weiterbildung und in einer *förderlichen Kommunikation* aller Beteiligten.

Literaturverzeichnis

Aiglsdorfer, B. & Aigner, M. (2005): Implementierung Nationaler Bildungsstandards in Österreich. Untersuchung zur Einführung der Nationalen Bildungsstandards an ausgewählten Hauptschulen der Pilotphase II. Univ. Diplomarbeit Linz: Johannes Kepler Universität.

Althof, W. (Hrsg.) (1999): Fehlerwelten. Opladen: Leske + Budrich.

Altrichter, A. & Kanape-Willingshofer, A. (2012): Bildungsstandards und externe Überprüfung von Schülerkompetenzen: Mögliche Beiträge externer Messungen zur Erreichung der Qualitätsziele der Schule. In: Herzog-Punzenberger (2012): 355–394.

Altrichter, H. (2010): Schul- und Unterrichtsentwicklung durch Datenrückmeldung. In: Altrichter et. al. (2010): 219–254.

Altrichter, H., Brüsemeister, T. & Heinrich, M. (2005): Ausschnitte aus: Merkmale und Fragen einer Governance-Reform am Beispiel des Österreichischen Schulwesens. In: Österreichische Zeitschrift für Soziologie 30 (4). 6–28.

Altrichter, H., Heinrich, M. & Soukup-Altrichter, K. (2011): Schulentwicklung durch Schulprofilierung? Zur Veränderung von Koordinationsmechanismen im Schulsystem. Wiesbaden: VS Verlag für Sozialwissenschaften.

Altrichter, H. & Maag Merki, K. (Hrsg.) (2010): Neue Steuerung im Schulsystem. Wiesbaden: VS Verlag für Sozialwissenschaften.

Amrein, A. L. & Berliner, D. C. (2003): The Effects of High-Stakes Testing on Student Motivation and Learning. In: *Educational Leadership* 60 (2). 32–38.

Appius, S. (2012): Kooperation zwischen Lehrpersonen im Zusammenhang mit dem Abitur. In: Maag Merki (2012): 95–117.

Aue, V., Frebort, M. Hohenwarter, M., Liebscher, E. & Sattlberger, I. (2013): Die Standardisierte schriftliche Reifeprüfung in Mathematik: Inhaltliche und organisatorische Grundlagen zur Sicherung mathematischer Grundkompetenzen (Stand: April 2012). Internet: https://www.bifie.at/system/files/dl/srdp_ma_konzept_2013-03-11.pdf. Zugriff: 18.11.2014.

Aulke, R. (Hrsg.) (2001): Situation – Ursprung der Bildung. Franz-Fischer-Jahrbuch. Leipzig: Univ.-Verlag.

Azevedo, R., Guthrie, J. T. & Seibert, D. (2004): The Role of Self-Regulated Learning in Fostering Students' Conceptual Understanding of Complex Systems with Hypermedia. In: Journal of Educational Computing Research 30 (1). 87–111.

Baker, S., Gersten, R. & Lee, D.-S. (2002): A Synthesis of Empirical Research on Teaching Mathematics to Low-Achieving Students. In: The Elementary School Journal 103 (1). 51–73.

Ball, D. L., Lubienski, S. & Mewborn, D. (2001): Research on teaching mathematics: The unsoveld problem of teachers´ mathematical knowledge. In: Richardson (2001): 433–456.

Baptist, P. & Winter, H. (2001): Überlegungen zur Weiterentwicklung des Mathematikunterrichts in der Oberstufe des Gymnasiums. In: Tenorth (2001): 54–77.

Baum, E., Till, S. & Heiner, U. (2012): Kollegialität und Kooperation in der Schule: Theoretische Konzepte und Empirische Befunde. Wiesbaden: VS Verlag für Sozialwissenschaften.

Beer, R. (2006): Qualitätsentwicklung durch Bildungsstandards? Ergebnisse einer Befragung der betroffenen Lehrerinnen und Lehrer in Wien – 2005. In: Eder et al. (2006): 253–264.

Beer, R. (2007): Bildungsstandards: Einstellungen von betroffenen Lehrerinnen und Lehrern. Wien/Berlin/Münster: Lit. Verlag.

Benesch, M. & Raab-Steiner, E. (2012): Der Fragebogen. 3. Auflage. Wien: UTB GmbH, facultas.wuv.

Berkemeyer, N. & Müller, S. (2010): Schulinterne Evaluation - Nur ein Instrument zur Selbststeuerung von Schulen? In: Altrichter (2010): 195–218.

Beutelspacher, A., Danckwerts, R., Nickel, G., Spies, S. & Wickel, G. (2011): Mathematik Neu Denken. Wiesbaden: Vieweg und Teubner.

BGB. (2014): Bundesrecht konsolidiert: Gesamte Rechtsvorschrift für Bildungsstandards im Schulwesen. Internet: https://www.ris.bka.gv.at/GeltendeFassung.wxe?Abfrage=Bundesnormen&Gesetzesnummer=20006166&ShowPrintPreview=True. Zugriff: 21.11.2014.

Biehl, J., Hopmann, S. & Ohlhaver, F. (1996): Wie wirken Lehrpläne? Modelle, Strategien, Widersprüche. In: Pädagogik 5. 32–35.

Bishop, A. J. (2003): Second International Handbook of Mathematics Education. Dordrecht, Boston: Kluwer Academic Publishers.

Bishop, J. H. & Wößmann, L. (2004): Institutional effects in a simple model of educational production. In: Education Economics 12 (1). 17–38.

Black, P., Harrison, C., Lee, C., Marshall, B. &Wiliam, D. (2003): Assessment for Learning: Putting it into practice. New York: Open University Press.

Black, P. & Wiliam, D. (1998): Inside the Black box: Raising Standards through Classroom Assessment. In: Phi Delta Kappan 80 (2): 139–148

Black, P. & Wiliam, D. (2006a): Inside the Black Box: Raising Standards through Classroom Assessment. London, United Kingdom: Gl Assessment.

Black, P. & Wiliam, D. (2006b): The Reliability of Assessments. In: Gardner (2012): 119–131.

Black, P. & Wiliam, D. (2012): Assessment for Learning in the Classroom. In: Gardner (2012): 11–33.

Black, P. J. & Atkin, J. M. (1996): Changing the subject: innovations in science, mathematics and technology education. London, New York: Routledge in association with OECD.

Blömeke, S. (2009): Handbuch Schule: Theorie - Organisation - Entwicklung. Bad Heilbrunn: Klinkhardt.

Blömeke, S. & Herzig, B. (2009): Schule als gestaltete und zu gestaltende Institution – Ein Systematischer Überblick über aktuelle und historische Schultheorien. In: Blömeke (2009): 15–28.

Bohl, T. (2004): Prüfen und Bewerten im offenen Unterricht. Weinheim: Beltz.

Bohl, T. (2005): Neuer Unterricht – Neue Leistungsbewertung. Grundlagen und Kontextbedingungen eines veränderten Bewertungsverständnisses. Internet: http://methodenpool.uni-koeln.de/benotung/3976-4000-1-bohl_leistungsbewertung_2te_version020505zo.pdf. Zugriff: 12.12.2014.

Bohl, T., Helsper, W., Holtappels, H.-G. & Schelle, C. (Hrsg.) (2010): Handbuch Schulentwicklung. Theorie – Forschungsbefunde – Entwicklungsprozesse – Methodenrepertoire. Bad Heilbrunn: Klinkhardt.

Bolam, R., McMohan, A., Stoll, L., Thomas, S. & Wallace, M. (2005): Creating and Sustaining Effective Professional Learning Communities. Research Report. London: Department for Education and Skills.

Bonsen, M. & Gathen, J. (2004): Schulentwicklung und Testdaten: Die innerschulische Verarbeitung von Leistungsrückmeldungen. In: Holtappels (2004): 225–250

Bonsen, M. & Rolff, H.-G. (2006): Professionelle Lerngemeinschaften von Lehrerinnen und Lehrern. In: Zeitschrift für Pädagogik 52 (2). 167–184.

Bortz, J. & Döring, N. (2006): Forschungsmethoden und Evaluation: Für Human- und Sozialwissenschaftler. 4. Springer-Lehrbuch. Heidelberg: Springer-Medizin-Verlag.

Boyatzis, R. E. (1982): The competent manager: A model for effective performance. New York: Wiley.

Bönsch, M. (2008): Faktoren für die Lehrergesundheit. Berufliches Selbstkonzept und das Konzept der guten Schule. In: Schulmagazin 5–10: Impulse für kreativen Unterricht 3. 53–56.

Bönsch, M. (2011): Heterogenität und Differenzierung: Gemeinsames und differenziertes Lernen in heterogenen Lerngruppen. Hohengehren: Schneider.

Brinkmann, G., Friedrich, L., Heiland, L. et. al. (1980): Theorie der Schule. Vol. 3160. Athenäum-Taschenbücher. Königstein/Ts: Athenäum Verlag.

Bromme, R., Seeger, F. & Steinbring, H. (1990): Aufgaben als Anforderungen an Lehrer und Schüler. Köln: Aulis-Verlag Deubner.

Bruder, R., Leuders, T. & Büchter, A. (2008): Mathematikunterricht entwickeln: Bausteine für kompetenzorientiertes Unterrichten. 1. Berlin: Cornelsen Scriptor.

Bruneforth, M. & Lassnig, L. (Hrsg.). (2012): Nationaler Bildungsbericht Österreich 2012, Band 1: Das Schulsystem im Spiegel von Daten und Indikatoren. Graz: Leykam.

Bullough, R. V. (2007): Professional Learning Communities and the Eight-Year Study. In: Educational Horizons 85 (3). 168–180.

Büchter, A. (2009): Mathematikaufgaben selbst entwickeln: Lernen Fördern - Leistung überprüfen. 4. Berlin: Cornelsen Scriptor.

Bühl, A. (2012): SPSS 20: Einführung in die moderne Datenanalyse. München: Pearson

Bürgermeister, A. (2012): Leistungsbeurteilung im Mathematikunterricht: Bedingungen und Auswirkungen von Beurteilungspraxis und Beurteilungsgenauigkeit. PhD thesis, Frankfurt a. M.: Goethe Universität.

Bürgermeister, A. (2013) Leistungsbeurteilung im Mathematikunterricht: Bedingungen und Auswirkungen von Beurteilungspraxis und Beurteilungsgenauigkeit. Münster: Waxmann.

Carpenter, T. P., Dossey, J. A. & Koehler, J. L. (Ed.) (2004): Classics in Mathematics Education Research. Reston/VA: National Council of Teachers of Mathematics.

Cochran-Smith, M. & Zeichner, K. M. (Ed.) (2006): Studying Teacher Education. Mahwah/N.J: Lawrence Erlbaum Associates.

Cuban, L. (1998): How Schools Change Reforms: Redefining Reform Success and Failure. In: The Teachers College Record 99 (3). 453–477.

Deci, E. L. & Ryan, R. M. (1993): Die Selbstbestimmungstheorie der Motivation und ihre Bedeutung für die Pädagogik. In: Zeitschrift für Pädagogik 39 (2). 223–238.

Demuth, R., Walther, G., Prenzel, M. (Hrsg.) (2011): Unterricht entwickeln mit SINUS. 10 Module für den Mathematik- und Sachunterricht in der Grundschule. Seelze: Klett Kallmeyer.

Ditton, H. (2000): Qualitätskontrolle und -sicherung in Schule und Unterricht – Ein Überblick zum Stand der Empirischen Forschung. In: Helmke et al. (2000): 73–92.

Ditton, H. (2002): Lehrkräfte und Unterricht aus Schülersicht. Ergebnisse einer Untersuchung im Fach Mathematik. In: Zeitschrift für Pädagogik 48 (2). 262–286.

Dubberke, T., Kunter, M., McElvany, N., Brunner, M. & Baumert, J. (2008): Lerntheoretische Überzeugungen von Mathematiklehrkräften: Einflüsse auf die Unterrichtsgestaltung und den Lernerfolg von Schülerinnen und Schülern. In: Zeitschrift für Pädagogische Psychologie 22(3-4). 193–206.

DuFour, R. (2006): Learning by Doing: A Handbook for Professional Learning Communities at Work. Bloomington/IN: Solution Tree Press.

Duit, R., Gropengießer, H. & Stäudel, L. (2004): Naturwissenschaftliches Arbeiten. Unterricht und Material 5–10. Seelze: Friedrich Verlag.

Eckey, H. F., Kosfeld, R. & Rengers, M. (2002): Multivariate Statistik. Wiesbaden: Betriebswirtschaftlicher Verlag Dr. Th. Gabler GmbH.

Eder, F., Gastager A. & Hofmann, F. (Hrsg.) (2006): Qualität durch Standards? Münster, München et al.: Waxmann.

Ehgartner, K. (2000, 2002, 2008): Maturabeispiele. Graz: Eigenverlag.

Eilerts, K., Hilligus, A., Kaiser, G. & Bender, P. (Hrsg.) (2011): Kompetenzorientierung in Schule und Lehrerbildung. Münster: Lit-Verlag.

Elbaz, F. (1983): Teacher Thinking: A Study of Practical Knowledge. London/New York: Croom Helm; Nichols Publishing Company.

Esser, H. (2002): Soziologie. Studienausgabe. Frankfurt: Campus Verlag.

Fend, H. (2006): Neue Theorie der Schule: Einführung in das Verstehen von Bildungssystemen. 1. Wiesbaden: VS, Verlag für Sozialwissenschaften

Fend, H. (2008): Schule gestalten: Systemsteuerung, Schulentwicklung und Unterrichtsqualität. 1. Wiesbaden: VS, Verlag für Sozialwissenschaften.

Fend, H. & Holtappels, H. G. (2005): Schulentwicklung und Schulwirksamkeit: Systemsteuerung, Bildungschancen und Entwicklung der Schule: 30 Jahre Institut für Schulentwicklungsforschung. Weinheim, München: Juventa-Verlag.

Ferrini-Mundy, J. & Floden, R. E. (2007): Educational Policy Research and Mathematics Education. In: Lester (2007): 1247–1279.

Fischer, R. (2001): Höhere Allgemeinbildung. In: Aulke (2001): 151–161.

Fischer, R., Greiner, U. & Bastel, H. (Hrsg.) (2012): Domänen fächerorientierter Allgemeinbildung. Linz: Trauner Verlag.

Fischer, R. (2012): Fächerorientierte Allgemeinbildung: Entscheidungskompetenz und Kommunikationsfähigkeit mit ExpertInnen. In: Fischer et al. (2012): 9–17.

Freudenthaler, H. & Specht, W. (2005): Bildungsstandards aus Sicht der Anwender: Evaluation der Pilotphase I zur Umsetzung Nationaler Bildungsstandards in der Sekundarstufe I. Graz: Zentrum für Schulentwicklung, Bundesministerium für Bildung, Wissenschaft und Kultur.

Freudenthaler, H. & Specht, W. (2006): Bildungsstandards: Der Implementationsprozess aus der Sicht der Praxis: Ergebnisse einer Fragebogen–Studie nach dem ersten Jahr der Pilotphase II. Graz: ZSE, Abt. Evaluation und Schulforschung.

Fuchs, K. (2013): Competencies – A new keyword in teaching meaningful mathematics. In: Journal of Teaching and Education 2 (4). 227–231.

Fuchs, K. & Blum, W. (2008): Selbständiges Lernen im Mathematikunterricht mit ‚beziehungsreichen` Aufgaben. In: Thonhauser (2008): 135–147.

Fussangel, K. (2008): Subjektive Theorien von Lehrkräften zur Kooperation: eine Analyse der Zusammenarbeit von Lehrerinnen und Lehrern in Lerngemeinschaften. PhD thesis, Wuppertal: Universität Wuppertal.

Fussangel, K. & Gräsel, C. (2012): Lehrerkooperation aus der Sicht der Bildungsforschung. In: Baum et al. (2012): 29–40.

Fussangel, K., Dizinger, V., Böhm-Kasper, O. & Gräsel, C. (2010): Kooperation, Belastung und Beanspruchung von Lehrkräften an Halb- und Ganztagsschulen. In: Unterrichtswissenschaft 38. 51–67.

Führer, L. (1998): Mathematikunterricht nach dem 7. Schuljahr - warum eigentlich für alle? In: Neue Sammlung 38 (4). 489–511.

Fürstenau, S., Gomolla, M. (Hrs.) (2009): Migration und schulischer Wandel: Unterricht.Wiesbaden: VS Verlag für Sozialwissenschaften.

Gardner, J. (Hrsg.) (2006): Assessment and Learning. Los Angeles et al.: Sage.

Gardner, J. (Hrsg.) (2012): Assessment and Learning. Los Angeles et al.: Sage.

Gellert, U., Espinoza, L. & Barbé, J. (2013): Being a Mathematics Teacher in Times of Reform. In: ZDM. 1–11.

Gräsel, C., Fußangel, K., C. Pröbstel et. al. (2006): Lehrkräfte zur Kooperation anregen – eine Aufgabe für Sisyphos? In: Zeitschrift für Pädagogik 52 (2). 205–219.

Greve, J. (2009): Jürgen Habermas: Eine Einführung. Konstanz: UVK Verlagsgesellschaft

Greve, W. (2000): Psychologie des Selbst. Weinheim: Beltz, Psychologie-Verlag-Union.

Haider, G. & Schreiner, C. (Hrsg.) (2006): Die PISA-Studie. Wien: Böhlau.

Halfhide, T. (2009): Teamteaching. In: Fürstenau et al. (2009): 103–120.

Handal, B. (2003): Teachers` Mathematical Beliefs: A Review. In: The Mathematics Educator 13(2). 47–57.

Harlen, W. (2012): On the Relationship Between Assessment for Formative and Summative Purposes. In: Gardner (2012): 87–102.

Hattie, J. (2009): Visible Learning: A synthesis of meta-analyses relating to achievement. London: Routledge.

Helmke, A., Hornstein, W. & Tenorth, E. (Hrsg.) (2000): Qualität und Qualitätssicherung im Bildungsbereich: Schule, Sozialpädagogik. Weinheim: Beltz.

Hentig, H. von (2008): Die Schule neu denken: Eine Übung in pädagogischer Vernunft. 5. Weinheim et al.: Beltz.

Heritage, M. (2007): What Do Teachers Need to Know and Do? In: Phi Delta Kappan 89 (2). 140–145.

Herzog-Punzenberger, B. (Hrsg.) (2012): Nationaler Bildungsbericht Österreich 2012, Band 2: Fokussierte Analysen bildungspolitischer Schwerpunktthemen. Graz: Leykam.

Heymann, H. W. (2000): Was ist guter Mathematikunterricht? In: Landesinstitut für Schule und Weiterbildung (Hrsg.). Was ist guter Fachunterricht? Beiträge zur Fachwissenschaftlichen Diskussion. 89–104. Bönen: Verlag für Schule und Weiterbildung.

Hochweber, J. (2010): Was erfassen Mathematiknoten? Korrelate von Mathematik-Zeugniszensuren auf Schüler- und Schulklassenebene in Primar- und Sekundarstufe. Münster et. al.: Waxmann.

Holmeier, M. (2013): Leistungsbeurteilung im Zentralabitur. Vol. 22. Wiesbaden: Springer

Holtappels, H. G. (Hrsg.) (2004): Jahrbuch der Schulentwicklung. Weinheim/München: Juventa.

Holzäpfel, L., Leuders, T., Barzel, B. & Streit. C. (2011): Mathematik unterrichten: planen, durchführen, reflektieren. Berlin: Cornelsen.

Hoy, W. K. & Miskel, C. G. (2006): Contemporary Issues in Educational Policy and School Outcomes. Greenwich/Conn: IAP – Information Age Publishers.

Jablonka, E. (2003): Mathematical Literacy. In: Bishop (2003): 77–104.

Killus, D. & Gottmann, C. (2012): Schulübergreifende und schulinterne Kooperation in Schulnetzwerken. In: Baum et al. (2012): 149–165.

Kiper, H., Meyer, H. & Topsch, W. (Hrsg.) (2002): Einführung in die Schulpädagogik. Berlin: Cornelsen Scriptor.

Klieme, E. (2004): Was sind Kompetenzen und wie lassen sie sich messen? In: Pädagogik 6. 10–13.

Klieme, E. (2010): Leistungsbeurteilung und Kompetenzmodellierung im Mathematikunterricht. Projekt Co2CA. In: Zeitschrift für Pädagogik Beiheft 56. 64–74.

Klieme, E. & Hartig, J. (2007): Kompetenzkonzepte in den Sozialwissenschaften und im erziehungswissenschaftlichen Diskurs. In: Prenzel et al. (2007): 11–29.

Klieme, E. & Leutner, D. (2006): Kompetenzmodelle zur Erfassung individueller Lernergebnisse und zur Bilanzierung von Bildungsprozessen. Beschreibung eines neu eingerichteten Schwerpunktprogramms der DFG. In: Zeitschrift für Pädagogik 52 (6). 876–903.

Klieme, E., Avenarius, H., Blum, W., Döbrich, P., Gruber, H., Prenzel, M., Reiss, K. et al. (2007): Zur Entwicklung nationaler Bildungsstandards. Bonn/Berlin: Eine Expertise: Bundesministerium für Bildung und Forschung.

Klieme, E., Lipowsky, F. Rakoczy, K. & Ratzka, N. (2006): Qualitätsdimensionen und Wirksamkeit von Mathematikunterricht. In: Untersuchungen zur Bildungsqualität von Schule, Abschlussbericht des DFG-Schwerpunktprogramms. 127–146.

Klippert, H. (2006): Lehrerentlastung: Strategien zur wirksamen Arbeitserleichterung in Schule und Unterricht. Weinheim/Basel: Beltz.

Konrad, K. (2008): Erfolgreich selbstgesteuert lernen. Bad Heilbrunn: Klinkhardt.

Kruse, S., Louis, K. S. & Bryk, A. (1994) Building Professional Community in Schools. In: Issues in Restructuring Schools 6 (3). 67–71.

Kuper, H. & Kapelle, N. (2012): Lehrerkooperation aus organisationssoziologischer Sicht. In: Baum et al. (2012): 41–51.

Labudde, P., Reinders Duit, D., Fickermann, H., Fischer, U. & Harms, H. (2009): Schwerpunkttagung „Kompetenzmodelle und Bildungsstandards: Aufgaben für die Naturwissenschaftsdidaktische Forschung." In: Zeitschrift für Didaktik der Naturwissenschaften 15. 343–370.

Lampert, M. (2004): When the problem is not the question and the solution is not the answer: Mathematical knowing and teaching. In: Carpenter et al. (2004): 152–171.

Lange, J. de. (2007): Large-scale assessment and mathematics education. In: Lester (2007): 1111–1142.

Lersch, R. (2007): Kompetenzfördernd unterrichten. 22 Schritte von der Theorie: Umgang mit Heterogenität. Pädagogik 12. 36–43.

Lester, F. K. (2007): Second Handbook of Research on Mathematics Teaching and Learning: A Project of the National Council of Teachers of Mathematics. Charlotte/NC: Information Age Pub.

Leuders, T. (2011): Kompetenzorientierung – Eine Chance für die Weiterentwicklung des Mathematikunterrichts? In: Eilerts et al. (2011): 1–20.

Leuders, T. (2011): Modellierungen mathematischer Kompetenzen–Kriterien für eine Validitätsprüfung aus fachdidaktischer Sicht. In: Journal für Mathematik-Didaktik, 1–42.

Lind, G., Kroß, A. & Mayer, J. (1998): BLK-Programmförderung „Steigerung der Effizienz Des Mathematisch-Naturwissenschaftlichen Unterrichts": Naturwissenschaftliche Arbeitsweisen Im Unterricht. PhD thesis, Kiel: Universität Kiel.

Lissmann, U. (2010): Leistungsbeurteilung gestern, heute und morgen. Internet: Online, Fachgebiet Pädagogische Psychologie. www.erzwissonline.de. Zugriff: 05.07.2014.

Maag Merki, K. (2010): Theoretische und empirische Analysen der Effektivität von Bildungsstandards, standardbezogenen Lernstandserhebungen und zentralen Abschlussprüfungen. In: Altrichter et al. (2010): 145–169.

Maag Merki, K. (Hrsg.) (2012): Zentralabitur: Die längsschnittliche Analyse der Wirkungen der Einführung zentraler Abiturprüfungen in Deutschland. Wiesbaden: VS Verlag für Sozialwissenschaften.

Madaus, G. F., Russell, M. K. & Higgins, J. (2009): The Paradoxes of High Stakes Testing: How they affect students, their parents, teachers, principals, schools, and society. Charlotte/NC: Information Age Pub.

Maier, U. (2010): Formative Assessment – Ein erfolgversprechendes Konzept zur Reform von Unterricht und Leistungsmessung? In: Zeitschrift für Erziehungswissenschaft 13 (2). 293–308.

Maier, U., Metz, K., Bohl, T., Kleinknecht, M. & Schymala, M. (2012): Vergleichsarbeiten als Instrument der datenbasierten Schul- und Unterrichtsentwicklung in Gymnasien. In: Wacker et al. (2012a): 197–224.

Mandl, H. & Huber, G. L. (1983): Subjektive Theorien von Lehrern. In: Psychologie in Erziehung und Unterricht 30. 98–112.

Marzano, R. J., Mayeski, F. & Dean, C. B. (2000): Research into Practice Series: Implementing Standards in the Classroom. Aurora/CO: Mid-continent Research for Education. Learning.

McCaffrey, D. F., Hamilton, L. S., Stecher, B. M., Klein, S. P., Bugliari, D. & Robyn, A. (2001): Interactions among Instructional Practices, Curriculum, and Student Achievement: The Case of Standards-Based High School Mathematics. In: Journal for Research in Mathematics Education 32 (5). 493–517.

Mertler, C. A. (2003): Preservice versus inservice teachers` Assessment Literacy: Does classroom experience make a difference? In: Paper presented at the annual meeting of the Mid-Western Educational Research Association. Columbus: ERIC.

Meyer, H. (2002): Unterrichtsmethoden. In: Kiper et al. (2002): 109–121.

Meyer, H. L. & Junghans, C. (1997): Schulpädagogik. 1. Berlin: Cornelsen Scriptor.

Mulder, M. (2007): Kompetenz – Bedeutung und Verwendung des Begriffs in der Beruflichen Erstausbildung und Weiterbildung. In: Europäische Zeitschrift für Berufsbildung 40 (1). 5–24.

Murayama, K., Pekrun, R., Lichtenfeld, S. & vom Hofe, R. (2012): Predicting Long-Term Growth in Students' Mathematics Achievement: The Unique Contributions of Motivation and Cognitive Strategies. In: Child Development 84. 1475–1490.

Münchhausen, G. & Bohlinger, S. (2011): Validierung von Lernergebnissen - Recognition and Validation of Prior Learning. 1. Bielefeld: Bertelsmann, W..

Neubrand, J. (2002): Eine Klassifikation mathematischer Aufgaben zur Analyse von Unterrichtssituationen: Selbsttätiges Arbeiten in Schülerarbeitsphasen in den Stunden der TIMSS-Video-Studie. Hildesheim et al.: Franzbecker.

Neureiter, H. & Schreiner, C. (2009): Kompetenzen und Einstellungen als Ergebnisse. In: Specht (2009): 116–139.

Newmann, F. M. (1994): School Wide Professional Community. Issues in Restructuring Schools. Madison: ERIC.

Nuthall, G. (2005): The cultural myths and realities of classroom teaching and learning: A personal journey. In: The Teachers College Record 107 (5). 895–934.

OECD (2007: Naturwissenschaftliche Kompetenz für die Welt von morgen. Paris: OECD.

Oelkers, J. & Reusser, K. (2008): Expertise: Qualität entwickeln – Standards sichern – mit Differenz umgehen. Vol. 27. Bonn: Bundesministerium für Bildung und Forschung

Olson, D. R. (2003): Psychological Theory and Educational Reform: How School Remakes Mind and Society. Cambridge/New York: Cambridge University Press.

Oser, F., Hascher, T. & Spychiger, M. (1999): Lernen aus Fehlern – Zur Psychologie des „negativen" Wissens. In: Althof (1999): 11–41.

Parsons, T. (1977) Sozialstruktur und Persönlichkeit. 2. Vol. 7. Frankfurt am Main: Fachbuchhandlung für Psychologie et al..

Parsons, T. & Platt, G. M. (1990): Die amerikanische Universität: Ein Beitrag zur Soziologie der Erkenntnis. 1. Frankfurt am Main: Suhrkamp.

Pedder, D. & James, M. (2012): Professional Learning as a Condition for Assessment for Learning. In: Gardner (2012): 33–48.

Pedulla, J. J., Abrams, L. M., Madaus, G. F., Russell, M. K., Miguel, A. R. & Miao, J. (2003): Perceived Effects of State-Mandated Testing Programs on Teaching and Learning: Findings from a National Survey of Teachers. Chestnut Hill, MA: National

Board on Educational Testing and Public Policy, Lynch School of Education, Boston College.

Pellegrino, J. W., Chudowsky, N. & Glaser, R. (2001): Knowing what Students Know: The Science and Design of Educational Assessment. Washington, DC: National Academy Press.

Peschek, W. (2012): Aufgabenschwierigkeit und „Teaching to the Test„. Internet: http://www.uni-klu.ac.at/idm/downloads/Peschek_teaching_to_the_test.pdf. Zugriff: 05.08.2014.

Peschek, W. (2012b): Projekt „Standardisierte schriftliche Reifeprüfung in Mathematik". Grundkompetenzen konkret: Exemplarische Aufgaben und Aufgabenstellungen. Internet: http://www.uni-klu.ac.at/idm/downloads/GK_Aufgaben.pdf. Zugriff: 14.01. 2016.

Peschek, W. & Schneider, E. (2006): PISA Mathematik: Die österreichischen Ergebnisse aus fachdidaktischer Sicht. In: Haider, G. & Schreiner, C. (2006): 73–79.

Phelps, R. P. (2000): Trends in Large-Scale Testing Outside the United States. In: Educational Measurement Issues and Practise (EM:IP) 19 (1). 11–21.

Prediger, S. & Wittmann, G. (2009): Aus Fehlern lernen – (wie) ist das möglich? In: Praxis der Mathematik in der Schule 51 (3). 1–8.

Prenzel, M., Gogolin, I. & Krüger, H.-H. (Hrsg.) (2007): Kompetenzdiagnostik. Wiesbaden: VS Verlag für Sozialwissenschaften.

Prenzl, N., Stadler, M. & Ostermeier, C. (2007): Abschlussbericht zum Programm SINUS-Transfer: „Steigerung Der Effizienz des mathematisch-naturwissenschaftlichen Unterrichts." Internet: http://www.sinus-transfer.uni-bayreuth.de/fileadmin/MaterialienBT/Schlussbericht_ST.pdf. Zugriff: 20.07.2014.

Pröbstel, C. H. & Soltau, A. (2012): Wieso Lehrkräfte (nicht) kooperieren – Die Bedeutung „personaler Faktoren" in der Zusammenarbeit am Arbeitsplatz Schule. In: Baum et al. (2012): 55–75.

Rammstedt, B. (2004): Zur Bestimmung der Güte von Multi-Item-Skalen: Eine Einführung. Internet: http://www.gesis.org/fileadmin/upload/forschung/publikationen/gesis _reihen/howto/how-to12br.pdf. Zugriff: 15.07.2014.

Ravitch, D. (1995): National Standards in American Education: A Citizen's Guide. Washington, DC: Brookings Inst. Press.

Reusser, K. & Halbheer, U. (2008): Bildungsstandards als Ausgangspunkt für Unterrichtsentwicklung. In: Beiträge zur Lehrerbildung 26 (3). 304–317.

Reusser, K. & Tremp, P. (2008): Diskussionsfeld „Berufliche Weiterbildung von Lehrpersonen". In: Beiträge zur Lehrerbildung 26 (1). 5–10.

Rheinberg, F. (2001): Bezugsnormen und schulische Leistungsbeurteilung. In: Weinert (2001): 59–72.

Richardson, V. (Ed.). (2001): Handbook of Research on Teaching. 4. Washington DC: American Educational Research Association.

Rieck, K. (2011): Kennzeichen guter Aufgaben. In: Demuth et al. (2011): 24–32.

Roeder, P. M. (2003): TIMSS und PISA - Chancen eines neuen Anfangs in Bildungspolitik, -Planung, -Verwaltung und Unterricht. Endlich ein Schock mit Folgen? In: Zeitschrift für Pädagogik 49 (2). 180–197.

Rosenholtz, S. J. (1991): Teacher's Workplace: The Social Organization of Schools. New York: Teachers College Press.

Rothland, M. (2012): Lehrerbildung und Lehrerkooperation: Programmatik, Ausbildungsrealität und Befunde zu den Voraussetzungen von Lehramtsstudierenden für die kollegiale Zusammenarbeit im Beruf. In: Baum et al. (2012): 191–204.

Rürup, M. & Bormann, I. (Hrsg.) (2013): Innovationen im Bildungswesen. Analytische Zugänge und empirische Befunde. Wiesbaden: Springer.

Salchegger, S. (2013): Veränderungen der Mathematikkompetenz seit PISA 2003 im Ländervergleich. In: Schwantner et al. (2013): 26–29.

Schmich, J. & Schreiner, C. (Hrsg.) (2009): TALIS 2008. Schule als Lernumfeld und Arbeitsplatz. Erste Ergebnisse des internationalen Vergleichs. Graz: Leykam.

Schneeberger, A. & Kastenhuber, B. (2002): Relevanz von PISA 2000 für die Bildungspolitische Diskussion in Österreich: Daten und Argumente zum internationalen Vergleich der Schülerleistungen aus Lesen, Mathematik und Naturwissenschaften. Wien: Ibw.

Schott, F. & Azizighanbari, S. (2008): Kompetenzdiagnostik, Kompetenzmodelle, kompetenzorientierter Unterricht: Zur Theorie und Praxis überprüfbarer Bildungsstandards. ComTrans - ein theoriegeleiteter Ansatz zum Kompetenztransfer als Diskussionsvorlage. Münster et al.: Waxmann.

Schreiner, C. & Breit. S. (2012): Standardüberprüfung 2012 Mathematik, 8. Schulschufe, Bundesergebnisse. Internet: https://www.bifie.at/system/files/dl/01_BiSt-UE_M8_2012_Bundesergebnisbericht.pdf. Zugriff: 21.11.2014.

Schreiner, C. & Schwantner, U. (2013): PISA 2012: Erste Ergebnisse – Zusammenfassung. In: Schwantner et al. (2013): 56–59.

Schuler, H. (Hrsg.) (2004): Organisationspsychologie – Gruppe und Organisation. Göttingen: Hogrefe.

Schulz, A. (2010): Ergebnisorientierung als Chance für den Mathematikunterricht? Innovationsprozesse qualitativ und quantitativ erfassen. München: Utz.

Schwantner, U., Toferer, B. & Schreiner, C. (Hrsg.) (2013): PISA 2012. Graz: Leykam.

Sebba, J. (2012): Policy and Practice in Assessment for Learning: The Experience of Selected OECD countries. In: Gardner (2012): 157–170.

Specht, W. (2006): Qualität durch Bildungsstandards: Von den Mühen der Ebene. Entwicklung und Implementierung von Bildungsstandards in Österreich. In: Eder (2006): 13–21.

Specht, W. (Hrsg.) (2009): Nationaler Bildungsbericht Österreich 2009. Graz: Leykam.

Spieß, E. (2004): Kooperation und Konflikt. In: Schuler (2004): 193–247.

Spillane, J. P., Reiser, B. J. & Reimer, T. (2002): Policy Implementation and Cognition: Reframing and Refocusing Implementation Research. In: Review of Educational Research 72 (3). 387–431.

Spitzer, M. (2009): Lernen: Gehirnforschung und die Schule des Lebens. 1. Heidelberg: Spektrum. Akad. Verlag.

Stäudel, L. (2007): Sinus Transfer: Modul 3 „Aus Fehlern lernen". Internet: http://www.sinus-transfer.de/fileadmin/MaterialienBT/Modul_3_Staeudel.pdf. Zugriff: 05.01.2015

Suchan, B., Wallner-Paschon, C. & Bergmüller, S. (2009): Profil der Lehrkräfte und der Schulen. In: Schmich & Schreiner (2009): 16–30.

Tenorth, H.-E. (Hrsg.) (2001): Kerncurriculum Oberstufe. Mathematik – Deutsch – Englisch. Expertisen – im Auftrag der KMK. Weinheim: Beltz.

Terhart, E., Bennewitz, H. & Rothland, M. (Hrsg.) (2011): Handbuch der Forschung zum Lehrerberuf. Münster et al.: Waxmann.

Thonhauser, J. (Hrsg.) (2008): Aufgaben als Katalysatoren von Lernprozessen. Münster et al.: Waxmann

Toferer, B. & Stöckl, E. (2009): Befindlichkeit als Ergebnis: Schul- und Unterrichtsklima im internationalen Vergleich sowie im Vergleich zwischen den österreichischen Schulsparten Unterricht, Klassen- und Schulklima aus Sicht von 15/16-jährigen Schüler/inne/n in Österreich (PISA 2006). In: Specht (2009): 158–161.

Tomasello, M. (2011): Die Ursprünge der menschlichen Kommunikation. 1. Berlin: Suhrkamp.

Trempler, K., Schellenbach-Zel, J. & Gräsel, C. (2013): Der Einfluss der Motivation von Lehrpersonen auf den Transfer von Innovationen. In: Rürup et al. (2013): 329–347

Vescio, V., Ross, D. & Adams, A. (2008): A Review of Research on the Impact of Professional Learning Communities on Teaching Practice and Student Learning. In: Teaching and Teacher Education 24. 80–91.

Vogtenhuber, S., Lassnigg, L. Gumpoldsberger, H. Schwantner, U. Suchań, B. et al. (2013): Indikatoren D: Output–Ergebnisse des Schulsystems. In: Brundeforth & Lassnig (2013): 111–164.

Vollrath, H.-J., and J. Roth. 2012. Grundlagen Des Mathematikunterrichts in Der Sekundarstufe. 2. Heidelberg: Spektrum Akademischer Verlag.

Wacker, A., Maier, U. & Wissinger, J. (Hrsg.) (2012a): Schul- und Unterrichtsreform durch ergebnisorientierte Steuerung. Empirische Befunde und forschungsmethodische Implikationen. Wiesbaden: Springer.

Wacker, A., Maier, U. & Wissinger, J. (2012b): Ergebnisorientierte Steuerung – Bildungspolitische Strategie und Verfahren zur Initiierung von Schul- und Unterrichtsformen. In: Wacker et al. (2012a): 9–33.

Walther, G. (2011): Die Entwicklung allgemeiner mathematischer Kompetenzen fördern. In: Demuth et al. (2011): 15–23.

Weinert, F. E. (Hrsg.) (2001): Leistungsmessungen in Schulen. Weinheim: Beltz.

Wilcox, S., Schram, P., Lappan, G. & Lanier, P. (1991): The Role of a Learning Community in Changing Preservice Teachers' Knowledge and Beliefs About Mathematics Education. In: For the Learning of Mathematics 11(3). 31–39.

Wiliam, D. (2007): Keeping Learning on Track: Classroom Assessment an the Regulation of Learning. In: Lester (2007): 1053–1098.

Wilson, L. D. (2007: High-Stakes Testing in Mathematics. In Lester (2007):1099–1110.

Wilson, S. M. & Youngs, P. (2006): Research on Accountability Processes in Teacher Education. In: Cochran-Smith & Zeichner (2006): 591–643.

Wissinger, J. (2007): Educational Governance. Handlungskoordination und Steuerung im Bildungssystem. 1. Wiesbaden: VS Verl. für Sozialwissenschaft.

Wissinger, J. (2011): Schulleitung und Schulleitungshandeln. In: Terhart et al. (2011): 98–115.

Wissinger, J. (2010): Leitungs- und Führungstheorien. In: Bohl et al. (2010): 203–209.

Wößmann, L. (2005): Ursachenkomplexe der PISA-Ergebnisse: Untersuchungen auf Basis internationaler Mikrodaten. Ifo Institut für Wirtschaftsforschung, Universität München. In: Tertium Comparationis Journal für international und interkulturell vergleichende Erziehungswissenschaft 11 (2). 152–176.

Zlatkin-Troitschanskaia, O. (2006): Steuerbarkeit von Bildungssystemen mittels politischer Reformstrategien. Interdisziplinäre theoretische Analyse und empirische Studie zur Erweiterung der Autonomie im öffentlichen Schulwesen. Frankfurt am Main/New York: Lang.

Abbildungs- und Tabellenverzeichnis

Abbildungsverzeichnis

Anhang – Fragebogen (Auszug)

Es gibt keine richtigen oder falschen Antworten. Die alleinige Frage ist, wie Sie als Profi mit den Themen umgehen.

1. Art der Schule (BRG, BG, ORG, WikuRG.....)

2. Geschlecht

weiblich ☐   männlich ☐

3. Alter

4. Bitte kreuzen Sie alle jene Schulstufen der Oberstufe an, in denen Sie derzeit Mathematik unterrichten.

9. ☐	10. ☐	11. ☐	12. ☐	(13.) ☐

5. Anzahl Ihrer bisherigen, bereits absolvierten, Maturajahrgänge als Lehrkraft für Mathematik

0 ☐	1-2 ☐	3-4 ☐	4-5 ☐	>5 ☐

6. Abgesehen von Mathematik unterrichten Sie noch _____

_____.

7. Wie viele Jahre sind Sie bereits als Lehrer/in nach Abschluss der Ausbildung tätig?

seit _____ Jahren

8. Wie viele Jahre davon unterrichten Sie Mathematik? _____ Jahre

2

Mit **neuer sRP** ist **die zentrale standardisierte schriftliche Reifeprüfung** an allgemeinbildenden höheren Schulen in der **ab Haupttermin 2015** verpflichtenden Form in Österreich zu verstehen.

	Bitte kreuzen Sie an, in welchem Maß Sie persönlich den folgenden Aussagen zustimmen.	stimme nicht zu	stimme eher nicht zu	stimme eher zu	stimme sehr zu
1.	Mit der neuen sRP können Schüler/innen am Ende ihrer Schulzeit ihren Kompetenzerwerb im Fach Mathematik besser als mit der alten Form unter Beweis stellen.	☐	☐	☐	☐
2.	Das Konzept der neuen sRP in Mathematik treibt die Qualitätsentwicklung im Unterrichtsfach Mathematik voran.	☐	☐	☐	☐
3.	Ich bin durch die neue sRP gezwungen auf eine Art zu unterrichten, die meinen eigenen Ideen von gutem Mathematikunterricht widerspricht.	☐	☐	☐	☐
4.	Ich befürchte, die Verantwortlichen glauben, Ergebnisse der neuen sRP spiegeln die Qualität des M-Unterrichts der Lehrpersonen wider.	☐	☐	☐	☐
5.	Ich habe wenig Zeit, mathematische Bereiche zu lehren, die nicht bei der sRP abgebildet werden.	☐	☐	☐	☐
6.	Die neue sRP Mathematik trägt besser als die bisherige zu grundlegenden Fähigkeiten bei.	☐	☐	☐	☐
7.	Die neue sRP Mathematik trägt besser als die bisherige zu gesellschaftlich relevanten Fähigkeiten bei.	☐	☐	☐	☐
8.	Die Leitung übt auf uns Lehrer/innen Druck für ein gutes Abschneiden der Schüler/innen bei der neuen sRP aus.	☐	☐	☐	☐
9.	Die Schulaufsicht kann durch Überprüfung der Ergebnisse der neuen sRP meine Arbeit als Lehrperson besser beurteilen.	☐	☐	☐	☐
10.	Durch die Formulierung und Überprüfung von mathematischen Grundkompetenzen bei der neuen sRP wird die Arbeit von Lehrpersonen für breite Bevölkerungsschichten vergleichbarer.	☐	☐	☐	☐
11.	Die neue sRP Mathematik trägt besser als die bisherige zu längerfristig verfügbaren mathematischen Fähigkeiten bei.	☐	☐	☐	☐
12.	Die Öffentlichkeit übt Druck für ein gutes Abschneiden der Schüler/innen bei der neuen sRP Mathematik aus.	☐	☐	☐	☐
13.	Die neue sRP Mathematik trägt dazu bei, die Studierfähigkeit in facheinschlägigen Studienrichtungen zu verbessern.	☐	☐	☐	☐
14.	Es gibt vermutlich viele Lehrkräfte, die Wege und Mittel für ein gutes Abschneiden ihrer Schüler/innen bei der neuen sRP Mathematik finden werden, ohne dass sich die Qualität ihres Unterrichts verbessert.	☐	☐	☐	☐
15.	Ich fühle mich von Elternseite unter Druck, dass ihre Kinder bei der neuen sRP gute Ergebnisse erzielen.	☐	☐	☐	☐
16.	Die neue sRP Mathematik trägt besser als die bisherige zur flexiblen Nutzung von mathematischem Grundwissen bei.	☐	☐	☐	☐
17.	Die neue sRP Mathematik trägt dazu bei, die allgemeine Studierfähigkeit zu verbessern.	☐	☐	☐	☐

3

		stimme nicht zu	stimme eher nicht zu	stimme eher zu	stimme sehr zu
18.	Die neue sRP trägt besser als die bisherige zu Reflexion(swissen) im Fach Mathematik bei.	☐	☐	☐	☐
19.	Die neue sRP Mathematik gewährleistet höchstmögliche Transparenz u. Vergleichbarkeit der Prüfungsanforderungen.	☐	☐	☐	☐
20.	Die neue sRP Mathematik ist nur eine neue Modeerscheinung.	☐	☐	☐	☐
21.	Die neue Art der neuen sRP Mathematik gibt zuverlässige Aussagen über tatsächlich erworbenes Wissen und Können.	☐	☐	☐	☐
22.	Ich fühle mich für ein gutes Abschneiden meiner Schüler/innen bei der neuen sRP verantwortlich.	☐	☐	☐	☐
23.	Ich sehe mich im Bezug auf die neue sRP nur als Lerncoach.	☐	☐	☐	☐
24.	Die neue sRP trägt besser als die bisherige zu mehr Handlungswissen und –können im Fach Mathematik bei.	☐	☐	☐	☐

25. Kreuzen Sie drei Kompetenzen an, die Ihrer Information nach bei der neuen sRP Grundkompetenzen darstellen!

☐ Grafisch oder durch eine Gleichung(Formel) gegebene Zusammenhänge der Art
$f(x) = a \cdot \sin(bx+c) + d$ erkennen

☐ Das systemdynamische Verhalten von Größen durch Differenzengleichungen beschreiben bzw. diese im Kontext deuten können

☐ Einfache Differentialgleichungen der Form $y' = k \cdot y$ lösen können

☐ Den Zusammenhang zwischen Funktion und Ableitungsfunktion (bzw. Funktion und Stammfunktion) in deren grafischer Darstellung erkennen und beschreiben können

☐ Situationen erkennen können, in denen mit Normalverteilung modelliert werden kann

☐ Den Begriff Asymptote kennen und im Kontext deuten können

☐ Typische Verläufe von Graphen in Abhängigkeit vom Grad der Polynomfunktion (er)kennen

☐ Lineare Gleichungssysteme in drei Variablen geometrisch deuten können

☐ Prozentrechnungen sicher durchführen und entsprechende Terme interpretieren können

Beziehen Sie sich bei den folgenden Fragen bitte ausschließlich auf Ihre Arbeit in jener ihrer M-Klassen, die sich derzeit in der höchsten Schulstufe befindet.

26. Kreuzen Sie beliebig viele Bereiche an, in denen Sie ihrer Einschätzung nach viel wissen!

☐ Didaktik der Funktionalen Abhängigkeiten ☐ Didaktik der Statistik und Wahrscheinlichkeit
☐ Didaktik der Analysis ☐ Didaktik der Algebra und Geometrie
☐ Leistungsfeststellung ☐ Einsatz von Methoden
☐ Leistungsrückmeldung ☐ Wirkung von Methoden
☐ Leistungsbeurteilung ☐ Leistungsförderung

☐ Sonstiges wie:...

27. Kreuzen Sie beliebig viele Bereiche an, in denen Sie gerne mehr wissen möchten.

☐ Didaktik der Funktionalen Abhängigkeiten ☐ Didaktik der Statistik und Wahrscheinlichkeit
☐ Didaktik der Analysis ☐ Didaktik der Algebra und Geometrie
☐ Leistungsfeststellung ☐ Einsatz von Methoden
☐ Leistungsrückmeldung ☐ Wirkung von Methoden
☐ Leistungsbeurteilung ☐ keine
☐ Leistungsförderung

☐ Sonstiges wie:...

5

Wie häufig kommen die folgenden Aktivitäten in Ihrem Unterricht in ihrer derzeit höchsten Schulstufe vor?	sehr selten	selten	eher selten	eher häufig	häufig	sehr häufig
34. Die Schüler/innen bewerten die Arbeit anderer Schüler/innen in der Klasse.	☐	☐	☐	☐	☐	☐
35. Die Schüler/innen dokumentieren ihren Lernfortschritt	☐	☐	☐	☐	☐	☐
36. Die Schüler/innen bewerten ihre eigene Arbeit anhand von Kriterien, die in der Klasse bekannt sind.	☐	☐	☐	☐	☐	☐
37. Die Schüler/innen führen Fehleranalysen durch.	☐	☐	☐	☐	☐	☐
38. Ich bewerte die mündliche Arbeit der Schüler/innen(zB +, -..) u. vermerke die Bewertungen.	☐	☐	☐	☐	☐	☐
39. Einzelne Schüler/innen diskutieren mit mir über ihre/seine Leistungsbeurteilung in Mathematik.	☐	☐	☐	☐	☐	☐
40. Ich bewerte Hausübungen (zB +, -..) und ziehe die Bewertung zur Beurteilung heran.	☐	☐	☐	☐	☐	☐
41. Ich gebe einzelnen Schüler/innen verbale Rück-meldungen über ihre schriftliche Arbeit im Unterricht.	☐	☐	☐	☐	☐	☐
42. Ich bespreche ausführlich die Ergebnisse einer Schularbeit und die aufgetretenen Fehler.	☐	☐	☐	☐	☐	☐
43. Ich gebe den Schüler/innen verbale Rückmeldungen über ihre mündliche Arbeit im Unterricht.	☐	☐	☐	☐	☐	☐
44. Ich bewerte durchgeführte Verbesserungen und vermerke die Bewertungen zur Beurteilung.	☐	☐	☐	☐	☐	☐
45. Ich bewerte Kompetenzkontrollen (zB +, -..) und vermerke die Bewertungen.	☐	☐	☐	☐	☐	☐
46. Ich bespreche mit den Schüler/innen ihren Lernfortschritt.	☐	☐	☐	☐	☐	☐
47. Ich gebe den Schüler/innen verbale Rückmeldungen über im Unterricht bearbeitete Aufgaben.	☐	☐	☐	☐	☐	☐
48. Ich führe Kompetenzkontrollen durch, die ich nicht bewerte(zB +, -..).	☐	☐	☐	☐	☐	☐

Eine/r Ihrer Schüler/innen bearbeitete eine Aufgabe zu Grundlagen an der Tafel oder in ähnlicher Form vor der Klasse. Welche Art von Rückmeldung geben Sie in solchen Situationen?	sehr selten	selten	eher selten	eher häufig	häufig	sehr häufig
49. Ich vergebe nur eine Bewertung(zB +, -..), die ich vermerke.	☐	☐	☐	☐	☐	☐
50. Ich vermerke eine Bewertung(zB +, -..) und gebe einen verbalen Kommentar.	☐	☐	☐	☐	☐	☐
51. Ich lasse die/den Schüler(in)/ ihre/seine Leistung selbst einschätzen u. kommentiere die Einschätzung.	☐	☐	☐	☐	☐	☐
52. Ich gebe nur eine verbale Rückmeldung.	☐	☐	☐	☐	☐	☐
53. Die Mitschüler/innen bewerten die Leistung der Schülerin/ des Schülers.	☐	☐	☐	☐	☐	☐
54. Ich gebe keine unmittelbare Rückmeldung.	☐	☐	☐	☐	☐	☐

7

Die nachfolgenden Fragen beantworten Sie bitte wieder im Bezug auf **jene ihrer Mathematik-Klassen**, die sich **derzeit in der höchsten Schulstufe** befindet(n), auch wenn die Klasse(n) noch die bisherige Form der sRP(schriftliche Reifeprüfung) haben sollte.

Bitte ergänzen Sie die Häufigkeit durch Ankreuzen!	sehr selten	selten	eher selten	eher häufig	häufig	sehr häufig
55. Ich verwende Aufgaben in der angegebenen Art für Hausübungen.	☐	☐	☐	☐	☐	☐
56. Als Basis für selbständiges entdeckendes Lernen verwende ich Aufgaben in der angegebenen Art.	☐	☐	☐	☐	☐	☐
57. Für eine gute Vorbereitung auf die sRP rege ich meine Schüler/innen dazu an, Aufgaben der angegebenen Art selbständig zu Hause zu üben.	☐	☐	☐	☐	☐	☐
58. Ich konzentriere meinen Unterricht auf Aufgaben, von denen ich weiß, dass sie den Aufgaben der sRP ähnlich sind.	☐	☐	☐	☐	☐	☐
59. Ich weise die Schüler/innen auf Quellen mit Aufgaben ähnlich der Aufgaben bei der sRP hin.	☐	☐	☐	☐	☐	☐
60. In der Unterrichtsarbeit für Partnerarbeiten verwende ich Aufgaben in der angegebenen Art.	☐	☐	☐	☐	☐	☐
61. Ich bereite die Schüler/innen speziell auf die Aufgabenformate bei der sRP vor.	☐	☐	☐	☐	☐	☐
62. Um das Reflektieren über Mathematik zu fördern, verwende ich Aufgaben in der angegebenen Art.	☐	☐	☐	☐	☐	☐
63. Ich erstelle für die Schüler/innen Aufgaben, die den Aufgaben bei der sRP ähnlich sind.	☐	☐	☐	☐	☐	☐
64. In der Unterrichtsarbeit für Einzelarbeiten verwende ich Aufgaben in der angegebenen Art.	☐	☐	☐	☐	☐	☐
65. Als Basis für Unterrichtsgespräche zu mathematischen Inhalten verwende ich Aufgaben in der angegebenen Art.	☐	☐	☐	☐	☐	☐
66. Bei der Vorbereitung auf meinen Unterricht berücksichtige ich Aufgaben in der angegebenen Art.	☐	☐	☐	☐	☐	☐
67. Um Schüler/innen schrittweise Lösungswege zu demonstrieren, verwende ich Aufgaben in der angegebenen Art.	☐	☐	☐	☐	☐	☐
68. Ich verwende Übungsmaterial, das viele Aufgaben in der angegebenen Art enthält.	☐	☐	☐	☐	☐	☐
69. In der Unterrichtsarbeit für Gruppenarbeiten verwende ich Aufgaben in der angegebenen Art.	☐	☐	☐	☐	☐	☐
70. Meine Kompetenzkontrollen enthalten hauptsächlich Aufgaben in der angegebenen Art.	☐	☐	☐	☐	☐	☐
71. Mathematische Inhalte, die nicht Teil der sRP Mathematik sein werden, behandle ich trotzdem im Unterricht.	☐	☐	☐	☐	☐	☐
72. Um Wissen und Ergebnisse im Unterricht zu sichern und zu systematisieren, nutze ich Aufgaben in der angegebenen Art.	☐	☐	☐	☐	☐	☐

8

Bei den folgenden Fragen geht es um die **Kooperation mit Ihren Mathematik-Fachkolleg/innen!**

Bitte kreuzen Sie an, wie häufig Sie folgenden Tätigkeiten ausüben.	nie/ sehr selten	selten	eher selten	eher häufig	häufig	sehr häufig
73. Mit meinen M-Kolleg/innen diskutiere ich über die Qualität von neuen didaktischen Methoden.	□ / □	□	□	□	□	□
74. Ich erstelle in Parallelklassen der Oberstufe gemeinsam mit meinen M-Kolleg/innen Schularbeiten.	□ / □	□	□	□	□	□
75. Ich verständige mich mit meinen M-Kolleg/innen über die Inhalte des Mathematikunterrichts der Oberstufe.	□ / □	□	□	□	□	□
76. Bei fachbezogenen Fragen und Problemen ersuche ich den Rat von den M-Kolleg/innen.	□ / □	□	□	□	□	□
77. Wichtige fachbezogene Informationen teile ich meinen M-Kolleg/innen mit.	□ / □	□	□	□	□	□
78. Meine M-Kolleg/-innen unterstützen mich bei der Korrektur von Schularbeiten.	□ / □	□	□	□	□	□
79. Ich tausche mit meinen M-Kolleg/innen Unterrichtsmaterialien für die Oberstufe aus.	□ / □	□	□	□	□	□
80. Ich bereite gemeinsam mit meinen M-Kolleg/innen Oberstufenunterricht vor.	□ / □	□	□	□	□	□
81. Ich tausche mich mit meinen Kolleg/innen über problematische Arbeitshaltungen von Schüler/innen aus.	□ / □	□	□	□	□	□
82. Ich lasse eigene Unterrichtsbestandteile von M-Kolleg/innen kritisch und konstruktiv bewerten.	□ / □	□	□	□	□	□
83. Mit den M-Kolleg/innen unterhalte ich mich über Probleme, die ich mit einzelnen Schüler/-innen im M-Unterricht der Oberstufe habe.	□ / □	□	□	□	□	□
84. Ich halte mich mit M-Fachgruppenmitgliedern über arbeitsrelevante Themen auf dem Laufenden.	□ / □	□	□	□	□	□
85. Mit M-Fachgruppenmitgliedern erstelle ich gemeinsam Übungs- oder Arbeitsblätter.	□ / □	□	□	□	□	□
86. Ich erprobe mit M-Fachgruppenmitgliedern fachdidaktische Konzepte.	□ / □	□	□	□	□	□
87. Bei Unsicherheiten bezüglich meines Unterrichts ersuche ich die Rückmeldung von M-Fachgruppenmitgliedern.	□ / □	□	□	□	□	□
88. Fachgruppenmitglieder führen bei mir Unterrichtshospitationen durch.	□ / □	□	□	□	□	□
89. Ich besuche den Unterricht von Fachgruppenmitgliedern.	□ / □	□	□	□	□	□

90. Geben Sie bitte an, welche Art der Kooperation bei Ihnen an der Schule für Mathematik systematisch und geplant stattfindet!

Meetings: ja □ nein □

wenn ja Art und Häufigkeit:...

gemeinsame Schularbeiten in Parallelklassen: ja □ nein □

.

The manufacturer's authorised representative in the EU is Springer
Nature Customer Service Centre GmbH, Europaplatz 3, 69115 Heidelberg,
Germany. If you have any concerns regarding our products, please
contact ProductSafety@springernature.com

Printed and bound by CPI Group (UK) Ltd, Croydon, CR0 4YY
23/04/2026
02095637-0001